active learning
知る・探る・究める
栄東のアクティブ・ラーニング!!!
Active Learning
◆海外ALinアメリカ
ボストンのミルトンハイスクールでディベート&ディスカッション!!
◆海外ALinオーストラリア
シドニーのセントアイビスハイスクールで書道!!
◆古都ALin京都・奈良
京都大学の留学生に英語でガイド!!
◆海外ALinイギリス（イートン）
名門イートンカレッジサマースクール!!
◆校外ALin三宅島
千葉大学の教授と三宅島の巡検から学ぶ火山学!!
文部科学省SPP指
◆アーチェリー
全国大会優勝!! 国体も出場!!
ナショナルチームに2名選抜!!
◆箏曲
邦楽祭（県大会）で金賞!!
尺八、三味線、着物の着付けも!!
◆鉄道研究
全国鉄道コンテストで入賞!!
（校舎横にはJRの操車場）
◆サッカー
首都圏大会で見事優勝!!
（県予選）
顧問は東京大学サッカー部出身!!!
◆チアダンス
USA Regional大会に出場!!
ALL JAPAN CHEER DANCE 大会に出場!!!
◆クイズ研究
高校生クイズ全国大会出場!!!
決勝でハワイ、ハリウッドへ!!
◆茶道
瑞想庵（茶室）で表千家を学ぶ!!
◆水泳
温水プールで全国大会第2位!!
日本選手権出場!!
（50mバタフライ）
◆コーラス
全国大会金賞!! 文部科学大臣賞!!!
Tokyo DisneySea で演奏
栄東中学・高等学校
〒337-0054 埼玉県さいたま市見沼区砂町2-77（JR東大宮駅西口 徒歩8分） ◆アドミッションセンター TEL：048-666-9200

早稲田アカデミー 中学受験を決めたその日から

サクセス12

今月号の表紙

サクセスホームページ
http://success.waseda-ac.net/

CONTENTS

東京都奥多摩の森

〃林業〃には無限の可能性がある！

高層ビルが立ち並び、人々が慌ただしく行き交う大都会―。そんなイメージがある東京都ですが、実はその3分の1以上は森林なのです。今回は、そんな東京都をはじめとする全国各地の森林に着目し、さまざまな活動に取り組まれている株式会社トビムシの竹本吉輝さんに森林が持つ力や魅力についてお話を伺いました。

日本は世界でもトップクラスの森林大国!?

農林水産省林野庁の発表によると、2012年3月31日現在、日本の国土面積は約3729万ヘクタールで、そのうち約2508万ヘクタールが森林で占められているそうです。割合にすると約67％にもなり、〃森と湖の国〃として有名なフィンランドとほぼ同じです。つまり、日本は世界でもトップクラスの森林大国なのです。

なお、森林には自然のままに木が生えている〃自然林〃と木材として利用するために人がヒノキやスギなどを植えた〃人工林〃があり、2012年の調査では、日本全国の森林に占める〃人工林〃の割合は41％でした。

日本の森のほとんどは薄暗い!?

日本の木材自給率は30％以下?

古くから森林に恵まれていた日本では、木を切り出して、家を建てたり、燃料としてマキや木炭を利用したりするなど、木と共に暮らしてきました。

しかし、そんな森林を中心とした日本の生活は、第二次世界大戦によって大きく変わってしまいました。

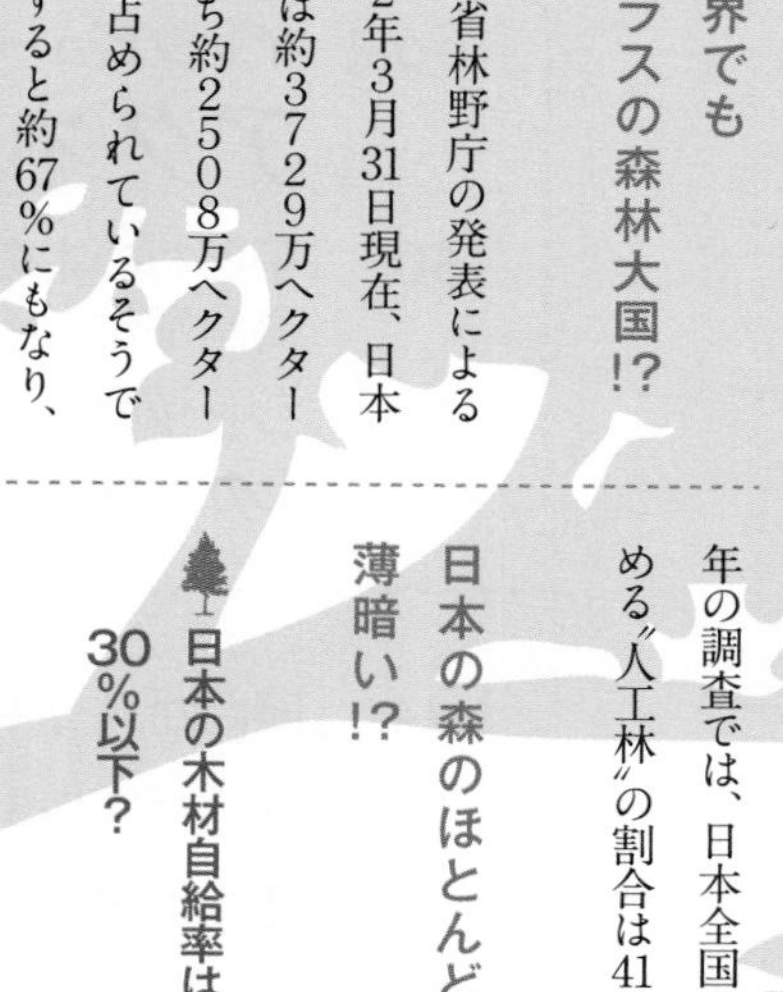

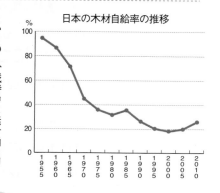

というのも、戦時中に無計画に切り出された日本国内の森林には、復興に必要な量の木が残っていなかったからです。需要に供給が追いつかなくなったため、瞬く間に国産の木材の値段は上昇していきました。そこで政府は、全国各地の山に生えていた固くて加工しにくい〃天然林〃の木

を切り倒し、柔らかくて加工しやすいスギやヒノキを植林することにしました。これが今の〝人工林〟です。しかし、「その木が育つまで待っていられない」と、政府は外国産の木が日本に入ってきやすくするように、1964年に木材にかけていた関税を撤廃したのです。

海外から安くて質の良い木材が大量に輸入されるようになると、当然ながら値段の高い国産の木材はどんどん使われなくなります。その結果、1960年には86.7%あった日本の木材自給率は急激に落ち込んでいきました。ここ数年は少し持ち直し、現在は20%台後半で落ち着いていますが、一時は20%を下回る水準まで低下しています。

年々増加していく〝使われない木〟

国内の木材自給率が低下していく一方で増えていったものがあります。それは、終戦直後から植え続けられてきたヒノキやスギの木です。そして木材として使うことができる植林されてから40～50年ほど経過した木が、切られずに毎年増えていっているのです。その様子を表わしたのが次の【日本の森林資源の推移】です。

ちなみに、1年間の森林資源の増加量は東京スカイツリーの約16塔分もの高さになると言われています。

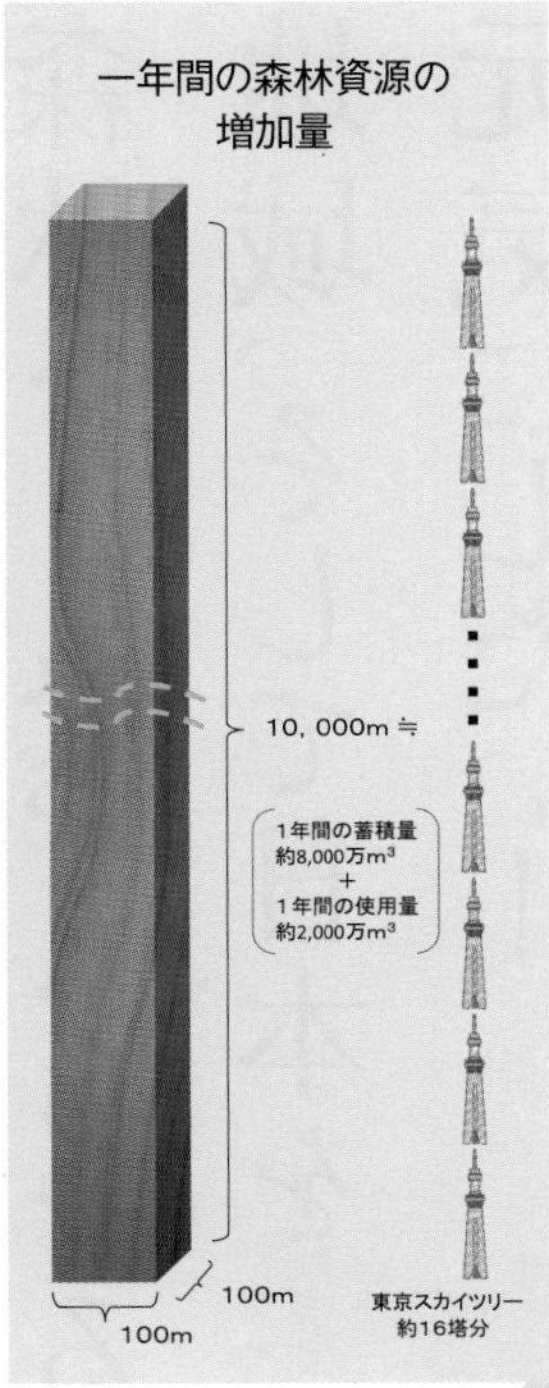

※林野庁業務資料より

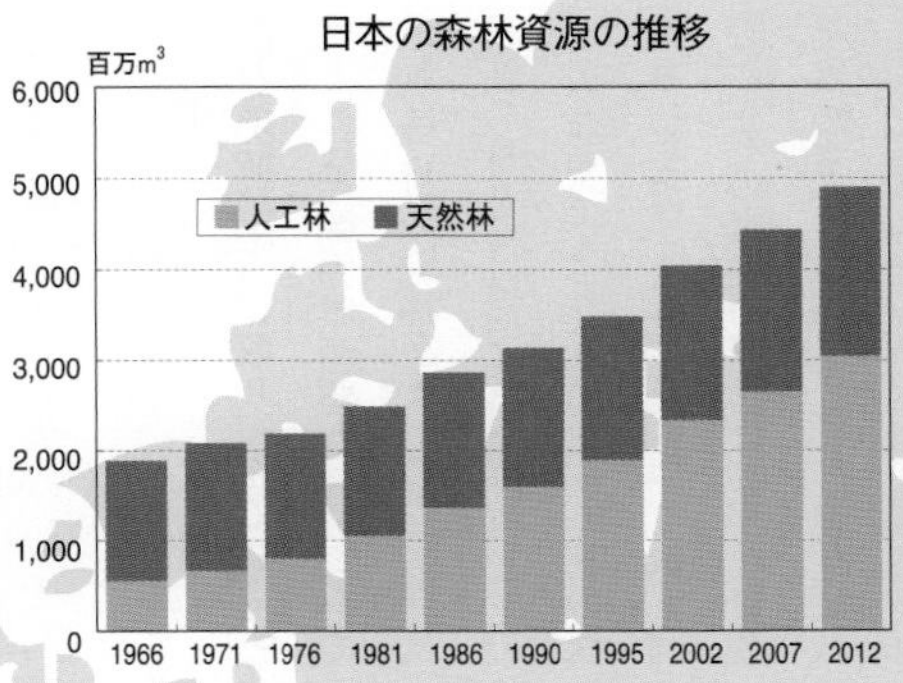

〝使われない木〟＝〝使える木〟ではありません！

「育った木をどんどん使えば木材自給率も高まるのでは？」。確かに今の日本が戦前のように林業が盛んであれば、そのような対策を講じることもできるでしょう。しかし、残念なことに今ある多くの〝人工林〟はほとんど人の手が入っていなかったため、たとえ50年を過ぎたヒノキやスギであっても、価値の低い木材しかとることができないのです。

その理由は、林業の仕事の中で一番大切なのは、木を植えることでも、切ることでもなく、〝育てること〟だからです。具体的には、ヒノキやスギを植林する場合、木が太陽の光を求めて上へ上へと成長するようにあえて間隔をつめて植えます。そして、15年から20年が過ぎ、互いの枝葉が重なり合い始めたころを見計らい、「間伐《かんばつ》」と呼ばれる木の間引きを行います。これは、優良な木の根元や地面にまで太陽光が十分に差し込むように、成長が良くない木や曲がった木などを選んで切り、木と木の間隔を広げるために行われます。この「間伐」を20年ごとに2回ほど繰り返すことにより、ヒノキもスギも木材として価値のある木になるのです。

明るい森（間伐されている人工林）

薄暗い森（間伐されていない人工林）

しかし、今の日本では建築物の多くが鉄筋コンクリート造や鉄骨造が主流となり、たとえ木造だとしても安価な外国産の木材が使われることから、ほとんどの〝人工林〟で「間伐」などの手入れが行われていないのが現状です。それでも木はひたすら上へ上へと伸び続けるため、やがてその〝人工林〟は細い木が密集する薄暗い森になっていきます。そんな薄暗い森で育った木は、木材としての価値が低いだけでなく、細いために折れやすく、根も張っていないことから土砂崩れの原因になることもあります。さらに、この10年ほどでヒノキやスギの花粉を原因とする花粉症の患者数が急増しているのも「間伐」が行われていないからだとも言われています。

日本の森林の価値を見直しましょう！

日本中いたるところにある薄暗い森林の木を何とか活用できないだろうか。しかも、地域資産として森林に光をあてることで、地域を将来にわたって存続できるようにすることはできないだろうか―。そんな思いからさまざまな取り組みを行っているのが株式会社トビムシです。

現在は、岡山県の西粟倉村《にしあわくらそん》、東京都の奥多摩地域、岐阜県飛騨市の3地域における森林の管理や、「間伐材」などを使った木製品の製造、そして完成した木製品の販売に至るまで、〝出口のある林業〟に地域住民の方々と取り組んでいるそうです。

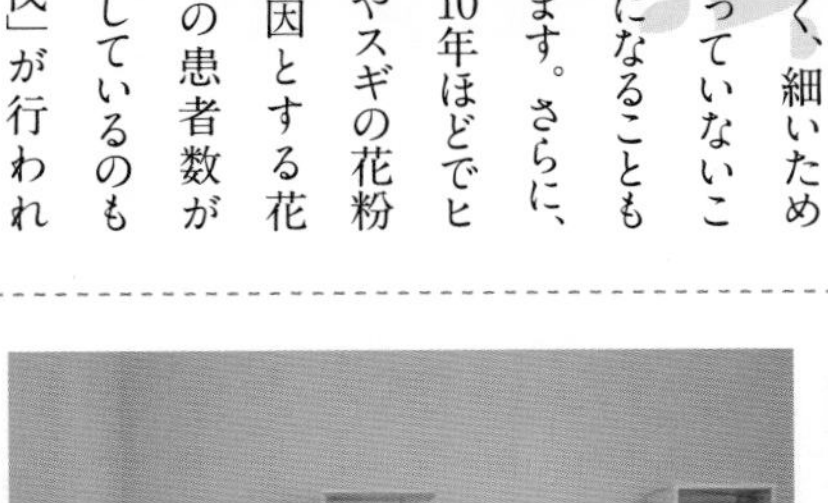
間伐材からつくった家具や内装材

森林をよみがえらせることで地域、そして日本を元気にしたい！

――社名の『トビムシ』とは？由来を教えてください

〝トビムシ〟とは、森林の土のなかにいる大きさ約0.5ミリ〜数ミリの小さな虫のことです。〝トビムシ〟が落ち葉を食べ、出したフンが土の中の微生物を活性化させることで、栄養分が豊富な土壌へと変化していきます。

そんな〝トビムシ〟のように人知れず森を支え、そして、森と共に社会と人々の暮らしを支えていく存在になりたい――。そんな思いを込めて『トビムシ』と名付けました。

――現在の活動について、具体的に教えていただけますか？

『トビムシ』では、森林を地域資産と考え、それを住民の方々と一緒に有効活用することにより、将来にわたって地域を元気にする、「持続可能な地域再生」に取り組んでいます。

たとえば、岡山県西粟倉村の場合であれば、村の森林をまとめて管理し、最新の林業機械で一斉に間伐などの手入れができるように、「共有の森事業」を誕生させました。それと同時に、その事業の運営に必要な資金を集めるために〝ファンド〟と呼ばれるしくみをつくり、400名以上の方から、合計4000万円を超える資金提供を受けています。

さらに、木の所有者に少しでも多くの利益をもたらせたいと、運搬費や丸太を売るための手数料を省くためのしくみも整えました。具体的には、西粟倉村の場合、村とトビムシが共同で『株式会社 西粟倉・森の学校』を設立し、村で丸太を木材に加工し、木工品や家具の製造を行い、さらにそれらの製品の販売までも手がけています。

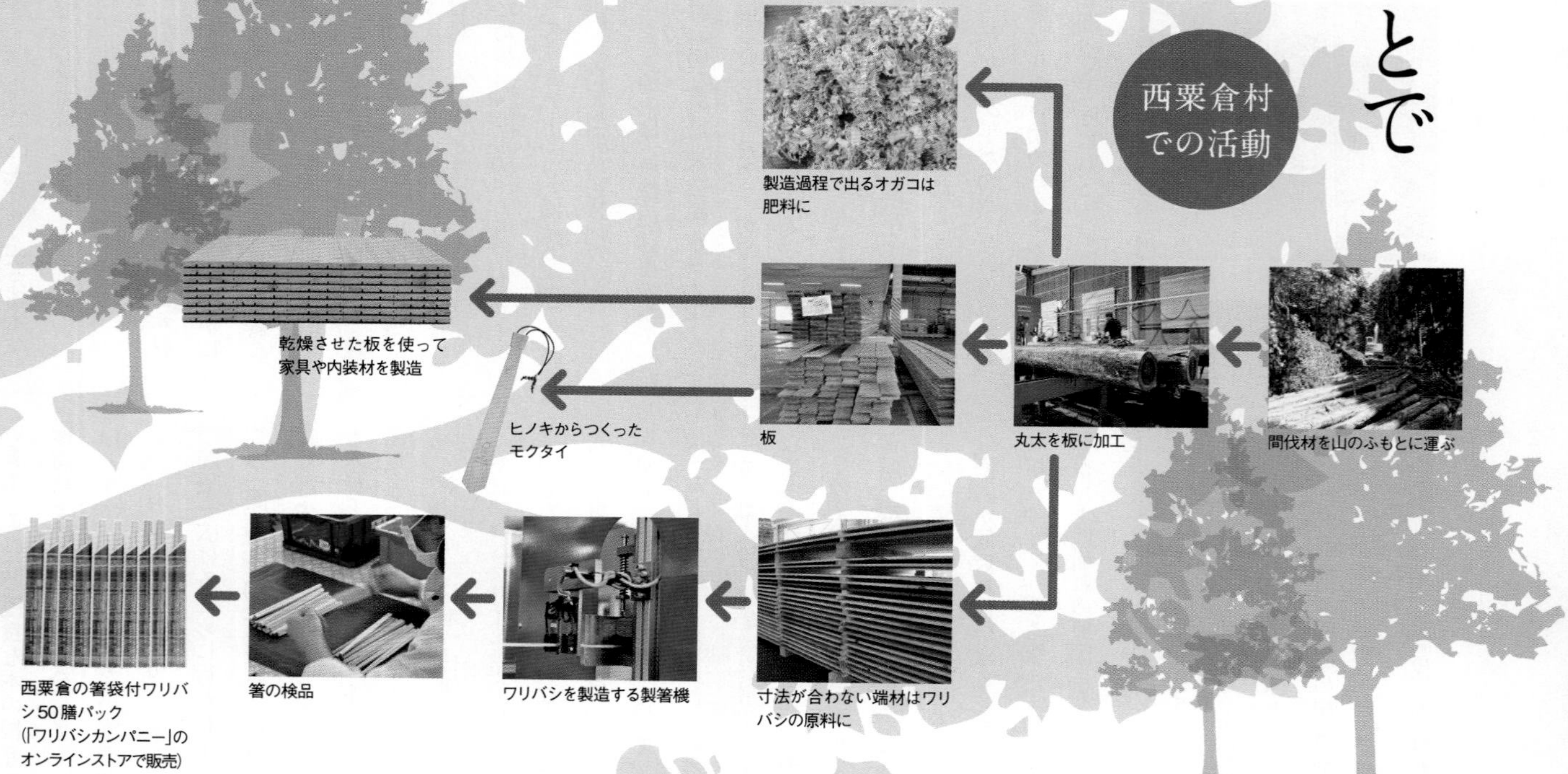
西粟倉村での活動
間伐材を山のふもとに運ぶ
丸太を板に加工
製造過程で出るオガコは肥料に
板
乾燥させた板を使って家具や内装材を製造
ヒノキからつくったモクタイ
寸法が合わない端材はワリバシの原料に
ワリバシを製造する製箸機
箸の検品
西粟倉の箸袋付ワリバシ50膳パック（「ワリバシカンパニー」のオンラインストアで販売）

――西粟倉村で活動をはじめた理由を教えてください

私は、工業地帯で生まれ育ったため、周りには公害による健康被害で苦しむ人が数多くいました。そして、特に被害が大きかった隣町では、何とか市民の健康を守ろうとさまざまな条例、つまり地域独自のルールづくりが盛んに行われていました。それを見て育った私は、「公害から環境を守るための地域に適したルールをつくれるようになりたい」と、大学では行政法を学んだのです。

その後、私は大学院の学費を稼ぐために外資系の財務会計会社に就職しましたが、夢をあきらめることなく、働きながら行政法の勉強を続けました。そんな努力が実ったのでしょう。民間人でありながら環境に関する法律づくりに参加することができました。そして、次に取り組んだのが法整備で培ったノウハウをもとにした環境ビジネスでした。そこで出会ったのが西粟倉村です。当時、近隣地域が次々と合併していくなか、唯一、村であり続けることを選択した西粟倉村の村長から「自立していくための手段を探して提案してほしい」と相談されたのです。

そこで直接お会いして林業を提案したところ、「林業ではなく、何か別の方法を教えてください」と言われてしまいました。これには正直驚きました。というのも、西粟倉村の95%が森林でそのうち87%が人工林、つまり村全体の82%もが人工林だったからです。しかし、村長が林業以外の提案を求められたのには、理由があったのです。西粟倉村の場合、人工林の所有者が細かく分かれていたため、個人ではかけた手間に見合うだけの収益が見込めなかったからです。その話を聞いたとき、森林を地域資産としてよみがえらせることができれば、西粟倉村は持続可能な地域になると私は確信しました。

しかし、林業にかかわったことがないよそ者の私がどんなに「林業をやりましょう!」と言っても、誰も耳を傾けてくれません。そこで私は、コンサルタントという立場ではなく、自分たちもリスクを背負いながら、一緒になって取り組むために会社を設立しました。それが『トビムシ』です。幸いなことに、林業を営まれていた村長が率先して「共有の森事業」に関わってくださったおかげで、その後、大きな成果を上げることができています。

――東京や飛騨でも林業に取り組まれているのはなぜですか?

私は地域が活性化するには、「資源」と「エネルギー」と「食料」が必要だと思っています。実は、その3つをすべて持っているのが森林なのです。言うまでもありませんが、森の木は「資源」そのものです。そして、マキや炭などの「エネルギー」にもなります。また、森から流れ出す栄養豊富な水は、やがて川となって里に流れ出して田畑を潤し、さらに海に流れ込むことで近海の魚介類も育てます。つまり食料にもつながっているのです。そんな森が国土の約70%を占めている日本で林業を発展させないのは、目の前に埋まっている宝を掘り出さないのと同じだとは思いませんか?

ちなみに、東京の奥多摩の森は、西粟倉村とは違い、ある大山主の方から森そのものを『株式会社東京・森と市庭』に現物出資していただき、管理・運営する形を取っています。きっかけは、西粟倉村の成功を知ったその大山主の方からの申し出でしたが、都会の周辺で林業を成功させることができれば、より多くの人に関心を持ってもらえるはずだと思ったこと、さらには都内の無機質なオフィスに木の温もりを持ち込むこともできるかもしれないと考え、喜んでお引き受けしました。

また、飛騨の取り組みは、『株式会社飛騨の森でクマは踊る』という会社に対し、飛騨の森を現物出資する形で実現しました。そして、飛騨は西粟倉村や奥多摩とは違い、もともと建築や木工技術が育まれていた地であったことから、使われなくなっていた飛騨の森をよみがえらせ、製材会社や家具メーカー、木工職人の方々との結びつきを強化させることで、地域の活性化を図っているところです。

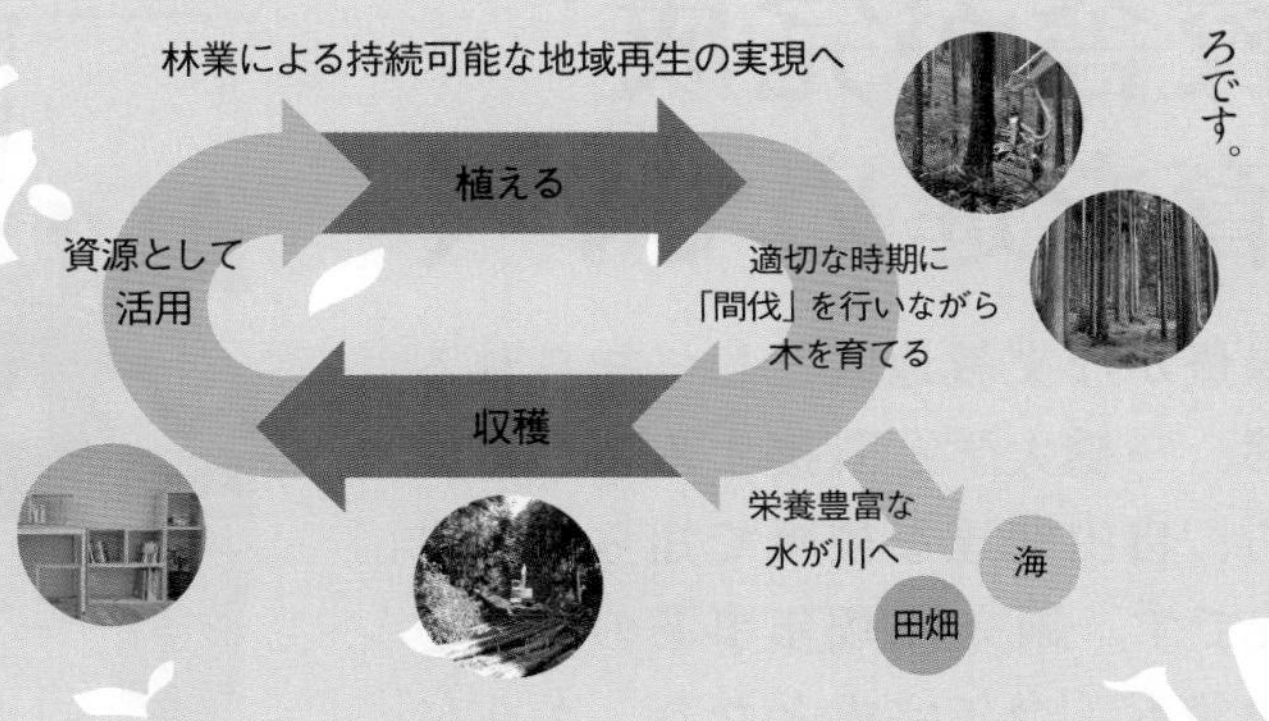

――今後の目標は?

1年間に奥多摩の森から切り出す間伐材の量は、すべてを床板に加工するとだいたい六本木ヒルズのワンフロア分になります。その間伐材を加工し、都内のオフィスに『メイド・イン・トーキョー』と書いた木製家具や床を増やしていけば、都会に木の温かみを届けられるだけでなく、奥多摩の森林が明るさを取り戻し、再び林業が栄えるきっかけとなるはずです。

「都市が森の恵みによって豊かになれば、森も豊かに変わる」。これを私たちは〝同期〟と呼んでいますが、まずは東京で「都会と森の同期」を成功させ、やがて、それを日本全国に広げたい――。これが今の私の目標のひとつです。

――最後に子どもたちへのメッセージをお願いします

私は、森は子どものような存在だと思っています。言うまでもありませんが、子どもには周りの大人たちの手が必要です。そして、森の木が育つにも人の手が欠かせません。しかも、50年以上、親から子、孫へと受け継いでいかなければ、1本の木さえ育てることができないのです。

うれしいことに、今、西粟倉村では私たちが行っている活動に興味を持った都会生まれの人が移住しはじめただけでなく、林業がイヤで村から出ていった人も戻り始めています。さらには、子どもの数も増え、何と保育園に入れない待機児童までいるそうです。これこそ、西粟倉村が林業によってよみがえった証です。

日本の各地が西粟倉村のように元気になれるよう、この機会に、身近な森や木に興味を持ってもらえたらと思います。

――竹本さんにとって『森林』とは

先達に拠って今が在り
注がれる愛情に拠って
未来がカタチ創られる
子供のような存在
トビムシ　竹本吉輝

竹本吉輝氏
株式会社トビムシ 代表取締役。東京・森と市庭　代表取締役。ワリバシカンパニー株式会社　代表取締役。
1971年神奈川県生まれ。1996年3月、横浜国立大学国際経済法学研究科修了。外資系会計事務所、シンクタンクでの勤務や環境コンサルティング会社の設立・経営などを経て、2009年、『株式会社トビムシ』を設立。2010年、『ワリバシカンパニー株式会社』の設立に参画し、2013年には『株式会社東京・森と市庭』を設立。さらに2015年、『株式会社飛騨の森でクマは踊る』の設立に参画する。専門は環境法。国内環境政策立案に多数関与。同時に、財務会計・金融の知見を加味した環境ビジネスの実際的、多面的展開にも実績多数。

写真提供：株式会社トビムシ

Premium school

桐朋中学校

TOHO Junior High School

東京／国立市／男子校

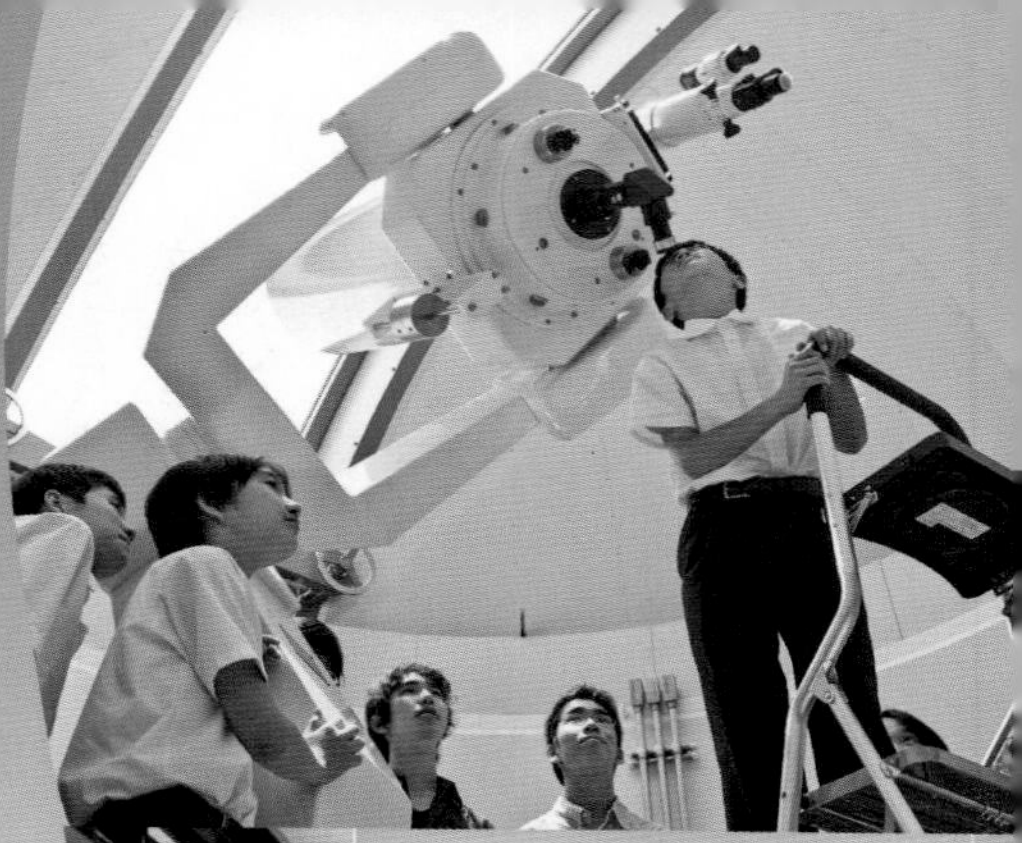

待望の新校舎が完成
さらに桐朋教育を進めていく

武蔵野のおもかげが残る、緑豊かな文教地区として知られる東京都国立市。そのほぼ中央部、一橋大学と隣接するように位置する広大なキャンパスを持ち、自由闊達《かったつ》な校風で知られる男子校が、桐朋中学校・高等学校です。創立75周年事業の一環として進められてきた新校舎の建設も、今年完成となり、さらに注目を集める桐朋教育をご紹介します。

TOHO Junior High School

桐朋中学校

所在地：東京都国立市中3-1-10
交　通：JR中央線「国立駅」・JR南武線「谷保駅」徒歩15分
生徒数：男子のみ810名
ＴＥＬ：042-577-2171
ＵＲＬ：http://www.toho.ed.jp/

入試情報（2016年度）

募集人員	男子約180名 （①約110名・②約70名）
試験日	①2月1日（月） ②2月2日（火）
合格発表	①2月1日（月）学校HPにて22:00 ②2月3日（水）学校掲示板にて14:00

選抜方法
・筆記試験（国語・算数・社会・理科）

自由闊達な校風のもと 骨太な男子を育てる

学園都市として名高い東京都国立市の「大学通り」に並ぶ桜並木が桐朋中学校・高等学校の通学路です。一橋大学にほぼ隣接するロケーションで、閑静な住宅地の一画に位置しています。学校の敷地は広大で、およそ7万6000㎡もあります。キャンパス内には、「みや林《ばやし》」と呼ばれる自然がそのまま残された学校林もあり、緑豊かな環境が特徴です。

桐朋は、1941年（昭和16年）に開校されました。以来、長い伝統のもと、独自の教育活動を展開し、東京西部を代表する男子校として地域の高い評価を受けている学校です。

教育目標には、「自主的態度を養う」「他人を敬愛する」「勤労を愛好する」の3点が掲げられています。こうした桐朋教育の基本精神は、ひと言で言えば「骨太な男子教育」です。自由闊達な校風が特徴で、細かな校則や決まりで生徒を過度に規制することなく、伸びやかに育てる教育方針を創立時から貫いてきました。

中学校は制服が定められていますが、高校では服装は自由。生徒はそれぞれが思い思いの服を着て登校していますが、とくに派手な服装の生徒はいません。

伸びのびとした校風が魅力ですが、桐朋における自由は、「何をしてもよい」という意味ではありません。「常に自身の判断と責任を伴うもの」としてとらえられています。

生徒は、「自由だからこそ、自分自身の適切な判断が求められる」ことをしっかりと自覚しています。そのことが、高校生の服装にも表れているのでしょう。

桐朋では、こうした校風のもと、生徒一人ひとりの個性を重視し、豊かな心と高い知性を伸ばすことを目指す教育が展開されています。教育方針に共鳴する「桐朋ファン」ともいえる保護者も多く、教育内容に賛同し、わが子の進学先として桐朋を選ぶ人が大勢います。

学習指導での特徴は、「本質的な学び」を重視し、レベルの高い授業をとおして、知性を伸ばす教育が行われている点です。

また、「毎時間が真剣勝負」と言われるほど「熱い授業」も桐朋の魅力のひとつ。授業の充実ぶりは際立っていて、それぞれの科目において中学・高校のレベルを上回る高度な内容が扱われることも少なくありません。

授業は、ただ教員が生徒に対して知識を伝授するのではなく、アカデミズムの本質を究めていける基礎学力を培うことに力点が置かれています。生徒たちも授業を大切にしています。学習の中心を日々の授業におくことによって、大学入試を突破できる力がつくのだといいます。

授業中に配付される学習プリントの充実ぶりにも定評があり、中高時代だけでなく、大学進学後に役立つものもあるほどです。

さらに桐朋では、授業中だけではなく、休み時間や放課後の時間を使って、生徒が自主的に先生に質問や相談をする伝統が根づいています。授業で学んだ内容をさらに深めたい場合の勉強方法を尋ねたり、疑問に思った部分を先生と話しあうことでより深く理解し、高いレベルの学びを自ら構築していくことが当たり前のように行われています。

　高校卒業後は全員が大学進学を目指す進学校で、東京大、一橋大、東京工大、早稲田大、慶應義塾大などの難関国公立大・私立大に毎年多くの合格者を輩出しています。医学部を志望する生徒の割合が高いことも特徴で、医学部医学科・歯学部などにも多数の進学者がいます。

　しかし、大学入試に対応することを目的とする受験校ではありません。日々の授業における着実な積み重ねが、結果として難関大学合格という結果につながっているのです。

多様な個性が集い 切磋琢磨する環境がある

　桐朋の魅力のひとつは、多様な個性が有機的に結びつきながら人間関係がつくられていく点があげられます。小学校・中学校・高等学校のそれぞれの段階において児童・生徒募集が行われているため、異なった環境のもとで育ってきた仲間に出会うことができます。

　中学校から入学した場合、中学入試を経てくる生徒のほかに、桐朋小学校・桐朋学園小学校からの内部進学者がいます。そして、高校1年時には、高校入試を経て入学してくる50名が新たに加わります。中学・高校ともに、入学して1カ月もしないうちに新しい環境にとけ込んでしまうのが桐朋らしい点です。

　様々な個性を、各人がそれぞれ重視し、自分と違う部分を持つ友人を正しく評価しつつ、互いに切磋琢磨して自らを伸ばしていくことができます。

　桐朋における生徒間での評価は、学業成績の優劣ではなく、それぞれがどれだけ独自の努力を積み重ねているかに基づいてなされます。ある分野について深く研究している、英語以外の外国語を学んでいる、音楽や美術に専心している、といった多方面にわたる友人の活動を評価する目を持った生徒集団が桐朋生です。

新校舎が完成し 教育環境がさらに向上

　桐朋では創立75周年事業の一環として新校舎の新築が行われました。２０１２年（平成24年）に着工し、仮校舎を設置せずに新しく校舎を建てることができるとともに、自然豊かな学校林の「みや林」をそのまま残す校舎の建設が可能となったのも、７万６０００㎡という広大なキャンパスを所有する桐朋だからできたことです。

　新校舎は、「学問を究める空間としての校舎」であることを第一目標とし、授業の充実とさらなる発展が可能となる校舎をつくるというコンセプトに基づいて、設計・建設されました。

　理科の階段教室、実験で発生した気体を吸引するフードとドラフトチャンバーを備えた実験室、社会科教室、音楽や美術のための特別教室など、かねてから桐朋では専門性の高い授業に応える設備がありました。新校舎でも、こうした部分は継承しつつ、さらにそれを発展させた教育環境が整備され

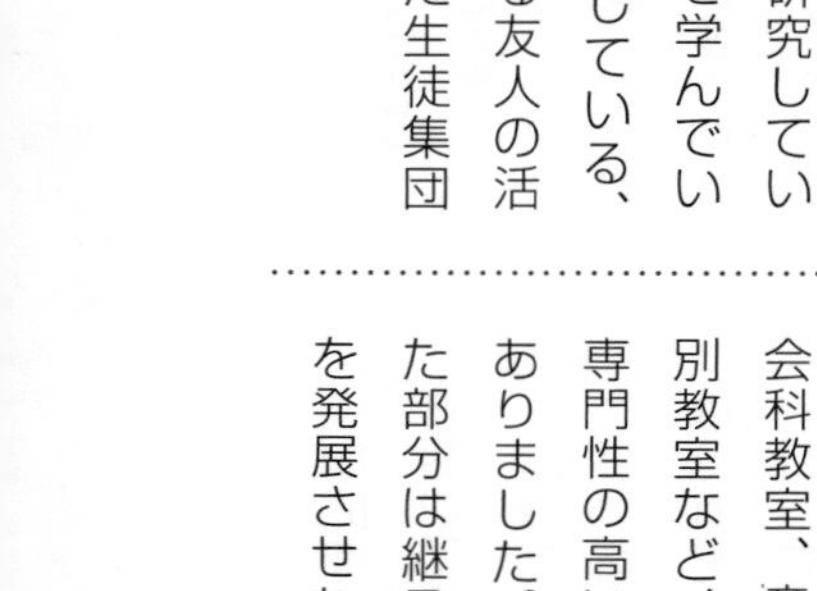
林間学校（尾瀬）

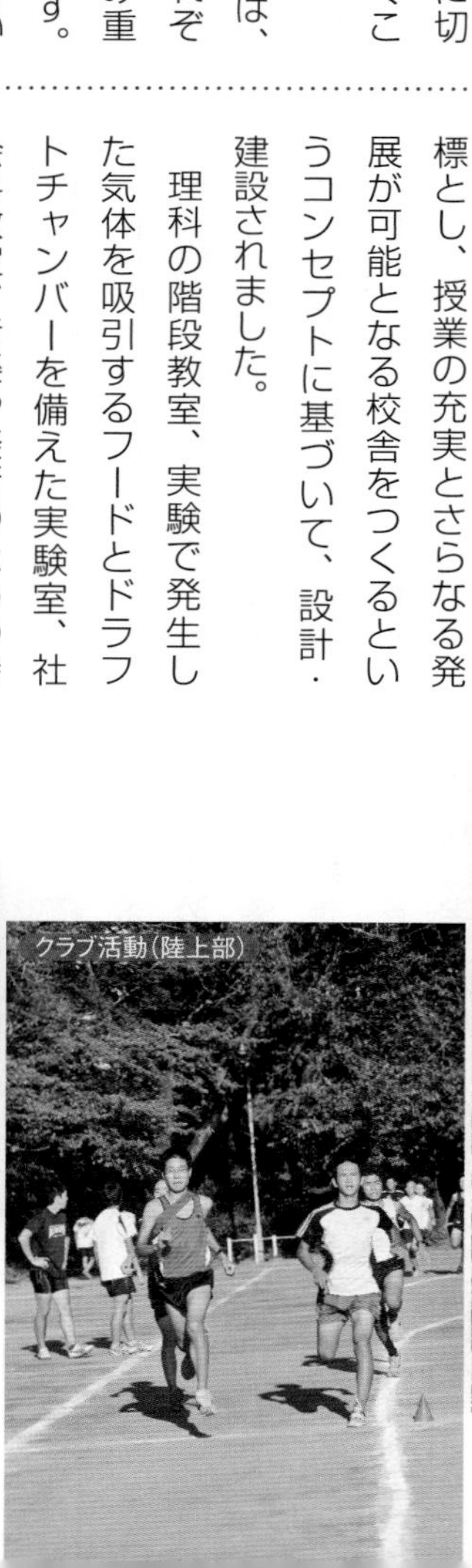
クラブ活動（陸上部）

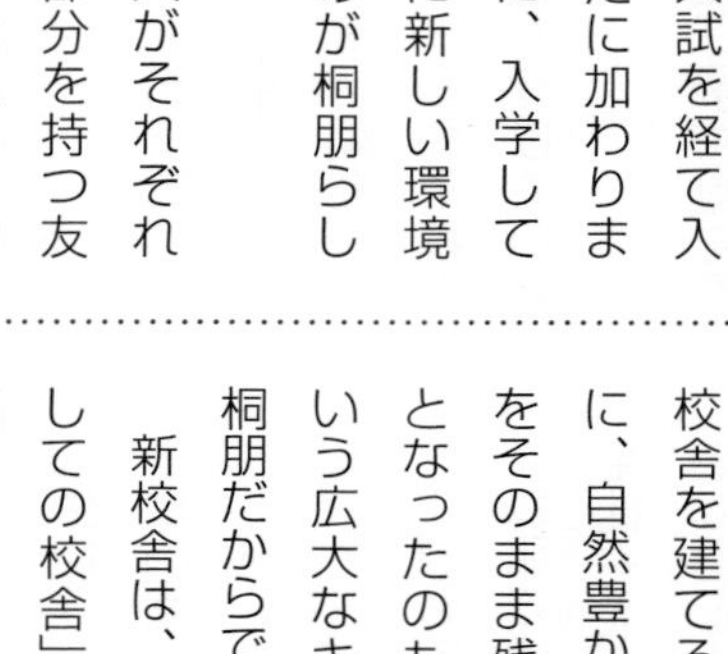
高校・外国人講師による英語授業

桐朋祭（文化祭）

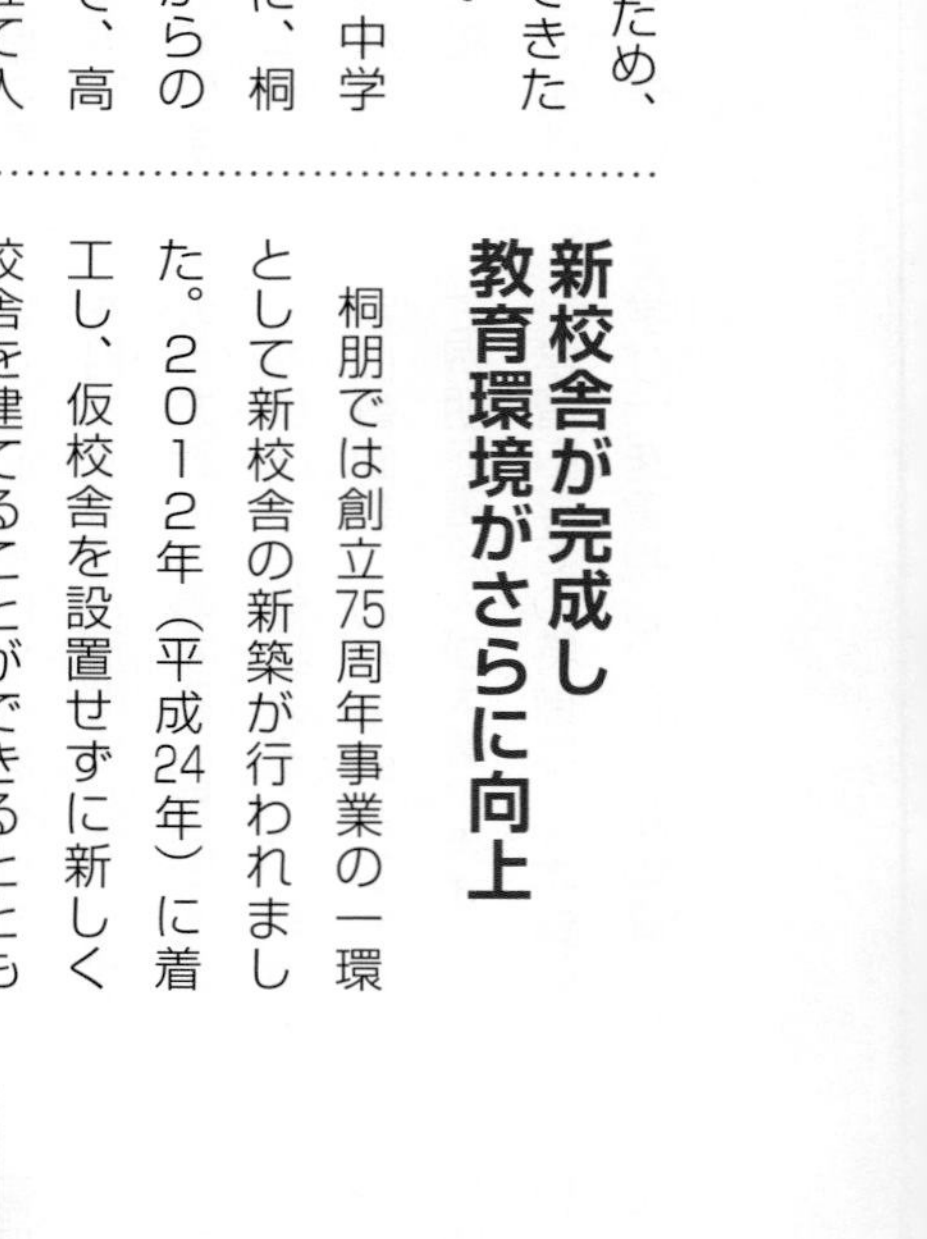
クラブ活動（音楽部）

たのです。

校舎は生徒が生活する空間ととらえ、生徒が使い込んでいくことで、本来の目的が達せられると考えられています。

単に新しい設備が用意されたというのではなく、学校の主役である生徒たちが新校舎を活用し、いかに学び、どれだけ知的好奇心を抱いていけるかが課題であるととらえられています。

来年度中学入試から2月2日入試を実施

このほど桐朋では、２０１６年（平成28年）の中学校入学試験から、入学試験日を新設することを発表しました。これまで、中学校の入試は2月1日のみだったのですが、新たに2月2日にも実施します。募集定員は、2月1日が１１０名、2月2日が70名です。

2月2日入試の新設によって、受験生の併願パターンの選択肢が広がり、さらに多様な生徒が桐朋を受験することができるようになります。入試日程の改革により、新しい風が桐朋に吹き込んでくることが期待されています。

入学試験の内容は従来どおりです。小学校の教科書に沿った範囲内から、基礎・基本を重視しつつ、受験生の考える力を試すという出題方針に変わりはありません。「小学校で学んだことがしっかりと身についているか」「自分の持っている力を足がかりとして、自分の頭で考えて自分の言葉で表現できるか」を判断する問題が出されます。複数回受験となりますが、問題の難易度は、2月1日、2日の両試験とも同一レベルのものとする予定です。

また、2月1日入試の合格発表は、受験生の便宜を考慮し、当日（2月1日）に合格者が発表され、2月2日入試の合格発表は、翌2月3日となります。

各界の第一線で活躍を続ける卒業生

他者の個性を尊重する桐朋の特徴は、在学中だけではなく卒業後もおおいに発揮され、各所で桐朋の絆の強さが発揮されています。

桐朋の卒業生は口をそろえて「どんな場所に行っても桐朋ＯＢがいる」と言います。自主性を尊び、個性豊かに育った桐朋生たちが、各界の第一線で実力を発揮し続けている表れであり、自由の精神を体得したリーダーに育っているということを意味します。

在学中の生徒たちのために、卒業生たちが母校を訪れ、自分の仕事や研究などについて話をし、進路のアドバイスをする、「在校生卒業生懇談会」が毎年実施され、生徒の進路選択に役立っています。広い視野から将来を考えるきっかけとなり、具体的に進路をイメージできる絶好の機会となっています。

桐朋は、勉強はもちろん、クラブ活動や委員会活動、学校行事など、自分のやりたいことに徹底的に取り組むことができる学校です。その教育環境と、個性ある友人、それを支えてくれる先生がそろっています。

自由闊達な校風のもと、有為な人材を育成し続ける桐朋は、新しい校舎とともに、さらに発展をとげようとしています。

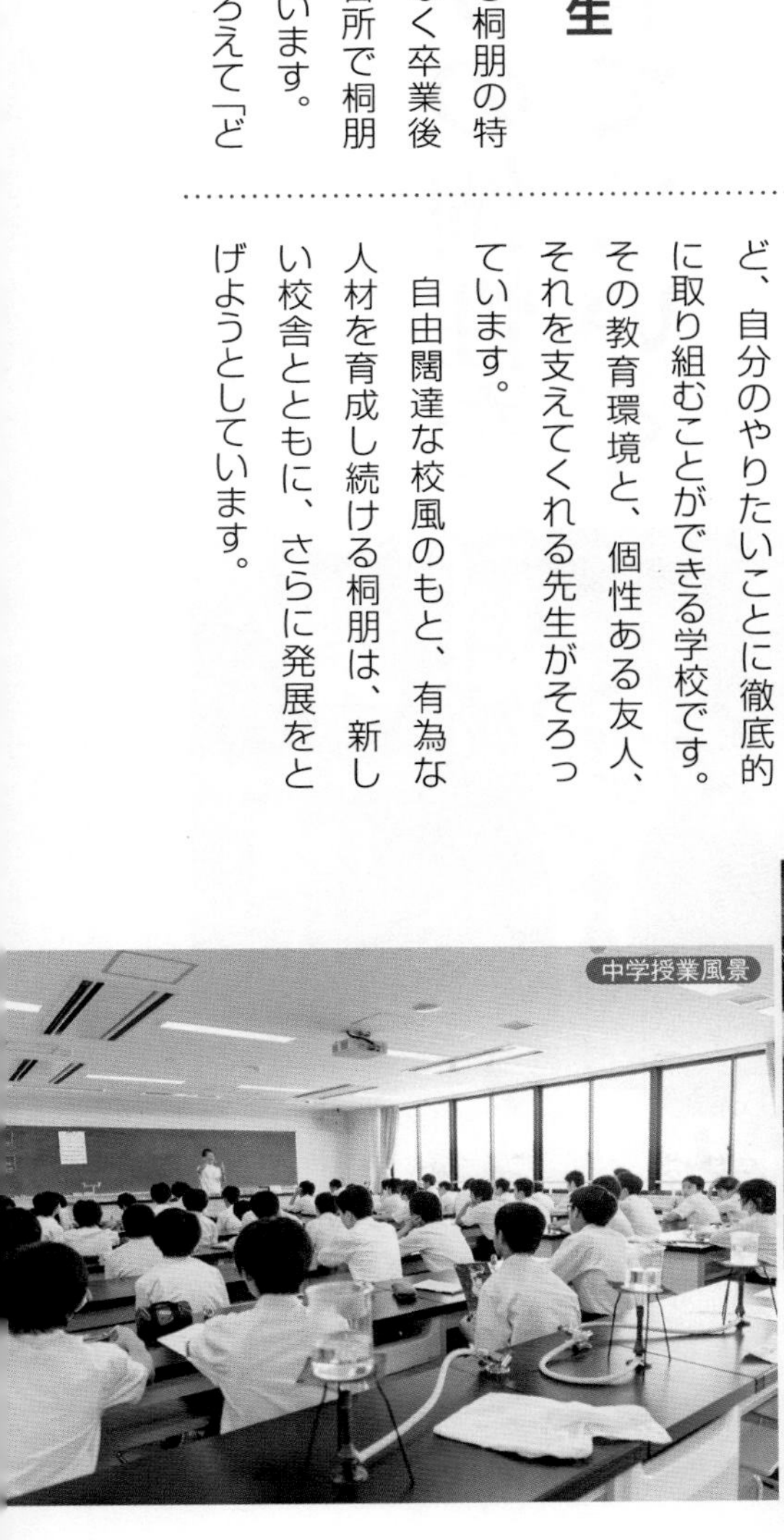
中学授業風景

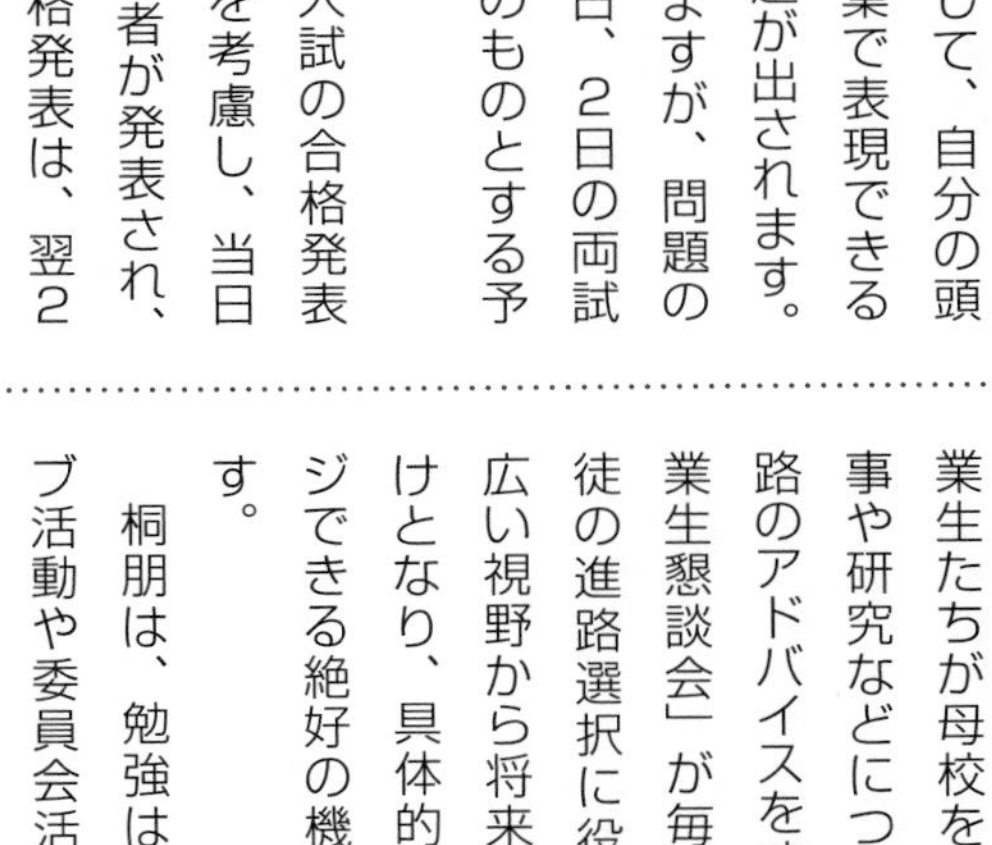
自由研究展示会

昼食風景

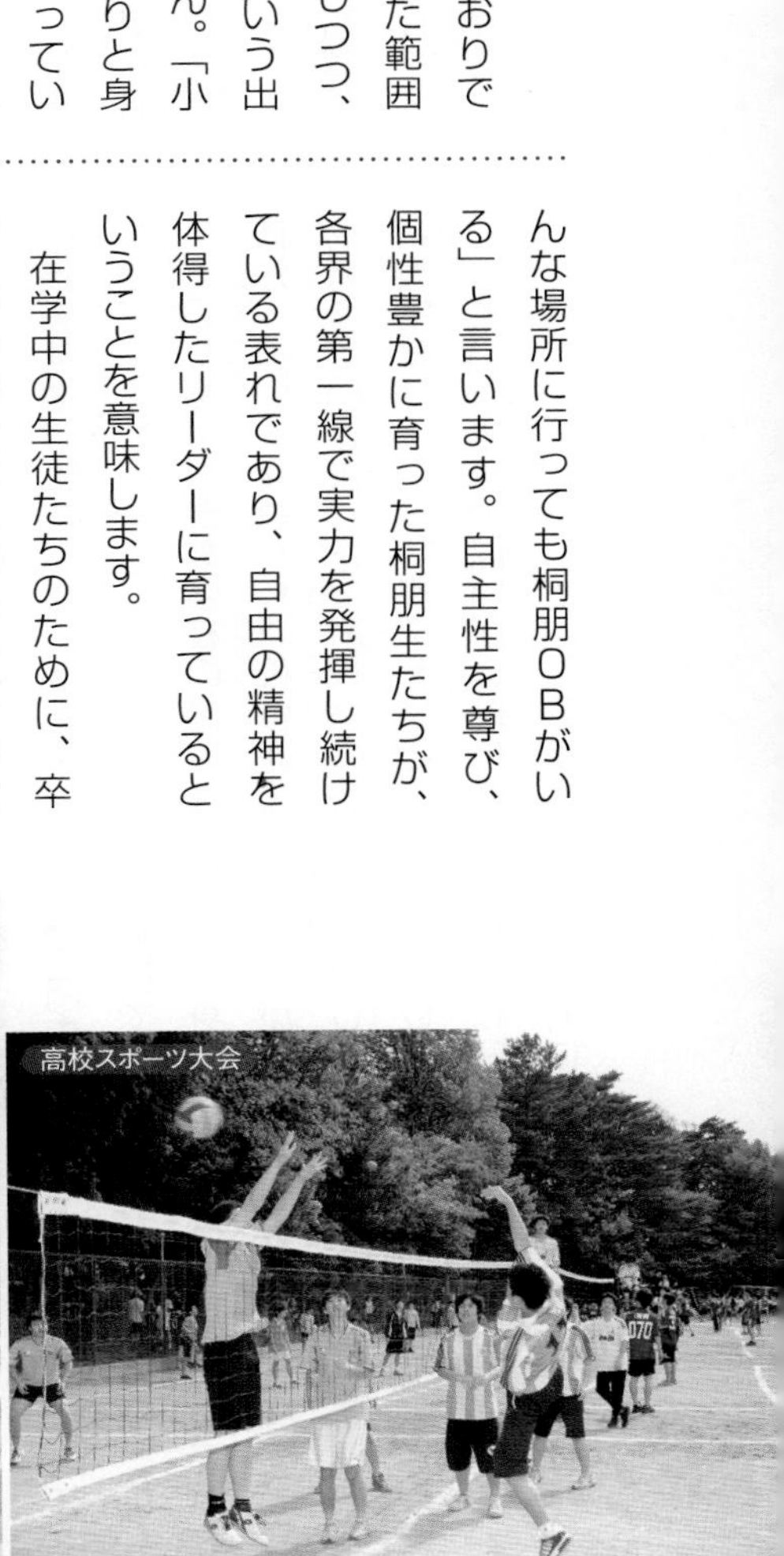
高校スポーツ大会

校長先生インタビュー

interview

生徒一人ひとりの個性を尊重しながら育てていく

桐朋中学校

片岡《かたおか》 哲郎《てつろう》 校長先生

新校舎に込められた桐朋教育の基本理念

【Q】新校舎をつくるにあたり、意識されていた点についてお聞かせください。

【片岡先生】新校舎をどんな建物にするかは、どんな教育をするかにつながります。新校舎建設にあたり、まずはそのことを学校全体で考えていきました。そして、私たちは、時代の先を読みながら、桐朋教育の普遍性を大切にすることが、本校の基本精神だと確認しました。

【Q】そうした論議のなかで、一番重視されたことは何ですか。

【片岡先生】やはり、桐朋の核心は授業にあるということです。授業の充実をさらに進め、その質の高さを維持していくべきだと考えました。

　中高時代には、表面的な知識だけを習得するのではなく、自身の生き方を見通せる力を育てることが大切です。本校では、そのために、授業を通じて学問の面白さ、真髄《しんずい》を生徒に伝えたいと思っています。生徒たちに知的な意味での驚きを与える授業を目指しています。本質的な学問の基礎を、桐朋の授業を通じて体感してほしいのです。

　そのために必要な学校の施設は何か、という視点から新校舎建設も考えていきました。新校舎の教科教室棟は、どんな授業をしたいのかという本校の思いが具現化されたものです。そして、この校舎を生徒たちが使いこなしてくれる過程で、桐朋教育がさらに進んでいくものだと信じています。

【Q】桐朋の魅力とは、どんな点にありますか。

【片岡先生】やはり生徒が個性的な集団であることです。一人ひとりが自身の目標を持って生活していますが、それは個々でバラバラに活動して終わることなく、他者に共鳴していきます。いわば生徒それぞれの持つエネルギーの連鎖が日常的に生じている点が、桐朋の

プラネタリウム

図書館

グラウンド

音楽室

食　堂

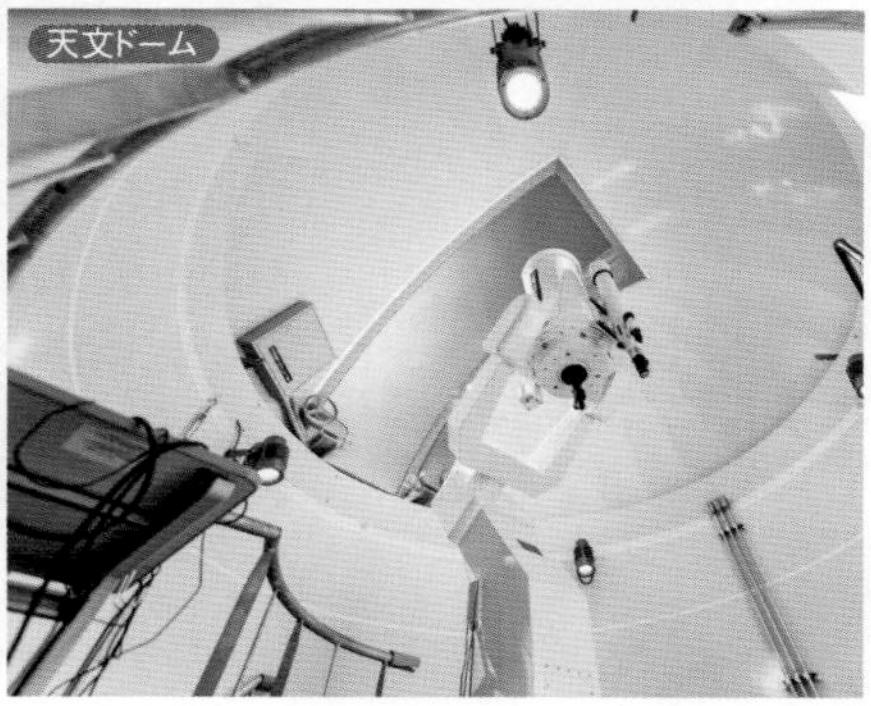
天文ドーム

最大の魅力だと思います。

　そして、それが仲間としての活動となったり、学園祭委員のように100人を超えるような委員会活動となったりします。人の集団が常にできて、そこでお互いに共鳴し、刺激しあいながら、ひとつの感動を共有していけるところが桐朋らしい点だと思います。

2月2日入試新設 学校側の想いとは

【Q】来年度の中学入試から2月2日入試が新設されますね。

【片岡先生】中学入試では、これまでの2月1日に加えて、2月2日にも新たに入学試験を実施することを決定しました。

　桐朋教育の真実の姿を、多くの方に知っていただけるようお伝えする努力を続け、より多くの受験生に桐朋も視野に入れていただければと思っています。学問に対して前向きな姿勢を持ったみなさんに受験していただきたいと願っています。

　また、本校を第1志望としておられる受験生にとっては、チャンスが2回となったといえると思います。

【Q】大学進学については、いかがでしょうか。

【片岡先生】生徒が志望する進学先に進めるように、最大限のサポートを行っています。国公立大や医学部を志望する生徒が比較的多いのですが、各人が自身の将来を見つめて、ベストの選択をしてほしいと願っています。

【Q】最後に、受験生のみなさんへのメッセージをお願いします。

【片岡先生】桐朋では、「体験の質」を大切に考えています。中学・高校における「体験」が質の高いものであるなら、それは将来必ず活きるはずだと信じています。これまで、一人ひとりの個性と人格を尊重しながら育てていく教育を実践してきましたし、これからも継続していくつもりです。桐朋で生活するなかで、自分で考え、自立できる生徒を育てたいと思います。

　こうした本校の教育をご理解いただき、ぜひ多くのみなさんに本校受験をご検討いただければと思っています。

映画・クイズ
工場見学で
江崎グリコの
お菓子がわかる♪

アクティ
&
おかぽん
が

早稲田アカデミーNN開成クラス理科担当の
阿久津豊先生が解説

グリコピア・イースト に行ってきました！

ゲームで楽しみながら江崎グリコのお菓子についてわかる

プリッツとポッキーの製造工程が見学できる

「おいしさと健康」の考えのもと、キャラメル「グリコ」やプリッツなど数多くの人気商品を生み出し続けている江崎グリコ。今回は、2012年10月に誕生した江崎グリコの工場見学施設であるグリコピア・イーストを紹介します。プリッツやポッキーの製造工程が見学できるほか、クイズを解いたり、短編映画を見たりしながら、江崎グリコの歴史やお菓子について学ぶことができる、工場とミュージアムが合体した見学施設です。

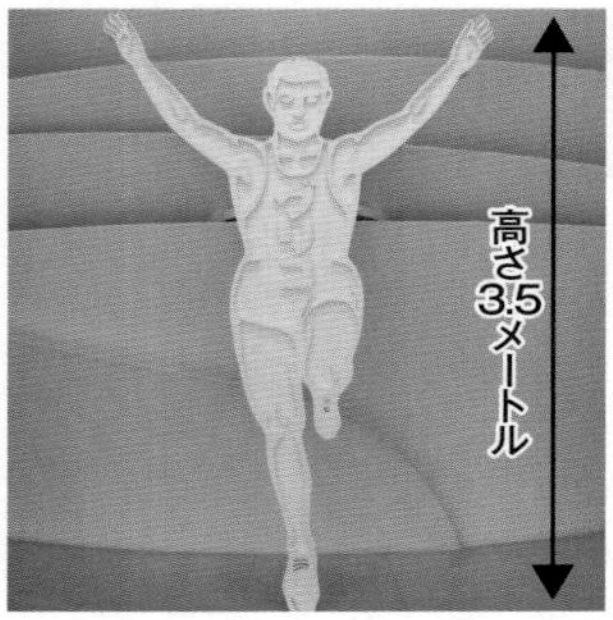

グリコピア・イーストに、グリコのトレードマークでおなじみの「両手をあげてゴールする男性」の像が立っています。

キャラメル「グリコ」にはあの海産物が含まれている！

みんなは江崎グリコのトレードマークとなっている「両手をあげてゴールする男性」を知ってるかな？ このマークはとても健康的に見えるよね。江崎グリコのお菓子はおいしいだけではなく、栄養菓子として健康に気を配っているんだ。

江崎グリコの生みの親である創業者、江崎利一さんは1919年、『カキ』に含まれているグリコーゲンに目を付けたんだ。健康に良いグリコーゲンを子どもに食べさせたい、と考えた江崎さんは、人気のあったキャラメルに混ぜようと考え、誕生したのがキャラメル「グリコ」なんだ。

スタジアムホール

スタジアムホールでは、大型スクリーン映像を見ながら、グリコのお菓子や工場に関するクイズに挑戦できます。

クイズの優勝者にはプレゼントが贈呈されるぞ！

3択クイズの形式になっていて、正解が分かったらすばやく「A」「B」「C」のいずれかのボタンを押すんだよ。

Q

チョコレートの原料であるカカオ豆。では、カカオの実のどの部分がカカオ豆になるのでしょうか？

A. 外の皮の部分
B. 果肉
C. 中の種

正解はCの「中の種」

グリコピア・イーストで
お菓子の世界を楽しみながら勉強しよう！

映画鑑賞

江崎グリコの誕生の元になったカキの形をイメージしたホールでは、江崎利一さんと江崎グリコの創業を追った短編映画を上映します。また、チョコレートの製造過程のムービーも見ることができます。

チョコレートに関する興味深いエピソードや、おもしろい豆知識など盛りだくさん！

展示コーナー

展示コーナーでは、江崎グリコの会社を紹介するコーナーのほか、キャラメル「グリコ」のおまけとして入っているおもちゃが1500点展示してあります。

キャラメル「グリコ」のおもちゃが時代順に並べられているよ。

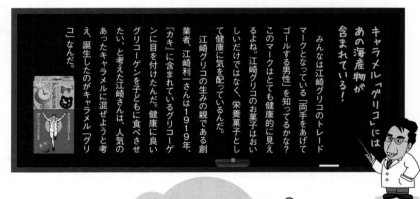

プリッツの製造工程を見学しよう！

❶原料を混ぜ、生地を切る

プリッツの原料になる小麦粉、砂糖、油を混ぜ合わせた生地をローラーで薄くのばし、シュレッダーで細長く切っていきます。

生地の厚さは約3mmにまで薄くするんだ。

❷オーブンで焼く

細長く切った生地を約4分かけて焼きます。生地には横に薄い切りこみが入れてあり、オーブンで焼き終わるころには、自然とプリッツの大きさに切れた状態になっています。

オーブンは約45mとものすごく長いんだよ。温度は、入口から300℃→230℃→150℃と3段階に分けられているよ。

❸味つけを行う

焼き上がった後、黄色いホースからスプレーで味つけをします。

プリッツ豆知識　みんなはプリッツの網目のような模様を見たことがあるかな?焼き上がって、味つけをしているものを見てみよう。実は網目の模様は片面のみなんだ。この網目模様はオーブンで焼いてできた焼き目だぞ。

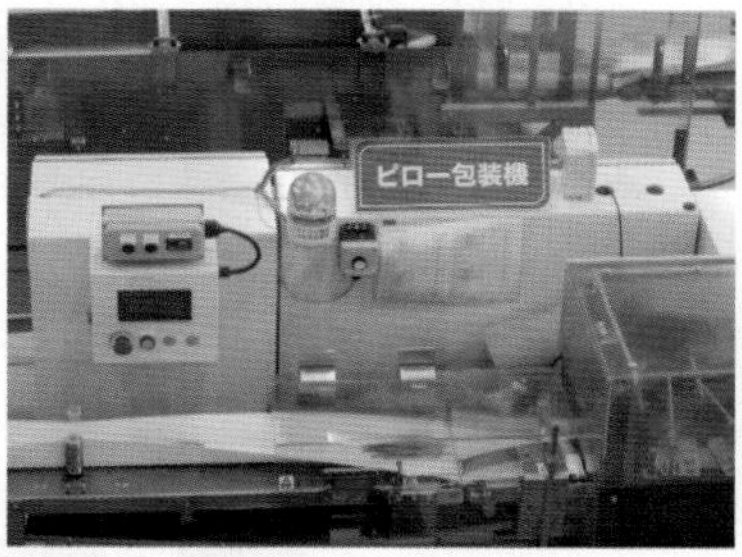

❹包装する

味つけされたプリッツを、ピロー包装機という機械で袋につめます。

プリッツを袋に包んで、左右を熱で張り合わせるんだよ。

❺検査を行う

包装したプリッツを、金属検査機、重量検査機に通します。

この時、異物が入っていないかを確認するために、X線でも検査するんだ。

❻ダンボールに入れる

吸引の原理を使ってアームで製品を運び、ダンボールの中に入れていくんだ。

包装したプリッツ2袋を1つのパッケージに詰めます。さらに、パッケージを10箱ずつに分けて、紙のトレーに詰められ、ダンボールに入れて完成です。

トマトプリッツの完成!取材をした時はトマトプリッツを製造していたよ。グリコピア・イーストではサラダ味のプリッツやポッキーも製造しているんだ。
プリッツは一日に5万5千箱、ポッキーは7万箱も作っているんだって!

体験コーナー

ジャイアントポッキーに自分の好きな砂糖菓子を付けて、デコレーションすることができます。もちろん持ち帰りが可能なので、見学の記念や大切な人へのプレゼントとしてオリジナルのポッキーを作ってみましょう。

※有料（500円）のコーナーです。※当日予約制

\お土産をGET！/

お土産としてグリコピアオリジナルパッケージのプリッツや、大きなポッキーの形をした風船がもらえます。

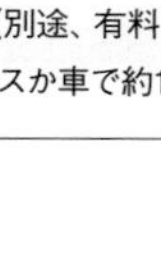

INFORMATION

工場所在地／〒364-0013　埼玉県北本市中丸9丁目55番地　休館日／毎週金曜日・お盆休み・年末年始　案内時間／9時半・11時・12時半・14時の4回　所要時間／約70分（別途、有料コーナーの所要時間は約30分）　入館料／無料　見学受付／TEL.048-593-8811（9：00～16：00）　交通／JR高崎線「北本駅」からバスか車で約10分

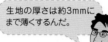

聞いてビックリ
知って納得

都道府県アンテナショップ探訪

これまでいくつの都道府県を訪れたことがありますか？　各都道府県には、まだあまり知られていない名所や習慣が多く存在します。今回は、「いしかわ百万石物語・江戸本店」の大塚さんに石川県の魅力をお聞きしました。

風情あふれる ひがし茶屋街

写真提供：金沢市

石川県金沢市には、「ひがし茶屋街」「にし茶屋街」「主計町《かずえまち》茶屋街」という金沢を代表する3つの茶屋街があります。そのなかで最も規模が大きいのが、石川県で初めて国の重要伝統的建造物群保存地区に選定された「ひがし茶屋街」。今でも、城下町の歴史と風情を感じられる街並みが残っています。建物を利用したお土産物屋さんや、カフェなどが並び、散策するだけでも楽しい人気の観光スポットです。

スイーツ王国いしかわ

古くから茶道文化が盛んだった石川県には、茶の湯とともに独特の菓子の文化が広がりました。いまも石川県では、人生や季節の節目に和菓子を食べたり、近隣に配ったりする習慣が根付いています。和菓子、チョコレート、アイスクリームの年間消費額は、なんと全国1位！ 知られざるスイーツ王国なんです。

©2013石川県　ひゃくまんさん#0431

いしかわ百万石物語・江戸本店
店長 大塚 義明さん

『ひゃくまんさん』

石川県観光PRマスコットキャラクター「ひゃくまんさん」は、石川県の郷土玩具「加賀八幡起上り」をモチーフに、輪島塗のおひげ、全身の金箔《きんぱく》など、全国に誇る石川県の伝統工芸の技術を取り入れたデザインのキャラクターです。県の広告塔として、石川県の魅力をPRするため県内外のイベント等で活動しています。

いしかわ百万石物語·江戸本店 人気のお土産3選

とり野菜みそ

お肉や海産物と野菜を入れてひと煮立ちさせれば、石川県の味が家庭で簡単に再現できる調理みそ。鍋料理はもちろん、野菜につけたり、炒めものに使ったり、石川県民の食卓に欠かせない庶民の味です。

きんつば

「きんつばといえば、中田屋」といわれるほど有名な石川県を代表する和菓子。厳選された北海道大納言小豆を使った上品な甘さで、若い方から年配の方まで幅広い世代に愛されています。

くるみ松風《まつかぜ》

石川屋本舗の「くるみ松風」は、クルミを練り込んだ味噌《みそ》風味の焼き菓子。クルミの食感と香り、味噌の甘じょっぱさがくせになる味です。

石川県基本情報

面積…… 4,186.15㎢
人口…… 1,152,543人
(平成27年6月1日現在)
県の木… アテ
県の花… クロユリ
県の鳥… イヌワシ

❷ 金沢城公園

1583年、前田利家が金沢城に入ってから約290年間、加賀百万石といわれる前田家の政治・文化の中心となったのが金沢城です。「石垣の博物館」とも呼ばれる金沢城には、防火のために水に親しむ亀を表す六角形の「亀甲石」を使用したものや、場所によって異なる積み方をされた様々な種類の石垣があり、探してみると面白い発見がたくさんあります。

❶ 兼六園《けんろくえん》

何代もの加賀藩主により、長い年月をかけて形づくられた江戸時代の代表的な大名庭園です。茨城県の「偕楽園《かいらくえん》」、岡山県の「後楽園」とならぶ日本三名園の一つ。自然豊かな兼六園では、春の桜、夏の青葉、秋の紅葉、冬の雪吊りと、年間を通じて表情の異なる美しい風景を見ることができます。

冬の風物詩 雪吊り

あぜのきらめき

❸ 白米千枚田《しろよねせんまいだ》

日本海に面して、小さな田が何重にも重なり海岸まで続く、輪島市白米町にある棚田です。一つあたりの水田が約20平方メートルと狭いため、昔ながらの手作業で米作りが行われています。10月から3月にかけてイルミネーションイベント「あぜのきらめき」が開催され、昼間の絶景とはまた違った、幻想的な風景が楽しめます。

受け継がれる 伝統工芸

石川県には日本を代表する伝統工芸品がたくさんあります。代表的な三つの工芸品の特徴をご紹介しましょう。「いしかわ百万石物語・江戸本店」では、伝統の技法を使いながら日常使いできるおしゃれな陶器や漆器、雑貨も多数販売されています。

❶ 輪島塗《わじまぬり》

輪島塗は、職人の丁重な手作業から生まれる「丈夫さ」によって、最高級の実用漆器として古くから日本人に愛されてきました。使い込むほどに美しさを増す輪島塗は、用と美を兼ね備えた漆器といえるでしょう。

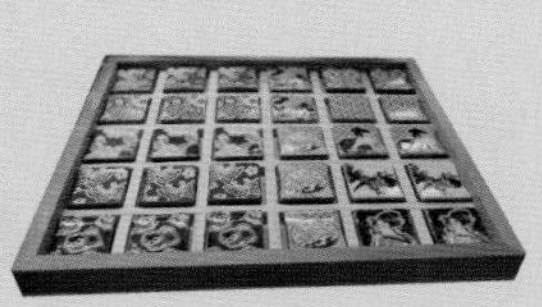

❷ 九谷焼《くたにやき》

九谷焼は、九谷の「五彩《ごさい》」と呼ばれる色鮮やかな磁器です。海外でも高い評価を受けている伝統工芸品ですが、かわいらしいデザインの箸置きなど、おしゃれで手ごろな商品も多数あります。

❸ 金沢箔《かなざわはく》

金箔《きんぱく》は、全国生産の約99%が金沢産です。最近では、金箔コーヒーや金箔ソフトクリームなどもあり、日常使いのものの中にも、石川県のおもてなしの心が散りばめられています。

加賀野菜

個性ある独特の形と色彩が特徴の加賀野菜は、愛着を寄せる人々の努力によって受け継がれています。

鮮やかな赤色の野菜は、果肉が厚くしっとりした味わいの「打木赤皮甘栗《うつぎあかがわあまぐり》かぼちゃ」。太くて長い緑色の野菜は、やわらかく日持ちのよい「加賀太きゅうり」。

いしかわ百万石物語・江戸本店

〒104-0061 東京都中央区銀座 2-2-18
TEL.03-6228-7177
営業時間／ 10：00～21：00
定 休 日／年末年始
アクセス／ JR山手線他「有楽町駅」より徒歩4分、東京メトロ有楽町線「銀座一丁目駅」4番出口すぐ

輪島塗のカウンターに、灯《とう》籠《ろう》流しをイメージした照明と、石川県の伝統工芸を惜しげなく散りばめた店内は美術館のよう！
イートインコーナーでは、輪島塗や九谷焼の器を使用して石川県の味を楽しむことができます。

石川県の方言

「～しまっし」
～しなさいな

「まいどさん」
こんにちは

写真提供：石川県観光連盟

お仕事見聞録

「働く」とは、どういうことだろう…。さまざまな分野で活躍している先輩方が、なぜその道を選んだのか？仕事へのこだわり、やりがい、そして、その先の夢について話してもらいました。きっとその中に、君たちの未来へのヒントが隠されているはずです。

PROFILE

1984年生まれ。2003年3月、千葉県立佐倉高等学校卒業。2008年3月、早稲田大学商学部卒業。同年4月、ある都市銀行に入行するが2010年6月に退行。同年8月、タイムズ24株式会社に転職し、カーシェアリング（タイムズカープラス）業務を担当。その後、名古屋支店で愛知県の『タイムズカープラス』を立ち上げる。2011年11月に大阪に異動してからも一貫して『タイムズカープラス』を担当し、現在に至る。

タイムズカープラス営業担当者

タイムズ24株式会社

三谷　卓也さん

―タイムズ24株式会社とは？

タイムズ駐車場や、カーシェアリングサービス『タイムズカープラス』などを展開することで、「快適なクルマ社会」の実現を目指しています。快適なクルマ社会とは、ストレスのない移動手段を実現するクルマ社会だと考えています。

―【タイムズカープラス営業担当者】とはどんな職業ですか？

『タイムズカープラス』とは、カーシェアリングサービスのことです。現在、全国主要都市の6918か所（※）のステーション（クルマを置いている場所）に、ソリオやフィットなどの人気コンパクトカーから7人乗りのミニバン、さらには輸入車まで、さまざまな車種を12285台（※）配備し、会員の方には15分からご利用いただいています。

そんな『タイムズカープラス』の営業を担当している私の仕事は、『タイムズカープラス』の良さを一人でも多くの方に知っていただき、会員を増やすことです。最近になってようやく「カーシェアリング」という言葉を耳にするようになりましたが、サービス内容の認知度はまだまだ低く、レンタカーと混同されている方もおられます。そこで、年齢や性別を問わず、より多くの方々に会員になっていただくため、サービスやメリットを紹介するイベントを開催したり、レンタカーを取り扱う『タイムズカーレンタル』の店舗と一緒にキャンペーンを実施したりしています。ほかにも、ステーションにノボリや看板を取り付け、まだ会員ではない方に興味を持ってもらうのも私たちの仕事です。

　また、会員を増やすには、『タイムズカープラス』を充実させることも重要です。年間３０００台を目標に、会員の方が多い地域のステーションに配備するクルマの数を増やすのはもちろんのこと、一般の月極め駐車場や商業ビルの駐車場をステーションとして使わせてもらえるように交渉も行います。そのような地道な努力を重ねた結果、現在、会員数は50万名（※）を突破しました。

※２０１５年7月現在

―『タイムズカープラス』とレンタカーの違いを教えていただけますか？

　レンタカーは店舗の営業時間内しかクルマを借りたり返却したりができませんが、『タイムズカープラス』は24時間いつでも利用が可能です。一方で、レンタカーは同系列の営業所であれば借りた店舗以外でも返却できますが、『タイムズカープラス』は借りた場所に戻すのが原則です。

　また、『タイムズカープラス』は、ガソリン代と保険料が利用料金に含まれているので、利用料金に充当される月額基本料金１０３０円と使った時間分だけの料金でクルマを利用できます。

　その他、レンタカーは自動車免許を持っていればだれでも営業所でクルマを借りられるのに対し、『タイムズカープラス』は会員制サービスのため、利用するには事前登録が必要になります。

　このようにそれぞれにメリットとデメリットがあるため、「出発と返却場所を変えたい」「旅行先で長時間利用したい」などの場合はレンタカー、「自家用車のように気軽に短時間使いたい」と思われる方は『タイムズカープラス』と使い分けをお勧めしています。

―この仕事を選んだきっかけは？

　私はＦ１などの自動車レースに興味を持つなど、子どものころからクルマが大好きでした。就職活動でも自動車メーカーや部品メーカーなどを回りましたが、父が銀行マンだったこと、また、大学で学んだ経営学の知識を金融の分野で発揮したいと思ったこともあり、大学卒業と同時にある都市銀行に入行しました。

　銀行の仕事にもやりがいを感じていましたが、どうしても子どものころの夢が忘れなかったのでしょう。次第に「まだ今なら違う道に進むこともできるのでは？自分で考え、何かにチャレンジできる仕事に就けるのでは？」という思いが高まっていきました。そして、そんな思いをどうしても振り払えず、私は勤めていた銀行を退行。新たにクルマに関係する仕事を探し始めたのです。

　そんなときに目にしたのが、カーシェアリングの新規事業立ち上げに伴うタイムズ24の中途採用募集でした。当時の私は何の知識もありませ

SCHEDULE

三谷さんのある一日のスケジュール

8:00	出勤 メールチェック・ チームミーティング
9:00	新しいステーションの検討
10:00	会員獲得方法の検討
12:00	昼食
13:00	クルマ配備について オーナーと打ち合わせ
15:00	ステーションの調査など
17:00	チームメンバーからの 提出書類のチェック
18:00	退勤

んでしたが、「カーシェアリング」という新規事業を通じ、クルマ好きの人を増やすのもおもしろいのではないかと思い、面接を受けることにしました。面接ではかなり緊張しましたが、現在の上司でもある部長の「新規事業には何の見本もない。朝に〝右に進め〟と言ったことでも、夕方には〝左に進め〟と言うかもしれない。それが新規事業だ」という言葉に、一から新規事業をつくり出すことへの魅力を感じました。今、転職して約5年が過ぎましたが、一度も後悔したことはありません。

―この仕事をしていてうれしかったこと、つらかったことは？

うれしいのは、やはり会員の方から「最近、クルマの数が増えてきたね」「便利に使っているよ」というお声をいただいたときです。

つらいのは、利用者がいるにもかかわらず、諸事情からステーションを閉鎖しなければならないときです。代わりとなるステーションを探すことができればよいのですが、それもできなかったときは非常に心苦しく、また、申し訳なく思います。

―仕事をするうえで気をつけていることは？

相手の立場に立って考えることと、ひとりよがりな考えに陥らないことです。

今では4人のメンバーをまとめながら業務を行えるようになりましたが、最初の頃は、つい自分の考えだけで物事を進めてしまうときがありました。しかし、それでは、良いアイデアを取り入れられないばかりか、チームメンバーの成長も促すことができないと思い、可能なかぎりメンバーの声に耳を傾けるようにしています。

―学生時代にやっておくべきことは？

苦手な分野をつくらないよう、バランス良く勉強することです。私の場合、理数系、特に数学が苦手だったため、高校も大学も文系に進みました。そのため、就職活動する際、「自動車メーカーの技術者になりたい」と思っても、試験さえ受けることができませんでした。だからこそ、皆さんには将来の選択肢を広げるためにも、いろいろな知識を身につけることをお勧めします。

―これから絶対に成し遂げたいことは？

「カーシェアリング」を誰もが知っているサービスにすることです。

―仕事の魅力を子どもたちに伝えてください。

鉄道を大動脈とするならば、カーシェアリングは毛細血管―。これは私の上司の言葉です。確かに毛細血管は大動脈と比べると目立たない存在かもしれません。しかし、毛細血管が体のすみずみまではりめぐらされているからこそ、人間は健康を保つことができるのです。それと同じように「カーシェアリング」が身近な場所にさらに広がれば、やがて社会の交通インフラの1つとして認めてもらえるかもしれません。

「若者のクルマ離れ」と言われていますが、『タイムズカープラス』を利用することによって、クルマに乗る楽しさを知ったという20代の方が多くいらっしゃいます。最終的に自分のクルマが欲しくなってクルマを購入された方も。『タイムズカープラス』の会員ではなくなってしまいますが、出かけた先でタイムズ駐車場を使っていただくなど、私たちのサービスとの関わりは続きます。1人でも多くのクルマ好きを増やし、その人たちのために快適なサービスを提供する、それが【タイムズカープラス営業担当者】です。

―仕事とは？

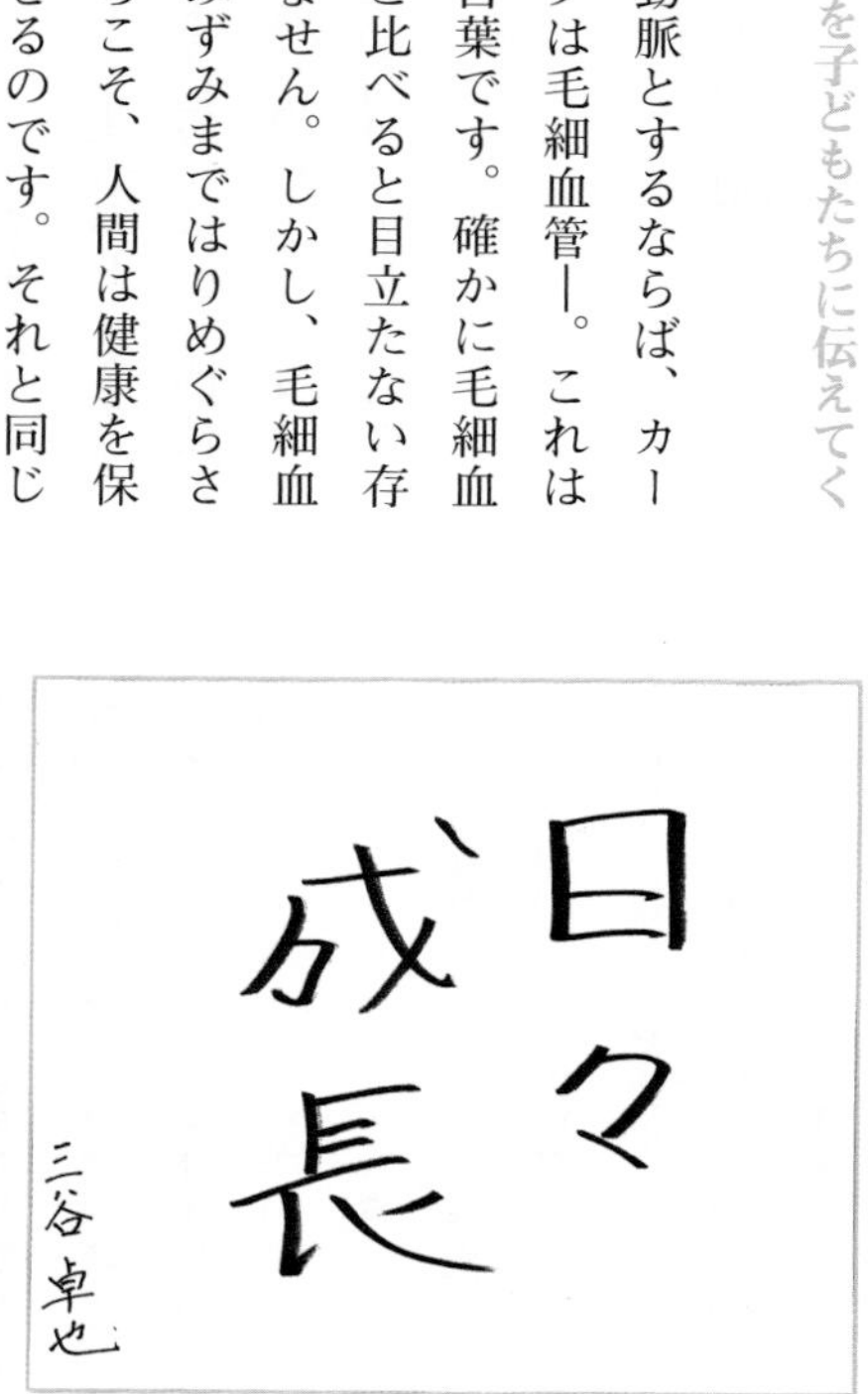

『サクセス12』では、様々な分野でご活躍されている方を紹介しております。ご協力いただくことが可能な方は、下記のメールアドレスまでご連絡ください。お待ちしております。

メール
success12@g-ap.com

この国で、世界のリーダーを育てたい。

■ 平成27年度・大学合格者数

● 卒業生 126名　東大・一橋大・大阪大に合格
医学部医学科６名合格

国公立大	一貫生 24名	(全体 54名)
早慶上理	一貫生 33名	(全体 92名)
医歯薬看護	一貫生 33名	(全体 66名)
G-MARCH	一貫生 65名	(全体 222名)

■ 部活実績

● 陸上競技部
学校総合体育大会埼玉県大会800m第2位・関東大会及び全国大会出場

● ダンス部
USA Regional Competitions2014埼玉大会総合2位・全国大会出場

● 吹奏楽部
第20回日本管楽合奏コンテスト中学校Aの部最優秀賞

● 合唱部
全日本ジュニアクラシック音楽コンクール中学生の部声楽部門ソプラノ第4位

クラス概要

「グローバルエリート（GE）クラス」
東大をはじめとする最難関大学への合格を目指すことはもちろん、「世界のリーダーを育てたい」という開校以来の理念を実現するクラスです。

「グローバルスタンダード（GS）クラス」
難関大学合格を目指すと同時に、世界を舞台に幅広く活躍できる人材を育成する、従来の「世界標準」のクラスです。

学校説明会

第1回	9月 5日（土）	10:00〜12:00	＊授業見学可
第2回	10月18日（日）	13:30〜15:30	＊体験授業
第3回	11月28日（土）	10:00〜12:00	＊入試問題解説会
第4回	12月12日（土）	10:00〜12:00	＊入試問題解説会

授業見学
10月 3日（土） 10:00〜12:00

小学4・5年生対象説明会
12月20日（日） 10:00〜12:00

予約不要・スクールバス有り
※詳しくはホームページをご覧下さい。

春日部共栄中学校

〒344−0037 埼玉県春日部市上大増新田213 ☎048−737−7611
東武伊勢崎線春日部駅西口からスクールバス（無料）で7分
http//www.k-kyoei.ed.jp

6年後
夢をかなえる
中学校

夢中

大妻中野中学校

東京都　中野区　女子校

―わたしを好きになる。世界につながる。―

校長　宮澤 雅子先生

自立した女性の育成に向けて

本校では〝自立した女性〟、つまり〝自分の道を自分で選択し、切り拓いて行く女性〟の育成を教育目標に掲げています。その育成に向けて、どんな時代であってもブレない指針を持たせること、変化の激しい時代に必要な進化した教育を施すことに取り組み続けています。もう一つ付け加えるなら、〝いかに自分を律するか＝自律〟に向けた取り組みも行い、〝いかに努力を怠らないか〟といったことも大事にしています。

自律心を養うために、まず、「あいさつ・清掃・思いやり」といった「7つのルール」を分かりやすく伝えています。「7つのルール」は全て人として必要なこととして、学校生活を送る基本理念としていきます。次に内側から自分を育てるために、部や委員会活動、行事を通して、自分たちでの問題発見、解決を促しています。そして、生徒たちのやる気を引き出すしかけとして、例えば、清掃の成果をクラスごとで競いあい、毎回結果を放送で発表するなど、クラス全体を盛り上げるようにしています。

SGHアソシエイト校に認定。「英語で学ぶ」環境へ

平成27年度、SGH（スーパーグローバルハイスクール）アソシエイト校の認定を受けることとなりました。加えて、本校では積極的に帰国生の受け入れを行い、今や全校生徒の約10％が帰国生です。そうした環境を活かして、今までやってきた英語教育をさらに進化させるべく、まずは日常的に英語に触れる機会を増やすよう取り組んでいきます。

例えば、「One minute English」という取り組みでは、ネイティブスピーカーによる全校英語放送を行います。そこで使用する英単語や熟語については、全教員が共有し、会話の中で利用していきます。先生も一緒に取り組むことで、学校全体の日常に英語が存在するようになります。Speaking・listeningなど実践英語の強化については、受験英語と区別せず、両方に取り組んでいます。変化の激しい時代に対応し、「英語を学ぶ」のではなく、「英語で学ぶ」取り組みを行ってまいります。

グローバルリーダーズコースを新設。社会を牽引する女性へ

来年度から新たにグローバルリーダーズコースを新設します。このコースは帰国生でなくても、英語力を鍛えようと努力してきた全ての受験生が受けられるコースです。

グローバル教育はどの学校でも取り組んでいることですが、本校におけるグローバル教育のポイントは「ダイバーシティ（多様性）」に対応できることです。そして、これからの社会に必要なリーダー像は、〝健全なコミュニティ＝思いやりのある共同体〟を実現できる人だと考えています。そのための取り組みとして、本校では、様々な外部機関や企業・団体と協力し、国内外でフィールドワークを行います。海外では現地の学生と交流し、さまざまな問題について一緒に考え、解決することに取り組みます。

現実には、価値観や考え方の違いは必ずあることでしょう。それらを尊重し合うためには、しっかりとした知識のインプットが大切であり、自分の考えを言葉にできるアウトプットする力が必要です。本校では、グローバルリーダーズコースの生徒たちを牽引役として、これまで以上に豊かな知性と人間力溢れる生徒の育成に力を入れていきます。

大妻中野中学校
OGリポート

合唱部で、学校生活で見つけた私の「夢」

矢沢《やざわ》 彩恵《さえ》さん　東京医科歯科大学医学部 保健衛生学科看護学専攻 2 年生

部活動に熱中した6年間

中高6年間で一番熱中したのは合唱部の活動です。文化祭で観た合唱部のステージに憧れて入学したので、「部活は合唱部しかない」と決めていました。

高校2年生になって、先輩たちが受験勉強のために引退することになり、自分がアルトのパートリーダーを受け持ったときは本当に大変でした。他パートには、部活動を続ける先輩もいたので遠慮してしまい、それが大きなプレッシャーとなって、「自分がしっかりやらないと周りに迷惑がかかる」と常に考えていました。

特に思い出深いのが、高校3年生で出場した夏の都大会（NHK全国学校音楽コンクール東京都大会）です。それまでは銀賞止まりでなかなか都大会を突破できなかったのですが、ついに金賞に輝き、関東甲信越大会まで進むことができました。自分も含めて高3生は10人もおらず、自分と同じように受験勉強と並行している中で、練習メニューを自分たちで考えるなど、みんな一生懸命に取り組みました。

仲間の存在が一番の宝物

大妻中野の魅力は「たくさんの人との出会い」だと思います。私の場合は合唱部で過ごした時間と、仲間の存在が一番の宝物になりました。

もちろん部活の大会での経験とは別に、授業や行事を通して先輩と後輩の関係性や、生徒同士、生徒と先生の仲の良さを実感しました。たとえ生徒同士の意見の食い違いがあってもその時だけのことで、その後は今まで以上に仲よくなりましたね。

苦手な英語は音読で克服。受験勉強と部活動の両立

勉強面については、高1で海外帰国生が多く在籍する英語ハイクラス（グローバルリーダーズクラスの前身）に入ったものの、英語は苦手な方で、周りのレベルの高さにショックを受けました。そこで、色々な方からのアドバイスを参考にして、まずは学校の教科書本文の音読に取り組みました。音読と同じスピードで、単語や熟語を認識できるよう心がけました。文章で単語や熟語の意味を理解するほうが入試に役立つと考えていたんです。音読に取り組んだ結果、英語の成績は着実に伸びていきました。

部活動との両立は大変でしたが、高校2年生のときに先輩たちが受験勉強のために抜けてしまい、不安を感じたこともあって、後輩たちにはそんな思いをさせたくないと考えたことが、受験勉強と部活の両立につながったんだと思います。

合唱部の顧問でもある宮澤校長先生と

将来は小児科の看護師になりたい！

現在は東京医科歯科大学の2年生で、看護学や生理学の基礎、看護技術の勉強などに取り組んでいます。看護技術の授業では、技術はもちろん、時間制限や丁寧さなどの総合的な評価を見られるのでとても難しく大変です。

昔から「看護師になりたい」と考えていたわけではなく、何か人の役に立つことがしたいと漠然と考えていました。そんな時に技術家庭科の授業中に、看護師が不足しているという話があって、自分の中で「これだ！」と感じ、看護師になることを決めました。

9月からはいよいよ患者さんを担当する実習に入ります。子どもが好きなので、将来は小児科の看護師になりたいと考えています。子どもたちは大人と違って感受性が強いので、そんな子どもたちの敏感なところもしっかりと感じ取れる、そんな看護師になりたいと思います。

大妻中野中学校の魅力

電子黒板を始めとするICT教育

全教室に電子黒板を導入。従来の黒板として文字を書く機能はもちろん、生徒の興味を引く視聴覚的なメリット、欲しい情報をネットから取り込める、教員の時間節約になるなど、さまざまな効果があるそうです。来年からは生徒一人ひとりがタブレット端末を利用でき、教師と生徒双方向の授業、生徒の探求型授業の展開を目指しています。

COSMOSアゴラ

生徒たちの笑顔が溢れる新校舎

図書館

飲食だけでなく、演劇やコンサート、講演会なども行えるカフェテリア「COSMOSアゴラ」の他にも、自然光を取り込むように設計した、蔵書4万冊の「図書館」、吹き抜けで緑溢れる「パティオ」など、居心地を重視した最先端の環境が整えられています。

掃除で競争!? 清掃点検

大妻中野では、掃除の清掃具合をクラス対抗にして競争する「清掃点検」を行っています。この清掃点検は、金賞は金のほうき、銀賞は銀のチリトリを贈呈するなど、賞を設けて表彰しています。

クラス対抗はその他にも、「チャレンジバンクテスト」と名づけられた、2週間に1回の小テストを行うなど、継続して努力すること、みんなで一緒に取り組むための工夫を導入しています。

「清掃点検」では、生徒のやる気を引き出し、クラスの一体感が生まれます。

「英語で学ぶ」ための環境

時事問題など、様々な話題について触れる「One minute English」

現在は、英語をツールとして使いこなすための能力が求められています。大妻中野では、「One minute English」の他にも、英語でスピーチを行う「外国語発表会」、「海外短期留学」、「フランス語授業」なども行っています。

また、全校生徒の約1割が海外帰国生のため、語学はもちろん、多様な価値観の違いを学ぶことにもつながっています。

SCHOOL DATA　大妻中野中学校　〒164-0002 東京都中野区上高田2-3-7　ＪＲ中央線 他「中野」駅下車　北口より徒歩10分　TEL.03-3389-7211

Close up!!

クローズアップ!!

山手学院中学校

YAMATE GAKUIN Junior High School

神奈川県　横浜市　共学校

世界に信頼される人間を育て続けてきた「自由の学院」

国際的に活躍できる人間を育てたいという創立者の思いが息づく山手学院中学校は、他校にはない魅力的な国際交流プログラムで国際人を育成しつつ、学力もしっかりと身につける学習カリキュラムを整えている学校です。

SCHOOL DATA

所在地
神奈川県横浜市栄区上郷町460

アクセス
JR京浜東北線・根岸線「港南台駅」徒歩12分

生徒数
男子351名、女子251名

TEL
045-891-2111

URL
http://www.yamate-gakuin.ac.jp/

大澤《おおさわ》 一郎《いちろう》　校長先生

【Q】 御校が目指されている教育の基本方針についてお教えください。

【大澤先生】 本校は１９６６年（昭和41年）に、全寮制の男子校として、江守節子、松信幹男の姉弟が創立しました。

姉の江守節子は、第2次世界大戦後、「太平洋の波が再び荒れることがないように、これからは世界共通の言語である英語を学んで、世界中の人とつながらなければ」と考えました。弟の松信幹男は、敗戦のあとの引き揚げ船で帰国する時に「今後の日本の子どもたちの未来のための教育を考えよう」と志し、本校のルーツとなる英語学校を始めました。そうしてできたのが本校ですから、創立時から国際人を目指そうということが根底にあります。「世界を舞台に活躍でき、世界に信頼される人間」を育てようというのが建学の精神としてうたわれています。

【Q】 御校は、２０１６年（平成28年）に創立50周年を迎えますね。

【大澤先生】 創立50周年を機に、次の半世紀に向けて、建学の精神をさらに深化させるべく、これまでの教育内容を整理して、新たに教育の柱を3つ据えました。

ひとつは国際交流教育「Global Understanding and Cultural Exchange」です。ふたつ目は教科教育・進路指導「Learning for Life」です。勉強は生きるための学びであり、人生のための学びであるべきだろうということです。そして3つ目が誠人教育「The Three Cs」です。礼儀正しさ「Courtesy」、真心・思いやり「Compassion」、勇気「Courage」の3つのCを育てることで、「他者の人生に最大限の敬意を払って、他者との関係に誠意を尽くせる人」になってほしい、ということで「誠人」という言葉を考えました。

山手学院はよく「自由の学院」と言われます。ですが、「自由」とは何をしてもいいということではありません。他人の自由も自分の自由と同じだということを認識して、自由な気持ち（姿勢）と、自由を選べる機会をみんなが平等に守っていくことを「賢い自由」と定義し、山手学院の自由「Wise Freedom」として、3つの教育の中心に置いていきます。

【Q】 御校を志望している生徒や保護者のみなさんにメッセージをお願いします。

【大澤先生】 本校では、一歩を踏み出すことにちゅうちょのない生徒が育っています。北米研修プログラムをはじめとした国際交流教育をとおして、海外に出て行くことに対してのハードルが低くなるからだと思います。多種多様な先輩後輩とともに、そうした環境のもとで、伸びていくことができる学校です。

丁寧な学習カリキュラムが高い現役大学合格率を支える

創立当初から、世界に信頼される国際人の育成を掲げてきた山手学院中学校（以下、山手学院）。JR線の港南台駅から歩いて10分ほどの小高い丘の上に立ち、春には桜がきれいに咲き誇る恵まれた自然環境にある共学校です。

山手学院の学習カリキュラムは、6年間を3つに分けて行われていきます。

中1・2は「基礎的生活習慣・学習習慣の確立」を目指し、中学生としての生活に慣れ、日々の学習習慣を身につけながら、しっかりと各教科の基礎を押さえていく時期です。

中3・高1は「可能性に挑戦する姿勢の育成」を目標に据え、生徒の進度や希望に合わせたクラス編成を行います。ある程度発展的な部分まで学習する特進クラスと、数学・英語で習熟度別授業がある普通クラスです。

高2・3の大学受験に向けた最後の2年間は、さらに希望する進路に向けて、特進クラスからは国公立文系選抜クラスと国公立理系選抜クラスに分かれます。普通クラスからは文系クラス、理系クラスに分かれていきますが、ここから国公立文系選抜や国公立理系選抜に進むこともできるのが特徴です。

補習や講習は、長期休暇時以外には学校の制度としては用意されていませんが、補習的な内容から、発展的なものまで、多くの先生方が熱心に行っています。

こうしたカリキュラムのもとで、山手学院生の現役大学合格率は毎年9割を超えており、2015年の大学入試でも、早慶上理84・3%、MARCH90・6%と、非常に高い現役合格率でした。

ほかにはない魅力的な国際交流プログラム

山手学院の教育プログラムのなかで、特筆すべきものをあげるとすれば、やはり国際交流・国際理解教育でしょう。

中3次のオーストラリア・ホームステイ、高2次の北米研修プログラムのふた

施設・環境

四季折おりで変化する環境が、生徒の感性を育みます。

緑に囲まれた穏やかな教育環境

図書館

プール

異文化に触れ 世界に目を向ける

北米研修プログラム

オーストラリア・ホームステイ

国際交流プログラム

言葉が通じない見知らぬ地で過ごすことで、生徒は大きく成長します。

つが大きな柱で、さらに交換留学や国連世界高校生会議への参加（高3）、シンガポールにあるインターナショナルスクールでのイマージョンプログラムなどがあります。

「中学生・高校生という多感で柔軟な吸収力のある時期に、直接『世界』の中に飛び込み、体験することが必要」だと考えている山手学院では、中3のオーストラリア・ホームステイ、高2の北米研修プログラムには全員が参加。今年からスタートした、中3と高1対象のシンガポールでのイマージョンプログラムも、25人の募集に対して100人以上の応募があったそうです。

大澤校長先生は、昨年のオーストラリア・ホームステイに同行した際に、往路の飛行機のなかで「私はこのために山手学院に来た」という女子生徒の会話を耳にしたそうで、それぐらい期待度の高いものになっています。

オーストラリア・ホームステイは、6泊7日の日程で、2人1組で地元家庭にホームステイしながら、家族の一員として日々を過ごします。これが国際交流活動の第一歩となります。

中1からのネイティブスピーカー教員による「English」の授業では、身近な内容をテーマに、英語特有の表現や文法を学んでいきます。そのなかで、オーストラリア・ホームステイで発表する日本の文化紹介の練習なども行われます。

　そして、山手学院の国際理解教育の集大成とも言える北米研修プログラム。1969年（昭和44年）に始まった伝統的な行事で、15泊16日という日程で、カナダ、アメリカのいくつかの都市を訪れ、2人1組でホームステイをし、学校に通います。さらに日本に戻ってきたあとは、山手学院生が訪問したカナダとアメリカの学校からの生徒を受け入れ、さらに交流を深めます。

　日々の授業だけではなく、まさに「アクティブラーニング」としての英語教育、国際理解教育を6年間とおして行っていくため、海外に出て行くことが当たり前、外国人と交流することに抵抗のない生徒が育っていきます。

　そのほかの学校行事も多彩です。北米研修プログラムと並んで、一番の思い出にあげられることが多い山手祭（文化祭）や、水泳大会、合唱コンクール（中学）など、1年をとおして行事がめじろ押し。

　創立50周年を機に、体育館の改築も行われる山手学院中学校。ここにしかない国際交流プログラム、毎日の勉強、部活動、学校行事がある充実の6年間を過ごすことができるでしょう。

学校行事

毎月のようにある多種多様な学校行事も山手学院の特色です。

様々な行事がめじろ押し

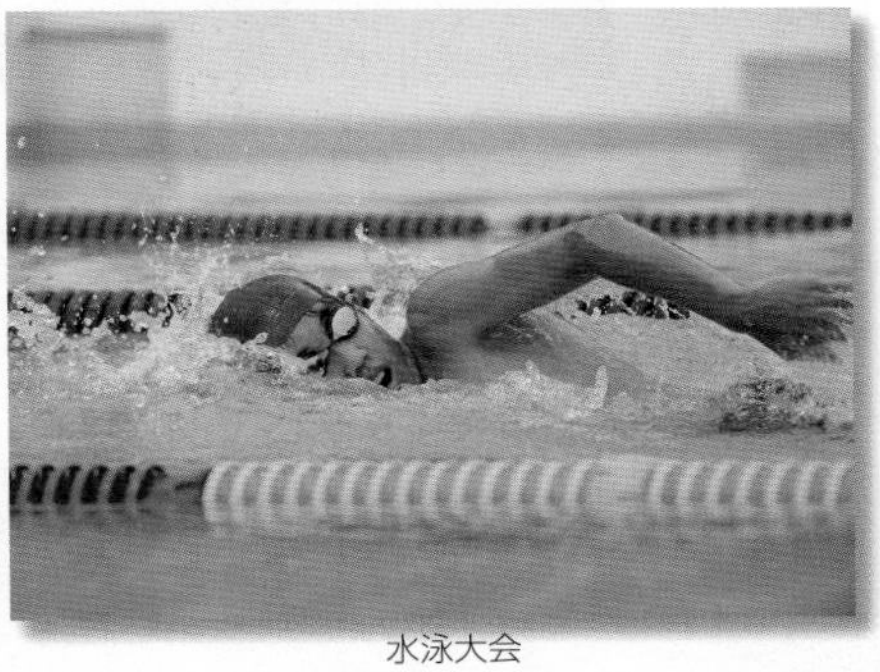
水泳大会

合唱コンクール（中学）

校外学習（プロジェクト・アドベンチャー、中1）

野外教室（中2）

入試情報

2015年度（平成27年度）入試結果

	2月1日（A日程）	2月2日（B日程）	2月3日（C日程）	2月6日（後期日程）
受験者数	249名	419名	125名	128名
合格者数	120名	254名	40名	64名

試験科目と配点

国語・算数（各100点）、社会・理科（各80点）

東京都立三鷹中等教育学校

「思いやりを持った社会的リーダー」を育成

幅広い見識を身につけ、限界までチャレンジし努力する生徒を育てている三鷹中等教育学校。学校独自で「人生設計学」と名づけたキャリア教育を展開し、日本の伝統文化を世界に発信できるグローバル人材の育成も実践しています。

高い目標を持って努力する生徒を育成

東京都立三鷹中等教育学校（以下、三鷹）では、母体校である三鷹高等学校の教育目標にある「気力を起こして、わが身をためそう」の標語をふまえ、限界までチャレンジする、自主的に意欲的に勉強する、高い目標を持って最後まで努力する生徒を育成しています。

基本理念である「思いやりを持った社会的リーダーの育成」は、ボランティア活動への積極的参加などにより、他者を理解する気持ちを常に持って国際社会で活躍する生徒の育成を目指すものです。

仙田直人校長先生は、「基本理念を実現するためには、全ての教科を意欲的に学習し、幅広い教養を身につけることが必要です。また、将来については高い志を持ち続けるよう常に話しています。自分で高い目標を設定し、少し背伸びをしてでも、最後までチャレンジしてほしいと思っています。6年間という長い期間を過ごすなかで、どうしても最初に決めた目標が揺らいでしまうことがあります。しかし、最後まで目標を落とさずがんばることが自己実現につながると考えています」と話されました。

仙田《せんだ》 直人《なおと》 校長先生

「自分で高い目標を設定し、少し背伸びをしてでも、最後までチャレンジしてほしい」

三鷹独自の「人生設計学」

三鷹独自の取り組みとして、「人生設計学」があります。「人生設計学」では、どこの大学に入りたいかという目先の目標ではなく、自分は将来、どういう仕事に就きたいのか、大学を出てどんなことをやっていきたいのかを考えます。つまり、「大学の先にある人としての生き方、在り方」を見据えているのです。

そして、将来の目標を達成するためには、どういう大学へ進学するのがよいかを自分で考えていきます。したがって、三鷹では、大学に入ることだけを目的にして進路を選ぶことがないように指導がなされています。

6年間を2年単位で3つのステージに分け、1・2年時には職場見学や職場体験を実施します。生徒には「この体験をふまえて、どのような社会的リーダーになるか」をテーマに論文を書かせ、職業観・勤労観の育成をはかっています。

3・4年次には大学や研究室訪問を実施し、自分がどのような分

School Information

東京都立三鷹中等教育学校

所在地：東京都三鷹市新川6-21-21
アクセス：JR中央線「三鷹駅」「吉祥寺駅」・京王線「調布駅」「仙川駅」バス
生徒数（前期課程）：男子232名、女子247名
TEL：00422-46-4181
HP：http://www.mitakachuto-e.metro.tokyo.jp/

野に興味関心があるかを考えます。そして、5・6年次でその学びをとおして自己実現をはかれる大学選択について考えます。

各ステージでは、論文の作成や発表会を取り入れ、プレゼンテーション能力やコミュニケーション能力も培います。これが三鷹の「人生設計学」です。

また、三鷹では、オリジナルの3つの科目「文化科学」・「文化一般」・「自然科学」を設定しており、高い見識を得ることができる学習活動となっています。

「文化科学」では、プレゼンテーション能力を伸ばす実践を行っています。生徒たちが自分がすすめる本をプレゼンし、評価しあう書評合戦や活発な討論を展開するディベートなどを行います。

三鷹は「言語能力向上拠点校」として、朝読書など読書活動に力を入れており、その成果発表の場ともなっています。

「文化一般」は、芸術についての基礎的な技能や表現力を身につけることで、感受性豊かな情操を育みます。

「自然科学」は、数学分野、理科分野に分かれており、数学分野では、論理的に考え、筋道を立てて説明できる表現力を育成するため、「算額コンクール」に挑戦します。理科分野では、実験・観察やフィールドワークを取り入れ、自然に関する興味・関心を高めます。

「三鷹スタンダード」で目標設定

習熟度別授業も取り入れられており、1年生から数学と英語で2クラスを3展開して行っています。そして学期ごとのテストが終わったところでクラス替えをします。

「本校では、学力の保障が欠かせません。そのためには、学校が目標とする学力の水準を定め、それに対して生徒の到達度がどこにあるのかを明示することが必要だと考え、『三鷹スタンダード』を策定しました。

『三鷹スタンダード』とは、3段階に設定した学習到達度のことで、学年・クラス・生徒個々の到達度を明らかにし、それを分析することで、弱点を補強するとともに、強みをさらに伸ばす指導が可能となります。目標水準を設定し、現在の到達度がわかると、教員たちも生徒に対して個に応じた指導ができます。また、生徒・保護者にとっても目標が分かりやすく、進路選択にも役立つと考えています」（仙田校長先生）

英語教育をはじめとした、国際理解教育も充実しています。

「本校では、英検合格者数が大きく伸びています。3年次で2級・準2級合格者が全体の6～7割います。年度末にはスピーチコンテストも開催し、『読む』『書く』『聞く』『話す』の4技能を伸ばす英語教育を行っています。

そして、英語をツールとして、海外の生徒を招いての国際交流やアメリカ・シアトルでの海外ボランティア研修なども導入し、国際理解教育を推進しています。

国際的な視野を持つためには、いろいろな人とコミュニケーションをとることが必要です。そのため、毎年3カ国以上の国の生徒を受け入れています。そして後期課程で実施するマレーシアへの海外修学旅行に結びつけています。今

文化科学の授業

合唱祭

後は『東京・グローバル10』の指定校として日本の伝統文化も理解し、そのよさを世界に発信できる『胸は祖国におき、眼は世界にそそぐ』人材の育成につとめていきたいと思います」（仙田校長先生）

最後に、受験生へのメッセージを伺いました。

「2012年度（平成24年）には、新校舎と武道場、駐輪場、天窓がついた図書室などが完成し、2013年（平成25年）の8月にはグラウンドの改修工事も終わり、9月に校舎落成記念式典を実施しました。土曜授業のある日は、全て授業公開をしています。この新しい様々な施設を活用している生徒の姿を、ぜひ一度見に来てください。

適性検査に関しては、出された問題に対して、正対した意見を述べられるようになってください。また、自分でまとめられる力、幅広く考えることができる力をつけて挑んでもらいたいです。

そして、思いやりを持ったリーダーとしてがんばっていきたいという志を持った生徒さんには、ぜひ受検してもらいたいです」（仙田校長先生）

体育祭

校外学習

Check!

入試情報

2016年度（平成28年度入学生募集）

※募集定員と検査内容については、昨年度の内容です

募集区分

一般枠

募集定員

160名（男子80名・女子80名）

入学願書受付

1月12日（火）～18日（月）

検査実施日

2月3日（水）

検査内容

適性検査Ⅰ・Ⅱ、報告書

適性検査の傾向

独自作成問題の適性検査Ⅰでは、文章を深く読み取り、自分の考えを伝える表現力をみます。読解文が長いのも特徴です。適性検査問題Ⅱでは、国算社理の考え方を組みあわせた出題で、課題や資料の内容を正しく分析し、論理的に思考・判断し、問題を解決していく力をみます。

のぞいてみよう となりの学校

恵《けい》泉《せん》女《じょ》学《がく》園《えん》中学校

中高6カ年のゆとりある一貫教育を行う恵泉女学園中学校は、創立当時から変わらぬ教育の3本柱のもと、生徒一人ひとりの個性を大切にしている学校です。今回はその教育の3本柱について詳しくご紹介します。

自ら考え発信する力を養う 3つの教育の柱

「広く世界に向って心の開かれた女性を育てるためにキリスト教に基づいた女子教育をしたい」という創立者・河井道《かわいみち》の願いから誕生した恵泉女学園中学校（以下、恵泉）は、1929年（昭和4年）の創立当初から、「聖書」・「国際」・「園芸」の3つを教育の柱に据えています。当時から制服も定めておらず、「その人らしさ」を大切にした教育を実践しながら、世界平和の実現のために貢献できる女性の育成を目指してきました。その3つの教育の柱について、本山早苗副校長先生にお話を伺いました。

自己と向きあう大切な時間

まずはひとつ目の柱、「聖書」についてです。恵泉はキリスト教の教えを基盤とする学校であることから、毎朝25分間の礼拝を行い、6年間、聖書の授業を設定しています。

「礼拝と聞くと、宗教になじみのない方は敬遠されるかもしれませんが、本校では礼拝を通じて自分自身を見つめ直し、自分の考えを確立するとともに、多様な価値観を受け入れる姿勢を養っています」と本山副校長先生が語られるように、恵泉における礼拝の時間は、聖書の価値観を提示しながら、「どう生きていきたいか」「物事に対してどう考えて行動するか」ということを考える時間として位置づけられています。そのため、礼拝で讃美歌を歌ったり、

School Data

所在地　東京都世田谷区船橋5-8-1
アクセス　小田急線「経堂駅」・「千歳船橋駅」徒歩12分
生徒数　女子のみ606名
T E L　03-3303-2115
U R L　http://www.keisen.jp/

お祈りを捧げるほか、「感話」という取り組みを行います。

　これは、自分の考えていることや日々の生活のなかで感じたことをみんなの前で発表するもので、全員が順番に担当し、1年間にひとり3回は感話を述べます。中1では原稿用紙3～4枚くらいの分量ですが、高3では7～8枚は書き、中身がより濃いものになっていきます。

　このように、一人ひとりが自分の考えていることを話し、周囲がそれを聞くことで、お互いを受け止めあい、理解しあうことができます。そして、それが将来、多様な価値観や文化を持った世界の人々を受け入れることにもつながっていくのです。

聖書

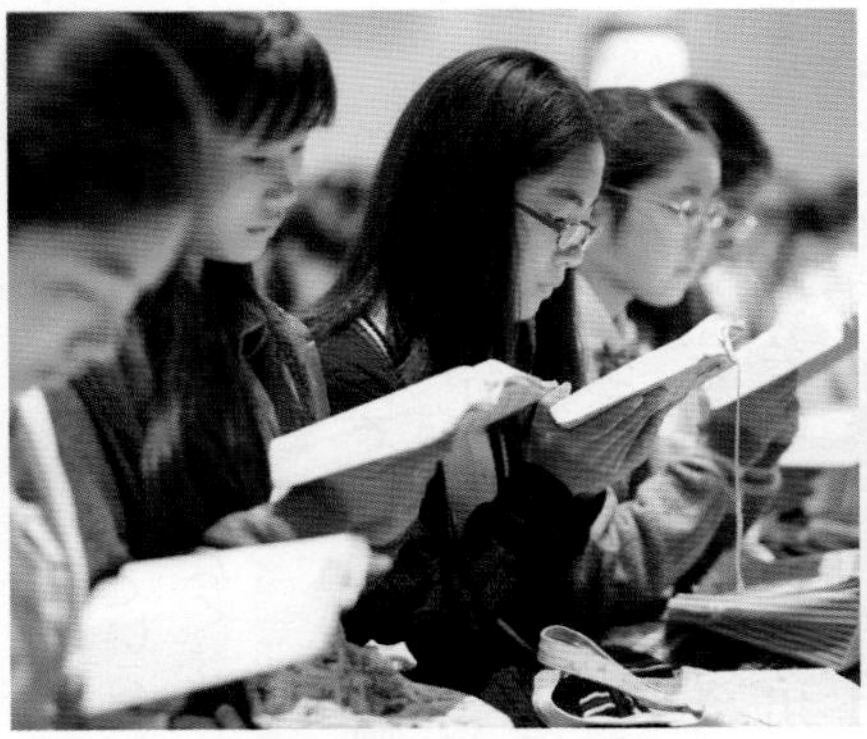

聖書の教えに耳を傾けます。

感話を述べるようす。

国際理解教育を幅広く展開

　ふたつ目の柱、「国際」は、国際理解教育を指します。

　英語は国際理解のためのツールだと考えられている恵泉では、確かな英語力を身につける教育が展開されています。教科書は、中高一貫校向けのものではなく検定教科書を使用しています。そして、中学では習熟度別授業は行わず、基礎学力の定着を目指し、高校では3段階の習熟度別授業により、応用力や発信力を身につけます。

　特徴的なのが、ひとつの単元が終わるごとに小テストを実施し、間違った箇所についてまとめる「直しノート」。ただ間違った箇所を直すだけではなく、なぜそこを間違えてしまったのかを分析したり、次回は絶対にミスをしない、という目標を書いたりと、参考書をつくるような気持ちで取り組むことで、弱点を克服していきます。

　中1から高1で少人数の英会話の授業が必修となっており、期末試験では授業で習った表現に基づいた30分程度のリスニングテストをネイティブ教員がオリジナルで作成しています。

　また、中3から高2が挑戦する英語スピーチコンテストは、今年で40回目を迎える伝統行事です。夏休み中にそれぞれ、中3は暗唱を練習し、高1・高2はフリースピーチをつくります。その後、クラス内予選、1次予選、2次予選を勝ち抜いた生徒が11月の本選に進みます。

　高1・高2のフリースピーチは、本山副校長先生が「英語ということを差し引いても面白いスピーチがたくさんあります」と語られるように、食事をともにすることの意義、ストリートチルドレンについて、美容整形の是非など、多岐にわたります。

国際

ネイティブ教員による英会話の授業。

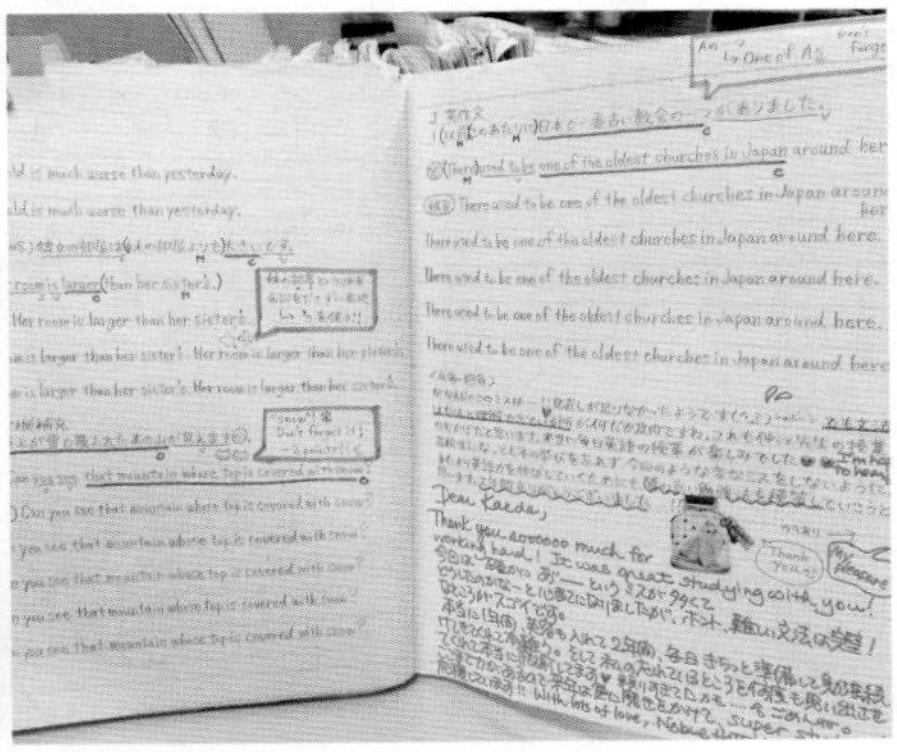

直しノートには教員からのコメントが。

昨年のスピーチコンテストの模様。

オーストラリアへの短期留学。

毎朝の礼拝での感話で、自分の考えを述べることには慣れているため、どの生徒も臆することなく発表に臨めるそうです。

英検は、校内で年に2回実施し、成績優秀校として表彰されています。下級生は満点合格を目指し、高1の68％が準2級以上を、高2の50％が2級以上を取得しています。

国際理解教育の一環として用意されている海外研修は、アメリカとオーストラリアへの短期留学があります。高1・高2から希望を募り、20名ほどがホームステイをしながら3週間弱現地に滞在します。どちらも双方向型の交流を行っており、向こうの学生が恵泉を訪れることもあります。オーストラリアの学校とは、新たに長期留学の提携も結び、現在1名が留学中。今後の発展も見込まれます。

そして、国際理解教育のもうひとつの特徴として、平和学習があります。例えば、ホロコーストや原爆についての講演会、有志参加の広島への2泊3日の旅、戦争資料センターなどを訪れる日帰りの平和ウォークなどです。世界平和のために貢献できる女性の育成を目指す恵泉では、こうした平和学習をとおして、世界の歴史や現状を知ることも大切にされています。

園芸

自然の恵みを味わいつくす

命の大切さを学び、命を慈しむ心を育むのが、3つ目の柱「園芸」です。恵泉では、中1と高1で園芸の授業が必修になっており、2時間続きの実習で、クラスを半分に分けて2人の先生が同時に担当しています。

校内と近隣に所有する畑の面積は合計約3000㎡におよび、季節ごとにジャガイモや小麦、バジル、キノコなどの農作物を育てるほか、ニホンミツバチの養蜂も行っています。

ファームワークでは牛とふれあいます。

たくさんの落花生ができました。

園芸の授業は農作物を育てて収穫するだけでは終わりません。小麦の場合は、収穫後に社会の授業で習った千歯こき、唐箕《とうみ》、石臼などの道具を使用して小麦粉に加工、家庭科とコラボレーションして、その小麦粉でパンケーキをつくったりします。そのほかにも、ニホンミツバチを理科の授業で観察したりと、園芸の授業で扱うものが他教科の学習にもつながっています。

中2の夏には山梨県の牧場でファームワークを行い、牛舎掃除などを体験します。掃除で出た牛糞は、堆肥となって恵泉の畑に運ばれます。そしてその土は、次年度の中1の園芸の授業に使われます。中3・高1の有志が参加する青森の牧場でのキャンプでも牛舎掃除を行い、加えて鶏の解体なども見学します。

「本校の園芸の授業は、作物を種から育て、間引きをして除草をして…と手間を惜しまず取り組みます。そうして手をかけることの大変さを学ぶことで、労働をいとわない人間へと成長していきます。収穫物をいただくということは、ほかではなかなか味わえない体験です。そこから自分たちが生かされているのだということを実感してほしいです」（本山副校長先生）

自ら考え発信する力

こうした3つの柱の教育に加えて、論理的思考力の育成のため、生徒が主体的に考える機会を豊富に設けています。礼拝の感話のほか、メディアリテラシー教育（国語の授業でのディベート、新聞記事の分析から始まる新聞づくり『NIE』、中3で高1の「社会と情報」の授業を先取り）も盛んで、情報を賢く読み

新聞づくり（NIE）にも取り組みます。

多くの生徒が利用するメディアセンター。

特色ある教育を展開するカリキュラム

前期

中1

聖書	国語	社会	数学	理科	音楽	美術	保健体育	技術家庭	英語	園芸	自学※1	演習※2	総合・HR	TOTAL
1	4	3	4	3	2	2	3	2	6	2	1	1	2	36

中2

聖書	国語	社会	数学	理科	音楽	美術	保健体育	技術家庭	英語	自学※1	総合・HR	TOTAL
1	4	4	5	4	1.5	1.5	3	2	6	1	2	35

※1　15分の読書ののち自習を行う。
※2　国語・数学・英語の問題演習を小テスト形式で実施。

中期

中3

聖書	国語	社会	数学	理科	音楽	美術	保健体育	技術家庭	英語	社会と情報	総合・HR	TOTAL
1	5	4	4.5	4	1	1	2.5	1	6	2	2	34

高1

聖書	国語総合	日本史A	世界史A	数学Ⅰ	数学A	化学基礎	生物基礎	体育	保健	コミュニケーション英語Ⅰ	英語表現Ⅰ	英語会話	園芸Ⅰ	選択※3	総合・HR	TOTAL
1	5	2	2	3	2	2	2	2	1	3	2	1	2	2	2	34

※3　音楽・美術・工芸・書道のなかから選択

後期

高2

聖書	現代文B	古典B	数学Ⅱ	物理基礎	体育	保健	コミュニケーション英語Ⅱ	英語表現Ⅱ	英語会話	選択①	選択②	選択③	総合・HR	TOTAL
1	2	3	4	2	2	1	3	2	1	4	4	2〜3	2	33〜34

選択①　物理・生物・世界史B・日本史B・地理Bから選択
選択②　化学・世界史B・日本史B・E.L.A1・基礎英語・時事問題研究・園芸技術実習A・音楽の歴史・古典演習・地理A・応用英会話A・服飾から選択
選択③　数学B・総合英語・E.L.A2・音楽A・美術A・工芸A・書道A・園芸Aから選択

高3

聖書	現代文B	倫理	政治経済	体育	コミュニケーション英語Ⅲ	英語表現Ⅱ	家庭基礎	選択①	選択②	選択③	選択④	総合・HR	TOTAL
1	3	2	2	3	3	2	2	3	3	2〜4	2〜3	2	30〜33

選択①　ハイレベル数学演習・化学演習・英語演習a・古典演習から選択
選択②　物理演習・生物演習・世界史特講・日本史特講・地理演習・総合音楽・キリスト教文化史から選択
選択③　数学Ⅲ・スタンダード数学演習・古典講読演習・家庭総合・古文基礎・時事英語・E.L.B・園芸技術実習B・工芸B・数学IA演習から選択
選択④　数学Ⅲ・英語演習b・応用英会話B・世界史演習・日本史演習・美術B・書道B・園芸B・生物化学基礎演習から選択

解く力をつけていきます。また、蔵書数9万冊のメディアセンターでは、読書ノートによるノンフィクションの読書をすすめ、社会問題への関心を持つきっかけをつくります。6つの理科教室を使って実験が数多く行われ、実験レポートの添削も何度もやり取りを繰り返します。これらはいずれも「知識習得型」から「探求型」へと変わる2020年（平成32年）の大学新テストにも対応するものです。

ご紹介した教育は、生徒が進路を決定するうえでも様々な影響を与えています。礼拝を通じて奉仕の精神が芽生え、人の役に立ちたいと医歯薬看護系に進む生徒、国際理解教育をとおして海外に興味を持つ生徒、園芸をとおして生物系の学びに関心を持つ生徒、また、芸術分野に進路を決める生徒が多いのも特徴的です。

2015年（平成27年）の大学入試では、東京大の合格者が1名、早稲田大の合格者が大幅に増加と、進学実績も伸びていますが、難関大学への進学だけを目標にするのではなく、「その人らしさ」を大切に、生徒の個性を伸ばす教育を実践しています。恵泉女学園中学校はこれからも、自分の考えを発信する力を持ち合わせ、世界平和の実現のために貢献できる女性を育成し続けます。

この1校！

共立女子中学校

KYORITSU GIRLS' Junior High School

東京　千代田区　女子校

共立女子の多彩な体験授業

共立女子のオープンキャンパスでは、各教科の先生が専門を活かしたユニークな体験授業を企画します。今回は20講座の中から、合科型授業をはじめ、4つの講座を紹介します。

とうふのヒミツ

合科型（池末先生）

今回は3教科による「合科型」として、「とうふのヒミツ」を設定しました。教科を越えた取り組みは今後、ますます注目されると思われますが、実は共立では2007年から教科・科目を越えた特別教養講座を実施しています。これまで実施したテーマは「明暦の大火」「隅田川」「スケートの科学」「東京の治水」などバラエティーに富んでいます。今回の「とうふのヒミツ」は2年前に実施した内容を、オープンキャンパス用に構成し直したものです。

さて、体験授業では、まず社会科から「豆」の話をしました。各テーブルには大豆、金時豆、落花生、小豆などを並べ、「豆」が、それぞれに違った歴史をたどってきたことを話しました。

次に理科では豆乳ににがりを入れて、豆腐を作る実験を行いました。「豆腐がなぜ固まるのか?」について、科学部の生徒が事前に用意したイラストを用いながら説明をし、実験をサポートしました。

最後に家庭科から大豆の搾りかすのおからを使ったパウンドケーキ作りの実演と、試食をしました。この「合科型」体験授業は、在校生向けの教養講座をベースとしながら、今後も発展していくと思います。

高校食物研究部のサポートで、おからケーキ作り

エジプト文字（ヒエログリフ）で名前のしおりを作ろう

社会（武田先生）

オープンキャンパスでは、ヒエログリフという古代エジプトの文字で名前を書き、しおりにするという体験授業を行いました。初めて講座を開講したのですが、「中学生の授業で扱う内容から、小学生でも楽しくできるものを」という視点でこの授業を考えました。中学2年生の歴史で学習する時にも、生徒も楽しんで学習する単元であるように思います。今回は他教員のアドバイスもあり、「記念に持ち帰れるものを」ということで、ただ文字を書くだけではなく、しおりにしてプレゼントしました。

受験生のみなさんは、かなり緊張している様子でした。1回の授業で14人ほどの参加がありましたが、じっくり書く子やてきぱきと飾り模様やイラストまで描く子もおり、皆さん楽しんで取り組んでいました。受験生が作業をしている間に、ヒエログリフや私の専門について質問をされる保護者もいらっしゃいました。

受験生の妹さんも参加してくれたのですが、小学校低学年だとまだ力が弱く、穴開けなど、作業に予想以上の時間がかかってしまった点は、今後改善しようと思います。今回の受講者が「しおり」をお守りにしてくれて、将来共立で再会できることを楽しみにしています。

穴を空けて、リボンを付ければ完成！

School data!

共立女子中学校

KYORITSU GIRLS' Junior High School

所在地■東京都千代田区一ツ橋2-2-1
アクセス■都営三田線・新宿線・地下鉄半蔵門線「神保町」徒歩３分、地下鉄東西線「竹橋」徒歩５分、JR線「水道橋」徒歩15分
生徒数■女子のみ993名　電話■03-3237-2744

コンピュータで描く空想画

美術（中城先生）

美術科ではオープンキャンパスにおいて「コンピュータで描く空想画」と題する体験授業を行いました。本校の美術科授業はコンピュータによる制作だけでなく、その対極である古典技法の習得にも力を入れ、教師の実演と時間をかけた技術指導、多くの美術情報の提示と鑑賞力の育成を心掛けていますが、今回は小学生向けに取り組み易いコンピュータ授業の展開に特別アレンジしました。

導入では、コンピュータによる課題である中1「合成生物と私」、中2「CDジャケット」、中3「ゲームキャラクター」の紹介をし、美術教育の特徴も説明しました。この課題はグラフィックソフトに予め用意した多数のイメージ画像を好みで選択し、背景にスタンプしていくというフォトコラージュの作業にしましたので、3年生から6年生まですぐに理解して取り組むことができたと思います。

午前・午後の2回の授業ともコンピュータ室は満席となり、参加されたお子さんや保護者の方々の多くが制作に熱中されていたように見受けられました。授業の最後には、仕上がった空想画をカレンダーとして印刷し、お持ち帰り頂きました。

「空想画における感性と無意識の重要性」の初段階を体感して頂けたなら幸いです。

コラージュの方法を説明中

百人一首を楽しもう！

国語（塩畑先生）

みなさんは「ゐ」や「ゑ」の文字を知っていますか？「百人一首」の体験授業の目的は、日本語の面白さを感じながら、古典文学に触れることでした。体験授業に参加してくれた方の中には、小学校での経験や、マンガ『ちはやふる』の影響で、百人一首のことを知っている人が多くみられました。

カルタ取りだけでなく、古典文学として百人一首を楽しんでもらうために、歴史的仮名遣いの「ゐ」や「ゑ」、そのカタカナ表記の「ヰ」や「ヱ」、「けふ」を「きょう」と読むなどのルールについて話をしたり、私の好きな歌を一つ取り上げて解説したりしました。

説明の後の対戦は、札を取るときの「はい！」の声がより大きくなっていたように感じました。内容を理解したら「札を取りたい！」という気持ちが増したようです。授業後に「楽しかったです」と声をかけてくれた方もいて、ぜひ来年度も開講したいと思いました。

少しでも「古典文学って楽しい！」と思ってもらえたら嬉しいです。ぜひ皆さんも共立の体験授業で学ぶ楽しさを感じましょう！

覚えた札が取れるかな？

グローバルな視野をもつ「探究女子」を育てる

思考力教育・進学力教育・国際力教育・美の教育・心の教育の5教育で
グローバルな視野をもち、クリエイティブに問題解決できる
「探究女子」を育てます

■学校説明会

9月12日（土）14:30～	生徒が語るトキワ松説明会
10月25日（日）10:30～	日曜説明会
11月 7日（土）18:00～	夜の説明会
11月29日（日）14:00～	日曜説明会
12月 5日（土）10:00～	適性検査型入試説明会
12月23日（祝）14:00～	入試体験（算国または適性検査）
1月11日（祝）14:00～	算数勉強教室
1月23日（土）10:00～	授業見学ができます

＊HPまたは電話にてご予約ください。
＊各回個別相談、校内見学があります。

■土曜のミニ見学会

9月19日　10月 3日　10月17日
11月 7日　11月14日　1月16日

■トキワ祭（文化祭）

9月26日（土）10:00～16:00
9月27日（日）10:00～15:30

＊個別入試相談コーナーがあります

☆随時学校見学をお受けしています。事前にお電話ください。

トキワ松学園中学校高等学校

〒152-0003　東京都目黒区碑文谷 4-17-16
tel.03-3713-8161
●ホームページアドレス　http://www.tokiwamatsu.ac.jp
●東急東横線「都立大学駅」より徒歩８分
● JR 山手線「目黒駅」よりバス12分・碑文谷警察署より徒歩1分

「トキログ！」で学園の
様子がご覧になれます。

Dokkyo Saitama Junior High School

自ら考え、判断することの出来る若者を育てる。

かつて、だれもみたことのない新しい大地を発見しようと夢見た探検家がいました。夢をかなえるためには、「自分で考え、判断することのできる力」が何より必要になります。

一人でも多く、そうした若者を育てたい。

これが私達獨協埼玉の願いです。

■中学校説明会■

9月27日（日）10：00～

10月25日（日）10：00～

11月22日（日）10：00～

12月12日（土）10：00～

■学校祭（蛙鳴祭）■

9月19日（土）・20日（日）
10：00～15：00
（中学ミニ説明会）19日（土）11：00～12：00

■体育祭■

10月24日（土）10：00～15：00

獨協学園

獨協埼玉中学校

〒343-0037 埼玉県越谷市恩間新田寺前316　代表:048-977-5441

《交通》
東京メトロ日比谷線・半蔵門線乗り入れ
東武スカイツリーライン「せんげん台」駅西口
下車バス5分

http://www.dokkyo-saitama.ed.jp/

Yamawaki Renaissance

躍進！山脇ルネサンス

21世紀の理想の教育を目指して山脇学園は進化を続けています。

進化する山脇ルネサンス

山脇学園は今年１１２周年を迎えました。創立より受け継がれてきた「女性の本質を磨き、いつの時代にも適応できる教養高き女性の育成」という建学の精神を礎としながらも、21世紀で活躍できる女性の育成を目指したのが「山脇ルネサンス」です。現代社会で活躍できる女性の力を「自己知・社会知」をベースとした「創造的学力」「自己啓発力」「協働力」とし、これらの力を有機的に育む様々な教育プログラムを推進しています。また、校舎全面リニューアル工事も27年度中にすべて完了し、創造的学力を育む新たな施設や、最新の設備を備えた教育環境が整います。

２０２０年、日本の大学入試は大きな転換期を迎えます。知識偏重の大学入試は終焉を迎え、「自ら考え、様々な問題に対し解決策を創造する力」の育成が求められます。山脇ルネサンスでは、創造的な学力の育成を、多彩な教育プログラムのもと推進してきました。豊かな学習環境のもと、２０２０年問題の新しい学力観を先取りした教育が、日々実施されています。

高度理系専門職への志を育む サイエンスアイランド（ＳＩ）

山脇学園では、生徒一人ひとりの「自己知と社会知の上に、現代社会の様々な課題の解決に挑戦し、社会に貢献しようとする〝志〟」を育てることを、大きな教育目標としています。この柱となるのが、「サイエンスアイランド（ＳＩ）」と「イングリッシュアイランド（ＥＩ）」という2つの施設での教育プログラムです。

ＳＩとは、科学的探究心を育む、広大な実験・研究エリアで、中学生はここで毎週「サイエンティスト」という実験の授業を行っています。この時間では、あらゆる分野の人材にも必要な科学的問題解決能力や、将来研究者として活躍する者に必要な「科学する心」と「実験技術」を身につけます。

ＳＩには屋外実験場のほか、充実した実験装置を備え本格的な実験が行える、生物・科学系の2つの継続実験室があります。このＳＩで、高度理系専門職への志を持つ中３の希望者を対象とした「科学的探究プログラム」を行っています。参加生徒は、グループごとに定めたテーマを深める研究活動を行い、実践を積んでいます。また、このプログラムの一貫として、５月に「西表（イリオモテ）野生生物調査隊」として西表島へ調査活動に参加します。この調査活動での生物種の同定を通して、自然科学全般に通じる思考方法を身につけることができます。

国際社会で活躍する志を育む イングリッシュアイランド（ＥＩ）

ＥＩとは、英語圏の文化を感じさせる特別な空間にネイティブが常駐し、留学して学んでいる環境を疑似体験し

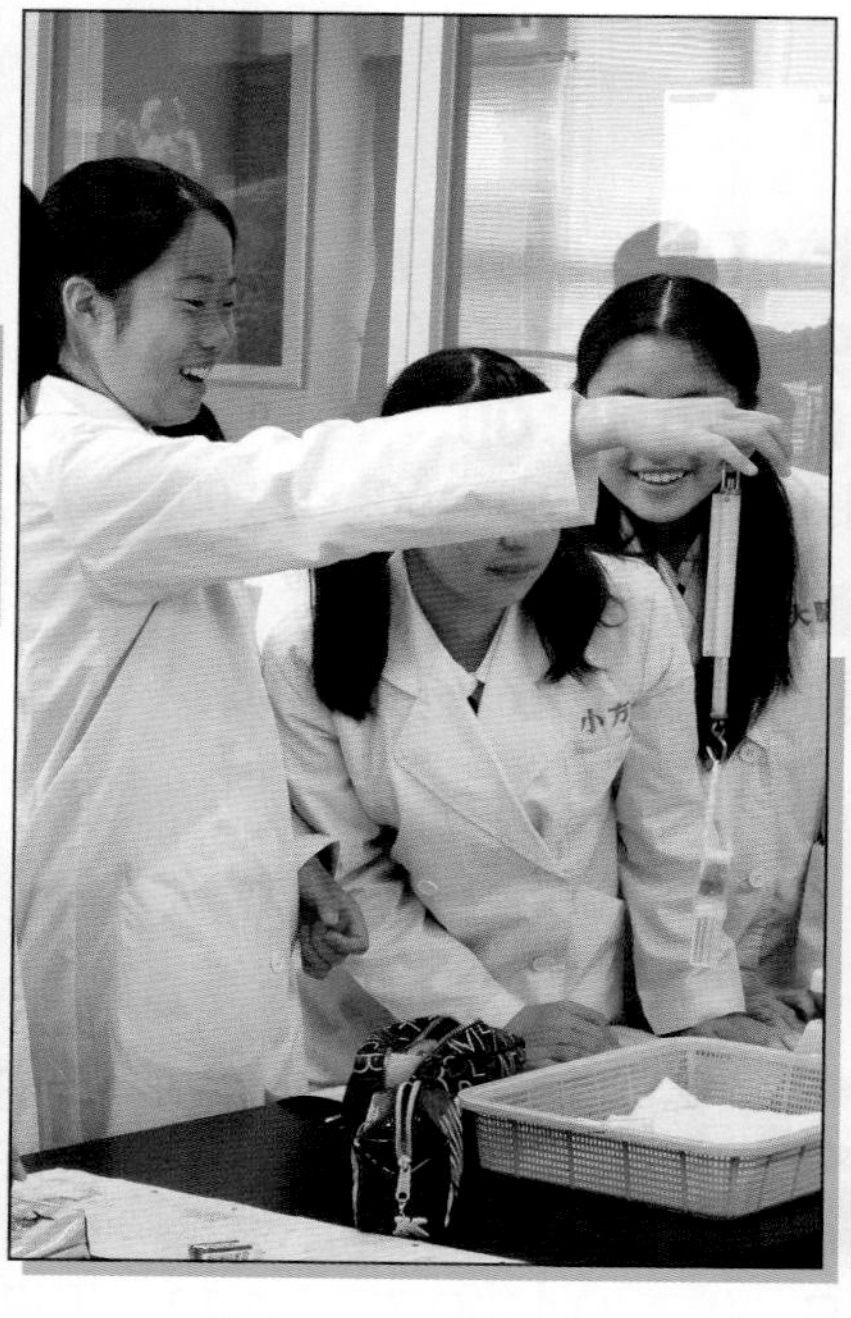

山脇学園中学校・高等学校

YAMAWAKI GAKUEN Junior High School

■所在地　東京都港区赤坂4-10-36
■アクセス　東京メトロ銀座線・丸の内線「赤坂見附駅」徒歩５分、東京メトロ千代田線「赤坂駅」・東京メトロ銀座線ほか「青山一丁目駅」徒歩７分、東京メトロ有楽町線・半蔵門線・南北線「永田町駅」徒歩10分
■TEL　03-3585-3451
■URL　http://www.yamawaki.ed.jp/

ながら英語力を磨き、国際交流活動を行う施設です。中学ではここで「イングリッシュアイランドステイ」という英語コミュニケーションの授業で、毎時間グループワークや英語でのプレゼンテーションなどを通して、生きた英語を身につけています。放課後にはEIでネイティブとの交流や様々なイベントを実施し、時には近隣の大学より外国人留学生も遊びに来て、楽しい国際交流の場となっています。

このEIで、中3希望者を対象に「英語チャレンジプログラム」が実施されています。将来国際社会で活躍する志を持つ生徒たちのHRクラスをEI内に設置し、日常生活をできる限り英語で行うことで英会話力を飛躍的に向上させるプログラムです。この1年間の成果を試すために3月にはイギリスへの語学研修旅行を実施します。

EIを拠点として、学年やレベルに応じた海外語学研修や、英語をツールとした校内外の活動がさらに充実しています。今年5月、高2の九州修学旅行では、「私たちの世代が築く未来のアジアの平和」をテーマとして、立命館アジア大学と英語でグループワークやプレゼンテーションを行いました。また、夏休みには、アメリカ名門女子大スミスカレッジやウェルズリーカレッジから大学生10名を本校に招いてのエンカレッジプログラムを行います。ケーススタディやディスカッションを行うなかで、国際社会で女性として活躍するための志を身につける機会とします。

英語特別枠入試と クロスカルチャークラス

28年度入試より、これまでの「一般入試」（4科・定員２４０名）に加え、「英語特別枠入試」（英国算の3科・定員40名）を実施します。これにより、海外経験豊かな帰国生と、海外の活躍を志す国内生からなるクロスカルチャークラスをつくり、新たな教育をスタートします。互いの文化を尊重し合うクロスカルチャーの教育効果は、学年が上がるごとに他の生徒へも波及していきます。また、この入試での入学者は、理系も含めた多様な進路を選択することも可能です。

スクールライフは「Be Colorful!」

学園祭に生徒が掲げたスローガン「Be Colorful!」（色彩豊かに）は、現在の山脇のスクールライフをよく表現しています。山脇生はみな、自分の好きなことや打ち込みたいことを持っています。そして、学校の中で様々な居場所を持っています。放課後には、クラブに打ち込む生徒、EIやSIの放課後活動に参加する生徒、放課後講座を受ける生徒や、自学館で自習する生徒、カフェテリアでおしゃべりする生徒…下校時間ぎりぎりまで、それぞれのスクールライフを満喫しています。

私学の図書館

ただいま
貸し出し中

みなさん、読書は好きですか？私学の図書館では毎号、有名私立・国立中学校の先生方から「小学生のみなさんに読んでほしい本」をご紹介いただいています。ぜひ一度、手にとって読んでみてください。

多摩大学目黒中学校

ちょっとした嘘から、深刻な友人関係のトラブルにまきこまれた主人公シンクレールを救ったのはデミアン少年でした。二人の交流の中で成長していく姿が描かれ、人間関係、親子の関わり、社会とのつながりなど生きていくことについて色々と考えさせられます。
（国語科　岸田 洋一 先生）

「デミアン」

著　者：ヘルマン・ヘッセ
訳　：高橋健二
価　格：430円＋税
発行元：新潮文庫刊

ラテン語学校に通う10歳の私、シンクレールは、不良少年ににらまれまいとして言った心にもない嘘によって、不幸な事件を招いてしまう。私をその苦境から救ってくれた友人のデミアンは、明るく正しい父母の世界とは別の、私自身が漠然と憧れていた第二の暗い世界をより印象づけた。主人公シンクレールが、明暗二つの世界を揺れ動きながら、真の自己を求めていく過程を描く。

約24,000冊の蔵書があり、中・高生ともに利用しています。図書委員が中心となり新聞を発行したり、ポップを作ったりして利用の活性化を目指しています。国語科と協力して図書館報「目黒文庫」を作り推薦図書をまとめ蔵書に加え更なる充実をはかっています。

明治学院中学校

著者の片野田さんは、本校卒業生のフォトグラファー。きみ江さんの写真を撮る中で、この本を書かれました。この本には、ハンセン病、かつての「差別」「偏見」「いじめ」、そして今を生きる姿があります。本の帯の紫色は、きみ江さんの好きな色だそうです。
（司書教諭　青野 由美 先生）

「きみ江さん ハンセン病を生きて」

著　者：片野田斉
価　格：1,600円＋税
発行元：偕成社

「ハンセン病」はかつて不治の病、遺伝病と考えられ、患者やその家族は差別や偏見に苦しんできました。症状が、体温の低い顔や手足にあらわれたこと、また、「らい予防法」という法律により、患者の強制隔離が長く続いたことが、この人権侵害を助長してきました。1996年に「らい予防法」は、廃止されますが、差別と偏見はいまだなお、続いています。この本は、元ハンセン病患者である山内きみ江さんの生い立ちから現在までを描くことで、元患者の人生、そして、社会問題ともいえるハンセン病問題を浮き彫りにします。

中学棟と高校棟の間に位置する管理棟の3階にあり、明るく開放的な雰囲気です。蔵書数は約60,000冊。中高生が共に利用します。生徒たちの「読書」「勉強」「調べもの」「悩み」などの支えの場であり、ほっとできる場にもなっています。

京華学園

弁護士の両親を持つ13歳の少年セオが、友人の悩み相談から殺人事件まで、法律知識と人脈をフルに使って大活躍するミステリーです。アメリカの裁判制度や現代社会が抱える問題もよくわかります。ページをめくる手が止まらなくなること請け合いです。
（京華学園図書館司書　朝倉 美穂 さん）

「少年弁護士セオの事件簿（1～4）」

著　者：ジョン・グリシャム
訳　：石崎洋司
価　格：5,700円＋税
発行元：岩崎書店

世界的な法廷ミステリーの巨匠・グリシャム初の児童書。法律家をめざす少年セオが、事件のなぞを解く。裁判官や弁護士の仕事の裏側を楽しみながら、裁判のしくみもわかる。年内に続編が発行予定。

京華学園図書館は、男子校・商業高・女子校の共用図書館です。話題の読み物から調べ学習に対応した本まで幅広く所蔵しています。図書委員の選書ツアーでの購入図書は、特に人気があります。学園祭での古本市やビブリオバトル等、三校合同企画も好評です。

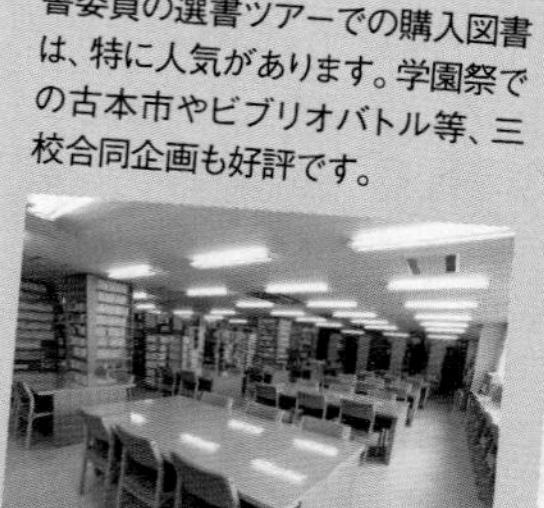

鷗友学園女子中学校

手書きの地図とイラストが楽しい大型絵本です。鷗友学園では中1の地理で世界の国々を学習します。図書館の資料を使った国調べも行っています。各国の自然や文化などを知ることは、心の垣根を越えて世界の人々と仲良くなるための第一歩。このことは本校のグローバル教育の理念でもあります。

（司書教諭　安田 彩子 先生）

「マップス 新・世界図絵」

作・絵：アレクサンドラ・ミジェリンスカ
＆ダニエル・ミジェリンスキ
訳　：徳間書店児童書編集部
価　格：3,200円＋税
発行元：徳間書店

ポーランドで人気の絵本作家夫妻が、世界の42か国をすみからすみまで調べあげ、まる3年かけて、地図とイラストをかきました。食べ物、歴史的な建物、有名な人物、動物、植物…すべてのページに、計4,000以上のイラストがぎっしり。地理、植物、動物、歴史、スポーツ、食べ物――さまざまな分野にわたり、イラストで紹介します。198か国の国旗と正式名称も掲載。

閲覧室につながる階段には大きなステンドグラスがあり、来館者を歓迎しています。館内の自習スペースは、学園内に流れる「流れの小径」のせせらぎや鳥のさえずりが聞こえ、豊かな緑が視界に広がる空間です。読書好きの生徒が多く、常に賑わっている図書館です。

世田谷学園中学校

「守《も》り人シリーズ」（異世界ファンタジー）の中の一作。作者が学んできた文化人類学をベースに、全く新しい世界観が繰り広げられる。異界から流れてくる「畏《おそ》ろしき神」と、その「力」を体内に宿してしまった一人の少女。穏やかな日々に安らぐことのできない心の闇。シリーズを通して登場する「短槍《たんそう》使いのバルサ」が活躍する。

（国語科　宝地戸 通至 先生）

「神の守《も》り人
（上）来訪編／（下）帰還編」

著　者：上橋菜穂子
価　格：（上）550円＋税
　　　　（下）590円＋税
発行元：新潮文庫刊

女用心棒バルサは逡巡の末、人買いの手から幼い兄妹を助けてしまう。ふたりには恐ろしい秘密が隠されていた。ロタ王国を揺るがす力を秘めた少女アスラを巡り、〈猟犬〉と呼ばれる呪術師たちが動き出す。タンダの身を案じながらも、アスラを守って逃げるバルサ。追いすがる〈猟犬〉たち。バルサは幼い頃から培った逃亡の技と経験を頼りに、陰謀と裏切りの闇の中をひたすら駆け抜ける！
（上巻より）

年間の図書購入は1,000冊以上で、常に新しい書籍が読めるように工夫しています。雑誌は毎月18種類、新聞は毎日3紙が閲覧できます。また、全蔵書がデータベース化されており、図書の検索が容易にできます。放課後は静かに勉強に励む自習室としても活用されています。

東邦大学付属東邦中学校

本校国語科読書マラソン推薦図書の中で、昨年中学1年生に一番読まれました。家族、友だち、命、人の痛みを思いやる心、大切な人との別れをのり越え、いじめや障害と向き合い行動する勇気…ほんとうに大切なものにあらためて気づかされ、涙のあとに、希望が湧いてきます。

（図書館司書教諭　三谷 夏美 先生）

「ハッピーバースデー
命かがやく瞬間」

著　者：青木和雄、吉富多美
画　：加藤美紀
価　格：650円＋税
発行元：金の星社 フォア文庫

母の一言で言葉を失った少女が、祖父母の愛と死を経て変わっていく姿を描く感動作。

蔵書は約80,000冊。中学生から高校生まで、幅広い層の知的好奇心に応える図書資料を備え、明るく開放的な館内には照明付キャレルもあり、読書や勉強に落ち着いて取り組みたい生徒から人気です。また、心の成長に必要な名著良書に多く触れられるよう、国語科推薦図書150タイトルを配した「読書マラソン」コーナーもあります。

國學院大學久我山中学校

老いた漁師とそれを手伝う少年の友情物語。大物を釣り上げようとあきらめない老人から生きる強さを学ぶ少年。運に見放されたと嘆く老人に「運はぼくが持っていくよ」と答える少年の暖かさ。最後までやり遂げる強さと勇気を学ぶことができる作品です。是非読んでみてください。

（国語科　平田 陽子 先生）

「老人と海」

著　者：ヘミングウェイ
訳　：福田恆存
価　格：430円＋税
発行元：新潮文庫刊

キューバの老漁夫サンチャゴは、長い不漁にもめげず、小舟に乗り、たった一人で出漁する。残りわずかな餌に想像を絶する巨大なカジキマグロがかかった。4日にわたる死闘ののち老人は勝ったが、帰途サメに襲われ、舟にくくりつけた獲物はみるみる食いちぎられてゆく……。徹底した外面描写を用い、大魚を相手に雄々しく闘う老人の姿を通して自然の厳粛さと人間の勇気を謳う名作。

約70,000冊の蔵書と、広く落ち着いた雰囲気が本校図書館の特色です。物語や小説だけではなく、調べ学習に役立つ本もたくさんあり、なかでも日本史や古典文学が充実しています。新聞や雑誌などを読みながらくつろぐ生徒や、パソコンを利用する生徒も多く見受けられます。大学受験に関する資料もあり、よく活用されています。

Jissen Joshi Gakuen Junior & Senior High School

実践女子学園 中学校 高等学校

東京 ／ 渋谷区 ／ 女子校

世界に羽ばたく 伝統と革新の教育

渋谷駅から徒歩10分、表参道駅から徒歩12分の閑静で緑豊かな文教地区に位置する実践女子学園中学校高等学校。近年は、大学合格実績の飛躍的な伸びをはじめ、様々な教育成果が躍進し続けています。

大学合格実績の飛躍的な伸び

実践女子学園は、ここ数年、難関大学への合格実績が飛躍的に伸びています。下表グラフでわかるように、２０１５年度におけるＭＡＲＣＨＧ以上の合格者２８４人は、4年前の２０１１年度と比較して3倍に増加しています。この内、最難関の早慶上理ＩＣＵの合格者は79人ですが、これは何と4年前の6・6倍という驚異的な伸びです。海外大学への進学者も近年確実に増えています。

では、なぜこれほど実績が伸びているのでしょうか。要因として挙げられるものは3つあります。まず1つ目は、２００８年より推進してきた教育の形、すなわち「キャリア教育」「感性表現教育」「グローバル教育」「学力改革」の4つの要素を有機的に結びつけて人間力育成を目指す独自の教育体制が定着し、うまく機能するようになったこと。中でも「キャリア教育」で作成する「25年後の世界と私」というキャリアプランは、生徒たちの進路選択とその実現に向かうモチベーションの向上につながっています。2つ目は、講座の充実です。長期休業中の数多くの講座はもちろんのこと、日常的に早朝、放課後を利用して様々な講座が開講され、生徒たちの学習意欲を大いに高めています。3つ目は、生徒たちの進路をきちんと保証してあげたいと教員たちが一丸となり、熱い思いをもって取り組んできた成果なのです。

グローバル教育の充実

実践女子学園は、創立当初から世界に目を向け、積極的にグローバル人材育成に取り組んできた学校で

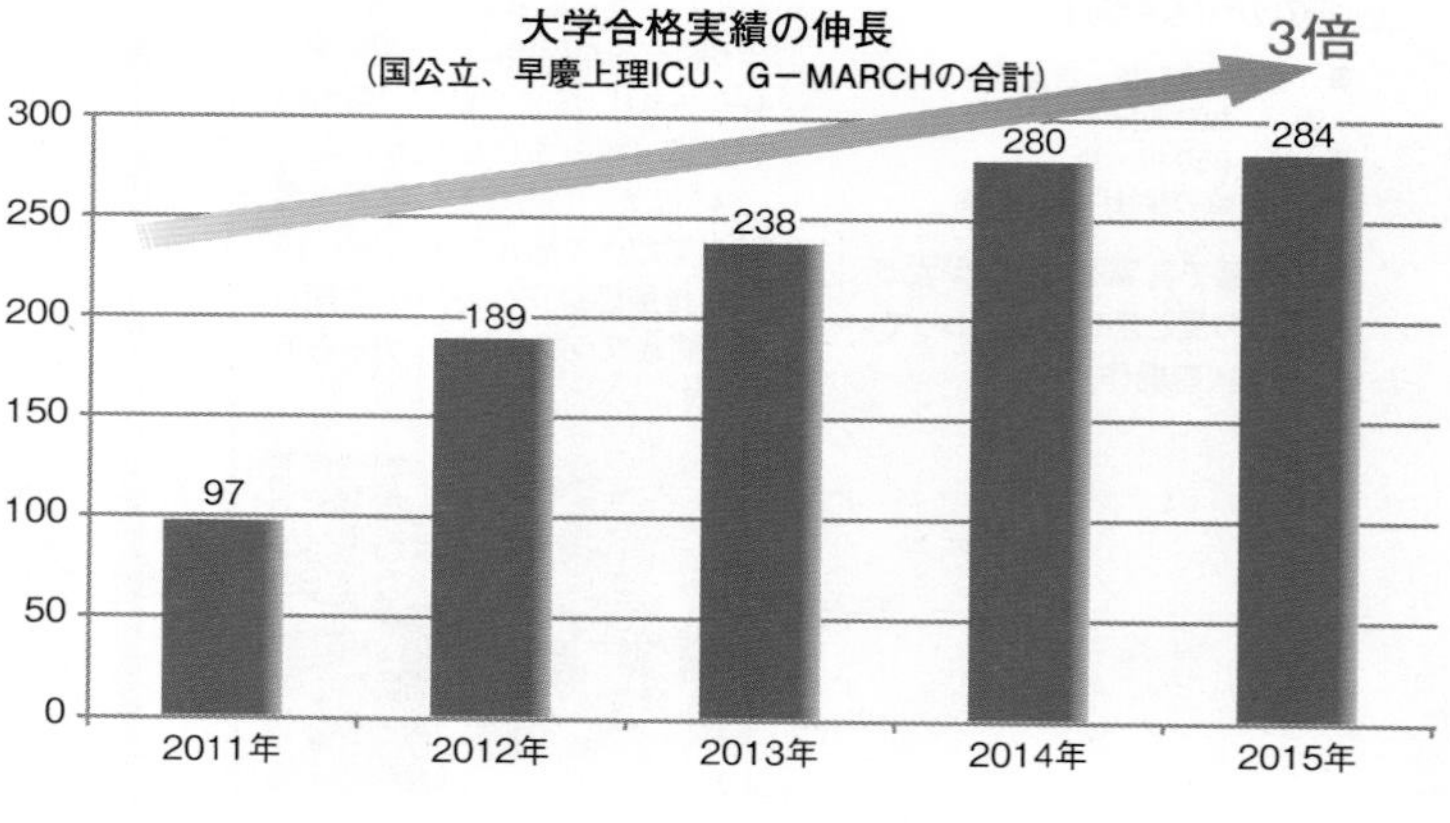

す。創立間もない明治36年には清国女子留学生部を設置し、現在の中国から多くの留学生を受け入れました。アジアの友好と女性の社会的自立のための取り組みを、教育の現場から担ったのです。

創立者下田歌子は、校歌の結びに「にほへ　やしまの　外までも」と詠いました。"やしま"とは日本のこと。グローバル社会の到来を見据え、教え子たちの活躍が世界に広がってほしいという願いを込めたのです。帰国生の積極的な受け入れも、国際学級「グローバルスタディーズクラス（＝GSC）」の設置も、交換留学制度の充実も、すべてその伝統を継承しているのです。

全日本高校模擬国連大会において、2011年から4年連続日本代表としてニューヨークの国際大会に出場しているのも、多様なバックグラウンドをもつ生徒たちが切磋琢磨する教育環境が生んだ成果と言えます。しかも2014年度は最優秀賞受賞という快挙でした。模擬国連は、高い英語力はもちろんのこと、プレゼン力、交渉力、課題解決力、リーダーシップといった、総合的な人間力が問われます。この大会で実践女子学園が4年連続で優秀賞を獲得しているのは、伝統の人間教育と革新の取り組みが融合し、生徒たちの中にまさに時代が求めるグローバル人材としての人間力が養成されてきている証と理解できます。ちなみに、同校の過去4年の優秀賞受賞チームは、国際学級と一般学級の生徒が毎年交互に受賞していることから、実践女子学園の英語教育およびグローバル教育が非常に充実していることが伺えます。

理科ゼミ

オンライン英会話

新たな取り組み

実践女子学園が今新たに取り組んでいるものに、「サイエンス探求プロジェクト」があります。これは、理科と英語のコラボレーションにより、自ら考え、自ら究め、自ら実行する力を養い、多様化する国際社会で活躍できる女性を育成することを目指すものです。最終的にはアメリカ西海岸のスタンフォード大学とカリフォルニア大学バークレー校に出向き、研究の成果をプレゼンするとともに、現地の教授、学生たちとの交流も予定されています。それに向けて、昨年から「理科ゼミ」「プレゼンテーション研修」「オンライン英会話」などがスタートしており、プロジェクトが着々と進行しています。

21世紀に求められている力は、これまでの受験偏重型の学力ではなく、「考える力」や「表現する力」、さらに「課題を探求し解決する力」といったグローバル社会を生きる力です。実践女子学園は、伝統の理念をしっかりと堅持しつつ、新たな時代の新たな女子教育の構築を目指して革新を続けています。そして、今まさに生徒たちは、海外留学に、海外進学に、海外就職にと、この渋谷の地から世界へと大きく羽ばたいているのです。

模擬国連ＮＹ世界大会
実践女子学園
中学校高等学校
Jissen Joshi Gakuen
Junior&Senior High School

〒150-0011
東京都渋谷区東1-1-11
TEL.03-3409-1771
FAX.03-3409-1728

《学校説明会》
10月3日(土)　13:00～15:30
11月7日(土)　13:00～15:30
12月12日(土)　10:30～12:30
1月16日(土)　10:30～12:30
《運動会》
10月10日(土)　8:40～15:00
《ときわ祭》
10月24日(土)・25日(日)
9:00～16:00
※両日とも進学相談室を開設

東京女子学園中学校

未来を輝かせるための進路教育

6年間かけて、自分の将来としっかり向きあっていく、東京女子学園のキャリア教育プログラムをご紹介します。

School Data
Address 東京都港区芝4-1-30
TEL 03-3451-0912
URL http://www.tokyo-joshi.ac.jp/
Access 都営浅草線・三田線「三田駅」徒歩2分、JR山手線・京浜東北線「田町駅」徒歩5分、都営大江戸線「赤羽橋駅」徒歩10分

「地球思考Global Thinking」を掲げる東京女子学園中学校・高等学校（以下、東京女子学園）。充実した英語教育をはじめとした多彩な学習プログラムにより、21世紀型スキルをしっかりと育むことを目指す女子校です。そんな東京女子学園で、教育の柱のひとつとして重視されているのが、ライフ・プランニングです。「社会生活において、人が本来持っている知識を、どれだけ実際に行動に移して活用していけるかという能力」＝コア・コンピテンシーを、生徒一人ひとりが自分と向きあうなかで高めていくキャリア教育プログラムが用意されています。

校長補佐・辰巳順子先生は、「現在のキャリア教育では、本校に限らずコア・コンピテンシーを重視していますが、この理念は、110年以上前に掲げられた〈教養と行動力を兼ね備えた女性の育成〉という本校の建学の精神そのものと言えます」と語られました。

「進学フェア」は中１から参加可能。自分の将来を見据えたキャリア教育が早い段階から実践されています。

綿密なキャリア・プログラム

東京女子学園では、6年間のキャリア教育プログラムが用意され、その取り組みをとおして「自分はどう生き、どうあるべきか」を考えることから、具体的なライフプランを設計していきます。

キャリア教育プログラムには、「キャリア・ワークブック」というオリジナルテキストが用意されています。テキストに沿って自己評価を繰り返すことで自分の特性を見出し、自信を身につけ進路選択へ役立てていきます。そのほか、約80の私立大の先生方から話を聞ける機会となる「進学フェア」をはじめ、個別面談、卒業生による講演会など、綿密な進路教育が実施されています。

校内予備校によるサポート

キャリア教育プログラムにより描いた将来像を実現する手助けとなる最も実践的なものが「校内予備校」です。これは、大学受験対策を専門とするプロの講師による受験対策が学校内で受けられるというもの。学外の予備校と違い、学内だからこそ可能となる手厚いサポートと、きめ細かな指導が特徴です。高1の春休みから、高3の大学受験終了まで受けることができます。高2は週2～3回、高3は毎日実施され、夏休みなどの長期休暇中はもちろん、高3の大学入試センター試験の直前には合宿もあります。参加は希望制ですが、毎年高2の70～80%が受講するという人気ぶりです。

「校内で実施されるので、学外の予備校へ移動する手間もなく、安全面から見てもメリットは大きいでしょう。プロ講師による熱い指導は生徒のやる気を引き出しますし、生徒同士が励ましあいながら勉強をがんばる環境が生まれる点も魅力だと思います。校内予備校の設置は進学実績の伸張にも表れていると確信しています」と辰巳先生は話されました。生徒の輝く未来をサポートする進路指導が注目を集めている東京女子学園です。

生徒のやる気に応えるプロ講師陣による「校内予備校」。仲間同士で励ましあいながら合格を目指します。

ココロと カラダの特集

身体の成長が著しい小学生。
心のなかも、さまざまに揺れながら伸びようとしています。
ついつい大人の目で見てしまいがちな子どもたちのココロとカラダ。
ちょっと立ち止まってゆったり向かい合ってみませんか。

シリーズ　子どもを伸ばす子育てのヒント　8

「ダメな自分でも大丈夫」と思える自己肯定感を育む

的場永紋　まとば・えいもん
臨床心理士。東京都スクールカウンセラー。草加市立病院小児科、越谷心理支援センターでも心理相談を行っている。

ほめられているときは調子がいいのに、ちょっと評価が下がると途端に自信を失ってしまう子ども。こういう子は自己肯定感が低いのだそうです。一方で自己肯定感が高いと、うまくいかないときでも、ダメな自分に対して自信を持つことができます。この自己肯定感は子どもをほめることでは育ちません。かえって逆効果なのです。それでは、どのようにすれば自己肯定感を育むことができるのでしょうか。臨床心理士の的場永紋さんに話してもらいました。

何か失敗したとしても、それを前向きにとらえ、すぐに立ち直る子どももいれば、ちょっとした失敗でも、ひどく落ち込み、なかなか立ち直れない子どももいます。また、失敗を恐れずにいろいろなことに挑戦する子もいれば、すぐ尻込みして逃げてしまう子もいます。ほめられたり、良い結果が出せているときは、自信があるのに、叱られたり、悪い結果になったら、自信を失ってしまう子ども。一方で、うまくいかないときでも、自信を保っている子ども。これらの違いはどこからくるのでしょうか。その大きな要因の一つは、「自己肯定感がどのくらい育まれているか」です。

マイナス面の存在そのものを否定しない

「自己肯定感」とは、「自分は自分でいい」と思える気持ちです。自分という存在を〝あるがまま〟に肯定するということです。自己肯定感は、自分を何が何でも肯定するようなポジティブシンキングとは違います。あくまでも、自分の嫌いな部分もあるがままに見つめて、それを受け入れて、共存していく姿勢です。否定を無理に肯定しようとせずに、ダメな自分がいても、「まぁ、しょうがない。ともに歩んでいこう」とするスタンスです。つまり、自分のマイナス面の存在そのものを否定しないのです。

また、自分の優れた部分を誇りに思うことでもありません。あくまでも、良い面も悪い面も含めた「等身大の自分」を「そんな自分でいい」と思えることです。

自己肯定感は、空気のような存在で、普段あまり意識されません。何か問題が起きたり、失敗したときに、その存在が大きく実感されます。

自己肯定感が高い子どもは、「ダメな自分でも大丈夫」と思えるた

め、たとえ、うまくいかないことが起きても、「まぁこんなこともあるよね」「なんとかなるさ」という感覚を持ちやすいのです。

一方、自己肯定感が低い子どもは、「ダメな自分ではダメだ」と自己否定的に考えてしまうため、失敗した自分にとらわれてしまい、前向きに切り替えることができません。

また、自己肯定感は自己表現の仕方や他者とのつき合い方にも大きく影響します。自己肯定感が高い子どもは、自分自身の抱く考えや感情を尊重できるために、他者に対して素直に自分の考えや気持ちを表現することができます。そして、他者の考えや気持ちに対しても尊重することができ、対等な関係を築いていくことができます。

一方、自己肯定感が低い子どもは、「自分は大切な存在である」と思えず、「どうせ言っても聞いてもらえない」と自己表現をすることができません。自分よりも他者を優先し、いつもどこかで自分を抑制してしまうため、対人関係で気疲れしてしまいます。

このように、自己肯定感があると、生きていく上で非常に楽になります。子どもたちは思春期に入ると、他者の目がより一層気になり始めます。そして、他者と比べて自分の劣っている面に意識が向きやすくなります。そのため、思春期は誰にとっても「生きづらさ」を抱えている時期と言えます。

だからこそ、思春期までに、自己否定感よりも自己肯定感の方がしっかりと育まれていると、この時期を乗り越えやすくなります。

ほめることでは自己肯定感は育たない

では、自己肯定感はどのようにしたら、育むことができるのでしょうか?「子どもをほめることが大事」「ほめる子育てがいい」とよく言われています。ほめること自体は、決して悪いことではないのですが、ほめることによって自己肯定感は高まりません。

多くの親にとって子どもをほめるのは、何かがうまくできたり、良い結果が出たりしたときです。子どもからすれば、何か良い行動や良い結果を出したときに、ほめられるということになります。

この場合、「ほめる」という行為は、子どもの行為が良いかどうかの評価をしていることになります。すると今度は、良い評価がされるほど、その良い評価が下がらないようにというプレッシャーになってきます。

子どもは、親からの評価を下げないこと(期待を裏切らないこと)だけに注意が向き、悪い結果を出さないか、失敗しないかどうかばかりを心配しがちになってしまいます。

良い評価によって育まれるのは、例えば、「良い点数をとったので、自分は価値ある存在だ」といったように、「条件付きの自尊感情(自尊心)」といえます。この場合、条件が悪いものになってしまったら、「悪い点数をとったので、自分は価値がない存在だ」と自尊感情も低くなってしまいます。

たしかに、ほめられると、一時的に自尊感情は高まりますが、あくまでもそれが持続するのは、良い評価を得られているときだけであり、ほめられなくなったとき、つまり評価が下がったときに、自尊感情も低くなってしまうのです。こうして、ほめられない自分、

(自己肯定感と条件付き自尊感情の違い)

＜安定＞

自己肯定感

プラス面
等身大の自分

マイナス面
等身大の自分

＜不安定＞

条件付き自尊感情

プラス面
評価

ほめることのマイナス

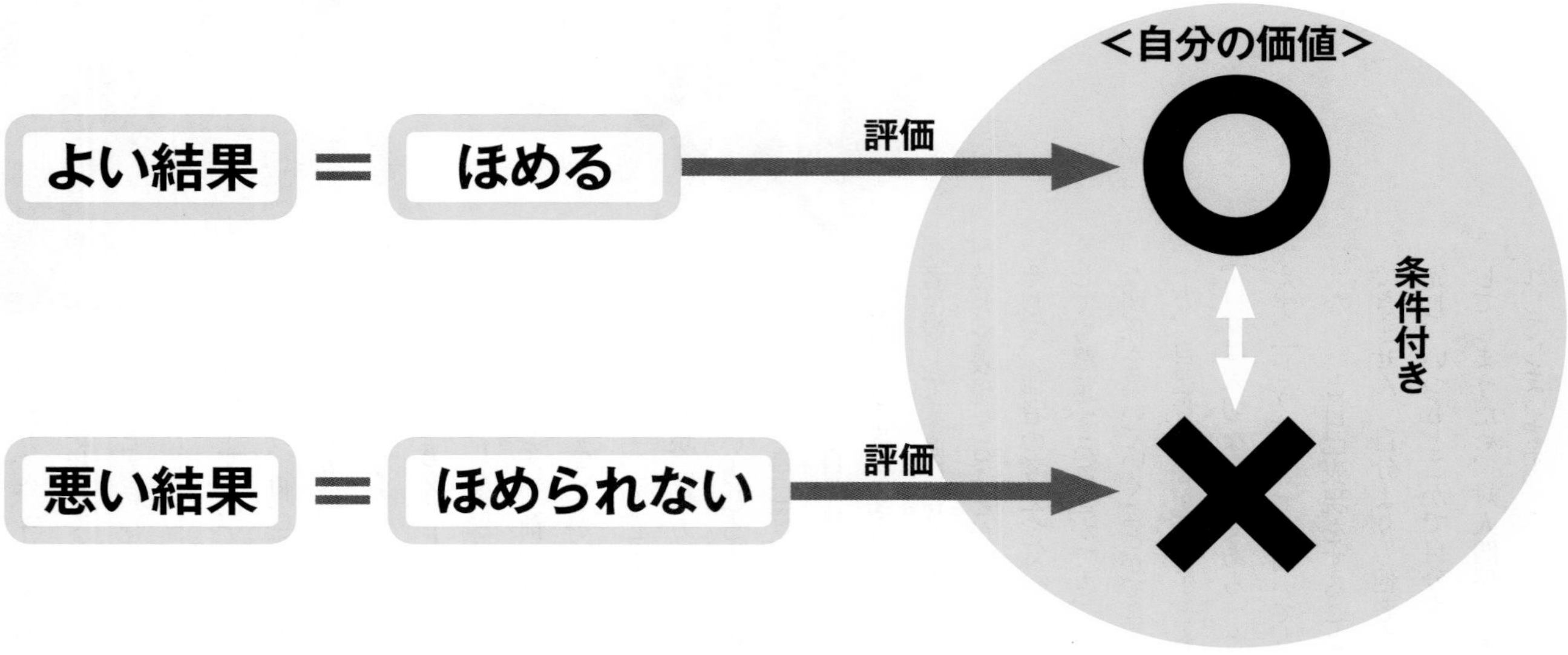

ほめられることのない自分のマイナス面は、尊重されることなく否定され続けてしまいます。

条件付きの自尊感情は、他者の評価に基づく自分の良い面だけが土台になって築かれています。そのため、非常に不安定で、他者の評価によって大きく左右されてしまうものと言えます。

一方、自己肯定感は、「こうあるべき」という理想的な自分や、「こうあってほしい」という他者から期待される自分ではなく、〝等身大の自分〟に対して、〝まぁ自分は自分でいいかな〟と肯定的な感情を抱くことです。等身大の自分であるからには、良い面だけでなく、自分の悪い面、できない面も含めて、それを自覚した上で、自分のマイナス面を受け入れているということになります。

「〇〇だから、自分は価値がある」ではなく、「〇〇できないけれども、それでもなお自分には価値がある、自分は自分でいいと感じる」ということです。そのため、自己肯定感の土台は、自分の良い面だけでなく、悪い面も含めたものになっています。それだけ、安定感もあり、他者に左右されることがないものだと言えます。

親が積極的に子どもをほめてあげて、自分の強みや得意なことなどのプラス面を認識させることはもちろん大事なことでもあります。しかし、もっと大切なことは、自分の弱みや欠点といったマイナス面を自分で受け入れていくことです。それが、挫折や失敗を乗り越えられる力になります。また、失敗を恐れずに挑戦できる勇気を持つことができます。自分の嫌いな面を許せる心があると、他者の嫌な面も許容しやすく、尊重できるようになります。自分に優しくできることによって、人にも優しくできるのです。

自己肯定感を身につけさせようと、直接子どもに対して「自分を肯定できるようにならなければいけないのだ」と言っても、意味がありません。むしろ、「自己肯定できない自分」を否定してしまうことになってしまいます。大人が、一生懸命に自己肯定感をつけさせようとすればするほど、逆に自己否定感を強めさせてしまうことになりかねないのです。あくまでも、自己肯定感は、「子ども自身の中で自ずと伸ばしていく力」なのです。「親が伸ばすことができる力」ではないのです。

親にできることは環境を整えるぐらい

親にできることは、子ども自身が自己肯定感を抱くことができる環境を整えてあげることくらいだと思います。自己肯定感は、存在そのものが大事に感じられることであるため、育まれやすい環境は「自分という存在が無条件に受け入れられている」と実感できる場です。具体的にどのような場だろうかとピンとくるでしょうか。

無条件であるということは、一つは「評価されない場」であるということです。また、「自分の考えや感情が飾らずに素直に出せて、尊重される場」でもあります。ここで、「それって家と同じだわ」と思った親御さんは、もうそれだけ

自己肯定感が育つ環境

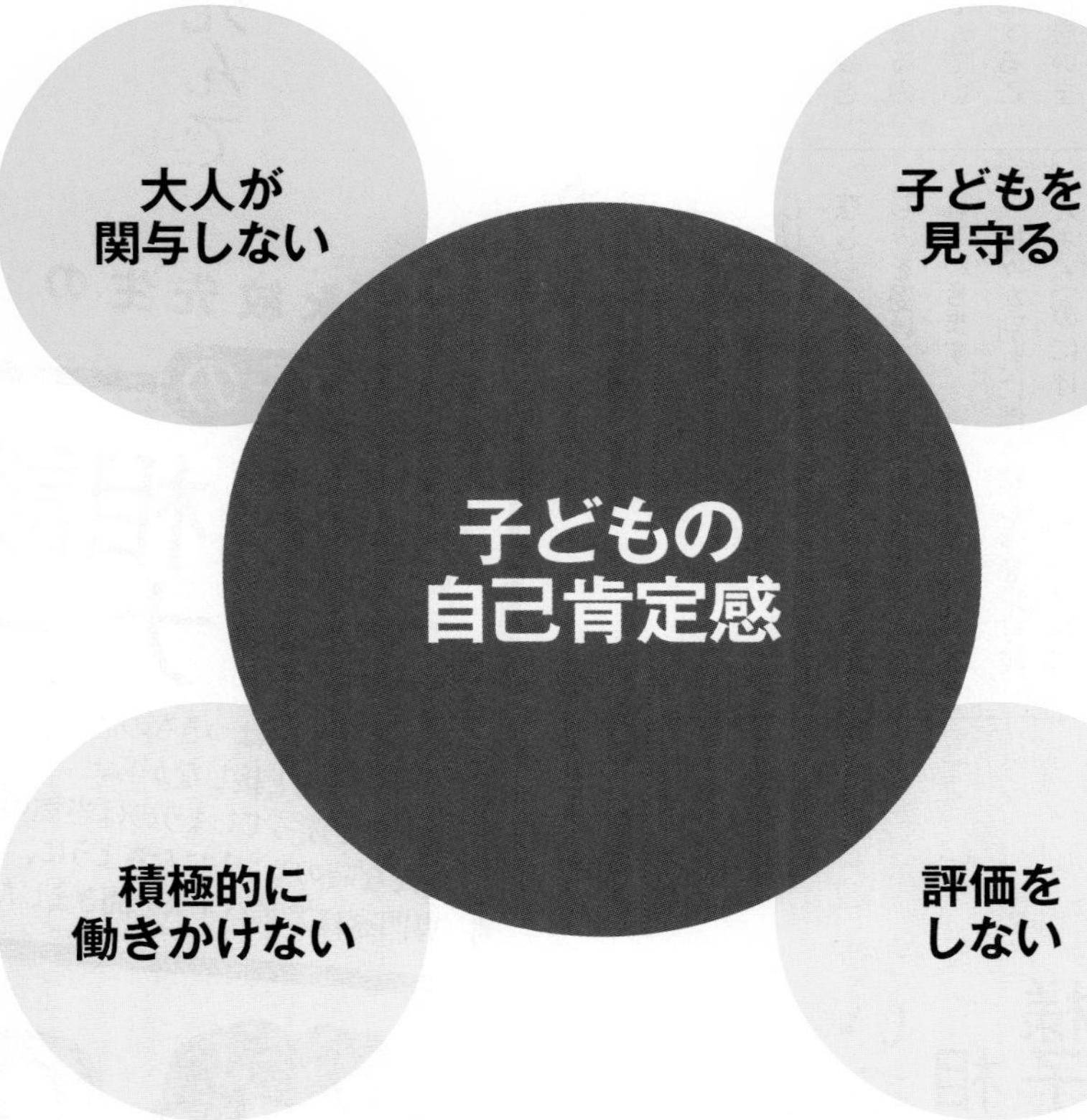

でお子さんに自己肯定感が育まれているはずです。「家がそのような居場所になっていないかも」と思われても大丈夫です。基本的には、大人がいる世界では、難しいのです。むしろ、大人が関与しない、子どもたちだけの世界で育まれていくものです。評価する側・される側といった関係ではなく、お互いが自分の考えや気持ちを率直に言い合えて、共有できる関係の中で、自ずと育まれていきます。

　もし、親も関与したいのなら、大人のメガネをはずして、〝子どもを評価しない、自分の考えを言いやすい〟環境を家庭の中に作ることが必要です。それには、親にとっては難しい〝積極的に働きかけず、ただ子どもを見守る〟という姿勢が必要です。〝積極的に働きかけない〟というのは、親にとってとても勇気のいることかもしれません。「他の子がもっとできようが、関係ない。うちの子はうちの子、大丈夫」「この子はこのままでいい」と心から思えばこそ、子どもを見守る眼差しが、子どもの自己肯定感を育む大きな力になるのではないでしょうか。

大事になるのは 親が〝完璧でいない〟こと

　また、親が〝完璧でいないこと〟も、大事になります。欠点がない人（欠点がない人はいないので、正確に言うと、欠点がないように振舞っている人）がそばにいると、居心地が悪く、息苦しくなります。子どものことを理解し完璧な良い子育てをする親は、子どもにとっては、たまったものではないのです。

　ときには、子どもに当たり散らしてしまったり、存在を否定してしまったり、見放してしまったりしてもいいのです。親がしっかり未熟な面を思っている〝普通の大人〟であること、そして、それでも生きていける姿を見せる。それを子どもは見ながら、自分の中の未熟な部分を受け入れていくのです。

　最後に、子どもが挫折をしたり、うまくいかずに苦しんでいるときこそが、親にとって子どもの自己肯定感を育むチャンスです。苦悩している子どものそばにいてあげる。それだけです。安易に口出しやアドバイスをせずに、たとえ、子どもが自分をダメだと思い苦しんでいても、子どものマイナス面がどっと目の前に出現したとしても、いつもと変わらずに親としてただそこにいてあげる。そのような存在が、「あなたはここに生きて存在してよいのだ」という安心感を与えることになります。

　最近の子どもたちは、「勝ち組」「負け組」という言葉を当たり前のように使っています。これは、もしかしたら、大人の評価という強い眼差しが、子どもの世界に、強く浸透してしまっているせいかもしれません。いじめがなくならないのも、そのあたりが影響しているように思えてなりません。大人は、日々の忙しさからふと立ち止まって、「自己肯定感」という視点から改めて子どもたちを捉えなおしてみる必要があるのではないでしょうか。

的場永紋先生の

親と子の悩み相談コーナー

子育てに悩みはつきもの。
日々、子どもと接しながら、
親として迷ってしまうのは当然のことです。
そんな時のヒントになるように、
専門家にアドバイスを聞きました。

相談1
自分の母が死んで悲しいです。子どもの前で泣いてばかりはよくないでしょうか

子どもの前だろうと、**しっかりと泣いて構わない**と思います。もしかしたら、「子どもの前で泣いてはいけない。親はいつも理想の大人の姿を見せるべきだ」という考えがあるのかもしれませんね。心が悲しんでいるのに、悲しみを抑えて生活することは、非常に疲れることだと思います。しかも、しっかりと悲しむべき悲しみを感じないようにすることは、ますますお母さんとの別れを乗り越えにくくしてしまいます。

子どもさんも、おばあちゃんが亡くなって、悲しんでいるかもしれませんね。親が懸命に涙を見せない姿を見たとしたら、子どもながらに自分も泣いてはいけないと思うかもしれません。**子どもの場合、泣いてはいけない＝悲しんではいけないこと、として捉えがちです。**そうなると、悲しむ気持ちを抱く自分に戸惑いを抱いてしまうかもしれません。親がしっかりと悲しむからこそ、子どももしっかりと悲しみと向き合って、悲しむことができるようになり、悲しみを受け入れられる強い心が育まれていきます。

様々な別れに伴う悲しみを乗り越えるためには、Time（時間）、Tear（涙）、Talk（話す）の3つのTが必要です。悲しみが癒えていくには、なによりも時間が必要です。時間をかけながら、しっかりと涙を流す。そして、自分の気持ちをあるがままに受け止めてもらえる相手に、話を聴いてもらうことが大事です。自分ひとりで頑張って乗り切ろうとするのではなく、**家族間で悲しみを共有しながら、もちつもたれつで乗り越えていく。**そんな家族でもいいのかなと思いますが、いかがでしょうか？

相談2
小6と小4の長男と次男がいつも言い争って相手を思いやる様子がありません

きょうだい間で言い争いが多く、思いやりが見られないことは、親にとってつらいことだと思います。なんとか仲良くさせようと、ケンカの度に親が仲裁に入り、どちらかをなだめたり、叱ったりするものの、結局同じことの繰り返し。親が良かれと思い、介入すること自体が、逆にきょうだい間の相手がズルという思いや怒りを強めてしまっていることがあります。

また、ケンカのきっかけ（原因）は、「自分の物だぞ」と物の所有権を主張し合うことや、「自分の番だぞ」「自分が先だぞ」と順番の競い合いであることが多いようです。そのため、争いが起こらないようにと、親が前もって、二人おそろいの物（おもちゃ）をそろえてあげることもあると思います。しかし、きょうだいケンカが大変で面倒だからと、安易に同じ物を買い与えることはあまりお勧めできません。**きょうだいだからこそ、遠慮なくぶつかり合って、せめぎ合って、その中でお互いの妥協点を見つけ出し、〝お互いさま〟を学んでいける**のです。

親は、あくまでも、**子どもたち自身が主体的になって問題解決できるようにサポートしましょう。**つまり、二人でケンカせずに楽しく遊べる工夫を子どもたち自身が考えるための話し合いの場を作ること。そして、それを実施してみて、うまくいったかどうか検討する場を改めて設けることです。案外、子どもたちの関わりをよ～く観察すると、仲良くやっていくための工夫を〝すでに〟やっています。それに親も子ども自身も気づいていない場合が多いのです。24時間常にケンカしているきょうだいはいません。少しでも仲良く過ごせたときに、解決のヒントがたくさん隠れているはずです。

イラスト◉土田菜摘

「組み体操の1番上に立とう。運動会の目標を見事に果たして成長した子」

保健室は子どもたちにとって
大切な居場所です。
そこでは、担任の先生や親の前とは
違った顔を見せてくれます。
子どもたちの今を、
保健室よりお伝えします。

文◉五十嵐彩・いがらし・あや
東京都内の公立小学校で養護教諭
イラスト◉土田菜摘

「先生、今日は一日保健室にいてもいい？」

2学期が始まったころのことです。6年生のミドリが今日も遅刻して登校しました。いやいやお母さんに連れられて来たようで、下駄箱から動こうとしません。「教室に行かないの？」「行きたくない」「ここは暑いから一緒に保健室に行かない？」うつむいた顔をのぞき込んだとたん、手を払いのけて地団駄を踏みながらミドリが叫びました。「だって、算数わからないのに先生に当てられるし、おしゃべりしただけで怒られるし、お母さんは私のことわかってくれない。もう学校なんていや！私なんて生きてたってどうしようもない！」

理由を聞こうにも興奮して泣いていて話になりません。とりあえずミドリの言うことを全て「うん、うん」と聞きました。そして、「ミドリが死んだら私は悲しいよ」と言って抱きしめると、ミドリは「先生、今日は一日保健室にいてもいい？」とつぶやきました。

保健室では、来室した子どもの面倒をみたり、楽しくおしゃべりしたりと、泣き叫んでいたのが嘘のように過ごしていました。休み時間になり、担任が保健室に来てミドリに声をかけましたが「今日は一日保健室で過ごす」といって頑なです。

保健室で目標を語って変化が起きてきた

保健室で落ち着いてから、ミドリが「私、組体操のタワーで一番上になりたいんだ」とポツリとつぶやきました。からだも小さく身のこなしの軽い彼女にはぴったりだと思っていると、「でも、保健室にいたら乗れなくなるかなぁ？」と言うのです。この一言に、私は何かピンとくるものを感じました。「朝、どうしてあんなにいやいやモードだったの？」と聞くと、「組体操のために気持ちを切り替えて生活するつもりだったのに、朝、お母さんとケンカして学校に間に合わない時間になっちゃったの。一番上に選ばれるには信頼されないとダメでしょう？もうダメだと思ったの。もう、学校なんかやめたくなったけど、やっぱり組体操をみんなとやりたいし、やるなら一番上に乗りたい！」

どちらかといえば学校生活を「楽しくない」と過ごしていたミドリが目標らしい目標を語ったのは初めてのことでした。「先生、私変われるかな？」と言うミドリの顔は朝とは全く違う顔つきでした。「もちろん、変われるわよ」と答えると、ミドリはうれしそうにうなずきました。

保健室で過ごした日から、ミドリに変化が起こりました。眠そうな顔をしていることもありましたが遅刻がなくなり、友人と登校するようになりました。さらに、組体操が得意ということが自信につながったのか、前向きな言葉が増えていきました。目標をもつことがこんなにも人を変えるのかと思いました。そして、見事にタワーの一番上に立つ役を獲得したのです。

「先生、学校って悪くないかもしれない」

運動会が終わって数日後、「16時に公園ね！」とミドリの元気な声が聞こえてきました。放課後、同じクラスの数人と一緒に公園で遊ぶようです。私は、耳を疑いました。学校から帰ったら家から出たくない、遊ぶにしても外には行きたくないと言っていたミドリが外遊びをするというのです。なによりも、友達付き合いが苦手なミドリが複数の友人と遊ぶということにも驚きました。

「ミドリ、運動会終わってから変わったね」と声を掛けると、照れくさそうに笑いながら「先生、学校って思ったより悪くないかもしれない。面倒なこともあるけど、楽しいことも結構あるね！」と言って笑って帰っていきました。

失敗から逃げずに向き合ったこの経験をこれから先も生かしてくれればと願うばかりです。

そして、運動会当日、タワーの一番上でミドリが手を広げた瞬間に、割れんばかりの拍手が校庭に響きわたった瞬間を私は忘れることはないでしょう。

子どもたちの名前は仮名です。個人が特定できないように事実関係に手を加えている場合があります

特集2

子どもを扁平足にしないためにどうすればいいか

扁平足とは土踏まずのない平らな足裏のこと。「うちの子は扁平足じゃないかしら」と心配する親御さんには、10歳近くになって初めて気づいたという方が多いのではないでしょうか。それもそのはず。土踏まずの有無が分かるのは4～5年生の頃なのです。

土踏まずは、アーチと呼ばれる、親指からかかとにかけて弓型に並んだ骨で形づくられていますが、これは後天的に形成されるもので、赤ちゃんの頃はじつは誰もが扁平足。3歳くらいから少しずつ足裏や足指の筋肉に持ち上げられるようにしてアーチができ始め、8～10歳くらいでおおよそ完成。見た目にも明らかなアーチ構造が出来上がります。

ところが、その年齢になっても土踏まずのはっきりしない子が少なからずいます。土踏まずのできる子とできない子は、どこに違いがあったのでしょうか。足の不調を専門に診る「みらいクリニック附属フットケアセンター」のセンター長で理学療法士の湯浅慶朗さんに聞きました。

フィットしない靴では足指にマイナスになる

「扁平足には2タイプあって、一つは病的な原因のためにアーチがほとんど形成されず、フラットな骨並びになっている〝真正の扁平足〟。もう一つが、足の内側に沿ってアーチはちゃんとあるのに、支えるはずの親指や足裏の筋肉が弱いために、上から体重がかかると踏ん張り切れずにアーチがひしゃげ、土踏まずが下がって足裏が平らに見える〝見せかけの扁平足〟です。圧倒的に多いのは後者で、通常、扁平足と呼んでいるのはこのタイプと思っていいでしょう。土踏まずができるかどうかは、成

子どものカラダのことで、見落としがちなのが足の裏。ところが、最近、扁平足の子どもが増えていて、運動能力を低下させたりO脚を招く原因になっているといいます。扁平足は治せるものもあります。専門家に話を聞きました。

文◉深津チヅ子　イラスト◉土田菜摘

長過程で足指の筋肉が十分に発達したかどうかによるのです」

　なぜ足指の筋肉が発達しなかったのか、原因のひとつに湯浅さんが挙げるのが靴下です。足の機能が急速に発達する乳幼児期から靴下をはかせる習慣があると、子どもの柔らかい足の指先は圧迫され、指や足の自由な運動を妨げることになるといいます。

　靴のサイズが合わないのも問題です。子どもの場合、成長するからと少し大きめの靴をはかせたり、着脱しやすいようにスポッとはけるデザインの靴を選びがちですが、足にフィットしない靴は中で足がすべって歩きにくいため、子どもは靴に合わせようとがんばり、中指や人さし指をギュッとL字型に曲げて、ブレーキをかけながら歩くことに。

「こうした歩きグセがつくと、指が変形するだけでなく、歩みを進めたり親指で踏ん張るという本来の足指の使い方がおろそかになります。人間の体は、使われない機能は不要な機能と脳が勝手に判断して機能を停止、機能不全になりますから、足指が使えない子になってしまいます」

足指で〝パー〟をやって楽に開けるなら大丈夫

　ハイハイ不足も考えられます。足の指で床を蹴って前進するハイハイは、足の筋力を培うための大切な成長過程ですが、都会のマンションなどではスペースが限られるために、十分に四つ這いをしないで、すぐにつかまり立ちを始める子が増えています。足を使わないずり這いをする子も多く、そうした場合、小学生になって扁平足が目立ってくると湯浅さんは指摘します。

　アーチは土踏まずの部分だけでなく、小指からかかとにかけてもうひとつの縦アーチ、足指の根元を横断する形で横アーチがあって、計3つのアーチがバランスをとりながら全身の体重を支え、歩くときにはクッションとなって地面からの衝撃を和らげる大切な役割を担っています。

　アーチが崩れてクッション機能が失われた扁平足の足は疲れやすく、走ったり飛んだりする運動が苦手に。また、足元のバランスの悪さから無理な力が筋肉にかかり、猫背やO脚、「成長痛」といわれる関節周辺の筋肉痛を引き起こすことも。扁平足は病気ではありませんが、放置せず、しっかりと足指の筋肉を鍛えて、土踏まずを蘇らせてあげましょう。

　そのためには、まずは靴選びから。足に合わない靴では足指の筋力アップは望めません。足が靴の中で滑らないようにヒモ結び、難しければ、折り返しのマジックテープが二つ以上付いているタイプのスニーカーを選び、靴のかかとに足を合わせてしっかりとマジックテープで止めます。指先を自由に動かせるように1cmくらい余裕のあるサイズがいいでしょう。家の中では、足指の感覚を磨き自由に動かせるように、はだしで過ごしてください。スリッパは、足がすべるのでやめましょう。

　さらに積極的対策として湯原さんが勧めるのが、足の指をひろげたり、伸ばしたりする足のストレッチ体操です。やり方は、まず椅子に腰掛けるか床に座って足を組みます。右足の指の間に左手の指を差し込み、やわらかく足裏を握ったら甲に向かって反らせて5秒間キープ。そのまま足裏側にも曲げて、同様に5秒間。何回か繰り返したら、足を変えて、もう一方も同じように行います。

「両足で5分間、1日1回やれば十分。子どもの場合、1カ月も続ければ、足指に筋肉がついてきます。足指で〝パー〟をやってみて、楽に開くようになれば、足指の機能を取り戻した証と思っていいでしょう」

　足指じゃんけんもいいトレーニングになりますから、親子で楽しみながらやってみてください。これらのトレーニング効果は、年齢に関係なく得られます。扁平足の矯正に手遅れということはないので、諦めず、ぜひ実践を。

ココロの Interview 53

息子が3人とも スタンフォード 大学に入学。 その子育ては？

アグネス・チャンさんの三男が今年9月、
米国の名門、スタンフォード大学に入学した。
実は長男と次男もスタンフォード大学に入り、卒業している。
3人の子どもをすべて、
名門大学に入学させることができた
アグネスさんの子育てとはどんなものだったのか。
ご本人に話をうかがいました。

写真◉瀬戸正人

息子が3人ともスタンフォード大学に入ったわけですが、実は3人とも日本の同じインターナショナルスクールに通い、同じ米国の高校に進学しています。ですから3歳違いの次男、10歳違いの三男が、それぞれ長男の進んだコースを追いかけたことになります。

　長男が幼稚園に進むとき、私は、子どもに受験の負担を与えたくないという気持ちから、エスカレータ式で上まで行ける私立幼稚園に入れたいと思っていました。でも、夫は英語が大事だという考えで、インターナショナルスクールも候補になりました。

　両方の説明会に行ったのですが、決定的だったのは、試験についての説明でした。幼稚園の方は、大事な試験の日に、とにかく子どもが風邪をひかないように、親が気をつけてくださいというんです。

　一方で、インターナショナルスクールは「風邪をひいたら、別の日に試験をします。一番いい状態で、ありのままの子どもさんを見たいですから。特別な受験の準備もしないでください」と言ってくれました。この説明が気に入って、そのインターナショナルスクールに決めたんです。入ってみたら、やはり、いい学校で、次男も三男もそこに行きました。

　このスクールは中学までだったので、高校をどうするか迷いました。私は子どもと離れるのが嫌だったので、日本の高校に入れたかった。ところが長男はアメリカの高校も見たいというんです。でも、アメリカの高校のことはまったくわからない。そこで、私の大学院（スタンフォード大）の恩師に頼んで、良さそうな高校を全米で10校をリストアップしてもらいました。東海岸の高校がほとんどで、西海岸は1校だけでした。無理して休みを作って、夫が車を運転して、このリストから6、7校を親子で見て回りました。有名高校ばかりで、設備もすごいんです。

6、7校に書類を送り結果は全部合格だった

米国の高校の入学の合否は、小学校時代を含めたこれまでの日頃の成績や、先生の推薦文、本人の論文などで判定されます。長男は苦労しなくても、いつも学校の成績がよかったのですが、心配だったので、見学しなかったランク下の学校も含めて、6、7校に書類を送りました。大変な作業でした。結果は全部合格でした。私は正直いって、東海岸にある有名私立高校へ行って欲しかった。大統領の出身校だったりしてすごいんです。親の見栄ですね。ところが、迷った末に長男が選んだのは、唯一西海岸にあった高校でした。開放的で明るい雰囲気が気に入ったようです。

　これが大正解だった。本当にいい高校でした。東海岸の有名高校と違い、1学年60人とこぢんまりしていて面倒見がいいんです。入学すると、まず馬を1頭与えられます。それを自分で世話をして、乗れるようになるのが課題なんです。長男は寮に入ったのですが、

アグネス・チャン

［歌手］

後ろに飾られているのはスタンフォード大学博士課程修了の記念写真。手にしているのは出版された博士論文（英語版）。

“子育ては人生で一番楽しいプロジェクト”

みるみる自立していくのがわかりました。

この高校の卒業生は、ほとんど米国のトップ30以上の大学に進学します。スタンフォード大は学年で3人ぐらいでした。このほか、ハーバードやMITにも行きます。

そういう高校ですから、実は入るのが難しいんです。でも、とてもいい高校でしたから、次男、三男にも入学をチャレンジさせました。ふたりとも、長男と同様、学校の成績は問題なかったので、無事に入学することができました。

うちの子は3人そろって、学校での成績がよかったんです。私としては、そうなるように育てたつもりです。

私は大学で児童心理学を専攻したので、それをベースに、子どもを育てるにあたって、どうしたら子どもを伸ばすことができるか、いろんなことを考えてやってみました。

子どもには、毎日を楽しく生きることができ、人にはやさしいといった、いい人になって欲しい。そうなるように子どもを育てるというのが、夫とも相談した大きな方針でした。

そういう子育てとは別に、子どもの能力を伸ばすためには、いろいろな「小ワザ」があります。それは、私が独学したり、自分のカンでやってみたものです。

まず、一番基本になるのは健康な体ですから、そのための食事には気をつかいました。わが家ではソーダやジュースは飲ませない。手作りにこだわって、多くの食材を使ったバランスのいい食事をさせるようにしました。

次に大事なのが、「好奇心を育てる」ということです。何に対しても面白がる子にするために、好奇心を引き出す会話を心がけました。「どうしてこうなっているんだと思う?」「これ、面白いね」といった具合に好奇心を刺激するように話しかけるんです。この話しかけは、子どもが言葉を覚える前からしていました。お母さんが子どもに話しかけるって、大事なことなんです。

質問がしっかりできて本や文字が好きな子に

三番目には「質問できる子にする」ということです。知らないことを恥ずかしがらずに、しっかり質問出来る子は伸びます。質問するために考えるし、集中力もつきます。そのために、子どもが質問したがる時期には、とにかく、すぐにそれに答えるようにしました。料理をしていても、何をしていても、「ちょっと待って」と言いたくなるのを抑えて、子どもの質問に答えました。それと、大人の会話に子どもも入れるようにしました。わが家では、子どもがいるときに大人だけで話すのは禁止です。子どもを巻き込んで話すようにします。そうすると、子どもも人の話をしっかり聞くようになるし、質問したり、自分の意見を言えるようになります。

四番目には「本が好きな子にする」ということです。本や文字が好きな子は勉強に絶対に有利です。そのために、文字を読めない頃

ココロの Interview 53

右から長男の和平さん、次男の昇平さん、三男の協平さん。一昨年、昇平さんのスタンフォード大卒業式の日に撮影。

から絵本はたくさん読んで聞かせましたし、子どもが文字を覚えたら、今度は子どもに読んでもらうんです。そして、「どんな話だったか、パパにも教えてあげて」というように自分の言葉で説明させました。

頭を使う遊びもいろいろ、するようにしました。チェスや囲碁を教えてみたら、次男はすごく、はまりましたね。今でも、囲碁が大好きです。シリトリとかもよくしました。ことわざシリトリといって、ことわざをどんどん続けて言っていくんです。私は苦手なんですが、パパは上手で、何週間もそれを続けたりしていました。

子どもの脳は8歳から9歳ぐらいまで発達すると言われています。IQの高さもそのぐらいまでに、大体決まるようです。ですから、小学校の4年生ぐらいまでが、とても大事になります。

子どもが学校に行くようになったら、まず、なぜ学校に行くのかを説明しました。学校へ行かないで読み書きや計算ができないと、電話番号も覚えられないし、電車のキップも買えない、すごく不便なんだよということを教えるんです。学校の大事さは、何回もいろいろな形で話しました。

次に、学校では「先に先に進もう」ということを方針にしていました。中学校までに学ぶことは、誰でもわかることなんです。でも、遅れるとあせって、わからなくなる。だから、先に進んでおけば、安心して勉強できます。わが家では教科書をもらうと、親子でその日のうちに全部読んでしまうんです。子どもは本好きですから、読むのは得意でした。

子どもが本当に好き 私の趣味は「子ども」

また、小学校4年生までは、どのように勉強をしているのか様子を見て、サポートするようにしました。宿題はどんなに忙しくても、必ず全部見るようにしました。仕事先からファックスと電話でやり取りしたこともあります。親子で学校の勉強の話をするのは、とても楽しいんです。テスト問題って、一つの答えしか○にならないところがあるじゃないですか。本当はいろんな答えがあってもいいと思うのですが。そんなとき子どもには「テストは先生を安心させるためにあるんだよ。だから先生が正しいと思う答えを書いてあげてね」と話すんです。

人それぞれに好きな趣味がありますよね。人によっては、それがトカゲだったりするでしょ。私はそれが、「子ども」なんです。子どもが本当に好きだったので、大学で児童心理学を勉強して、今度は自分の子どもができて、子育てが楽しくてしょうがなかったです。また、いろいろやってみたことに子どもが食いついてくるから、やりがいがありました。

もう25年以上も前ですが、私が赤ん坊だった長男を仕事場に連れていたことから、子連れで仕事をすることの是非を問う「アグネス論争」が起きました。それがきっかけとなりスタンフォード大の先生に声をかけてもらい、スタンフォードの大学院に行くことになりました。長男はキャンパスにある保育園、幼稚園に通ったし、次男も大学の病院で生まれました。二人にとって、スタンフォード大は思い出のある場所です。三男はどうかなと思っていたら、やっぱりスタンフォードがよかったようです。シリコンバレーにあるスタンフォード大学は人種差別もないし、とても自由で素晴らしい大学なんです。三男がそこに行ってくれて、ホッとしました。私にとって、子育ては人生で一番楽しいプロジェクトでした。それが三男の大学進学で一段落ついたなと思います。

あぐねす ちゃん

1955年、香港生まれ。「ひなげしの花」で日本デビュー。78年、カナダのトロント大学卒業。長男を出産後、子連れで仕事をすることの是非を問う「アグネス論争」が起き、それをきっかけに89年、スタンフォード大学の博士課程（教育学）に入学。博士論文は「日米高等教育の比較研究」。歌手活動を続ける一方で、日本ユニセフ協会の初代大使に就任するなど、ボランティアやチャリティーの分野でも活躍している。

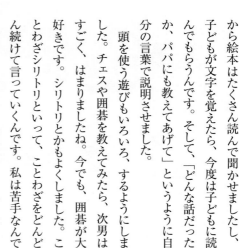

高畠那生

［絵本作家］

ナンセンスだけど納得できる絵本

絵本作家の父親を持つ高畠さん。お父さんとは作風が全く違う、ナンセンス絵本で読者を独自の世界に引き込んでいく!

構成◉橋爪玲子

多くの中高生がそうであるように、私も中学、高校のころまで、「こんな仕事に就きたいな」という具体的な夢を持たずに生きていました。

高校選びでは、志望校の競争率が高くて腰が引けていた私を見た父から、「同じレベルだと、こんな学校もあるぞ」と勧められ、簡単そうだと勘違いをしたまま、美術科のある高校に進学しました。父は絵本作家の高畠純です。

その美術科に入学しても、特に夢というものはなかったと思います。同級生たちがみんな志願するので、流されるように、美大を目指しました。現役では合格できず、1浪。岐阜から上京して美術予備校に通い、翌年、東京造形大に合格しました。

ところが、美大に合格したのはいいものの、アート活動として何かを表現するということに困っていました。現状に不満不安がなく大満足なお気楽学生だったのです。同級生たちは、当時はやりのゲームメーカーのデザイナーなどに就職が決まっていく中、サラリーマンではない父を見ていたせいか、企業に就職する自分が想像できませんでした。

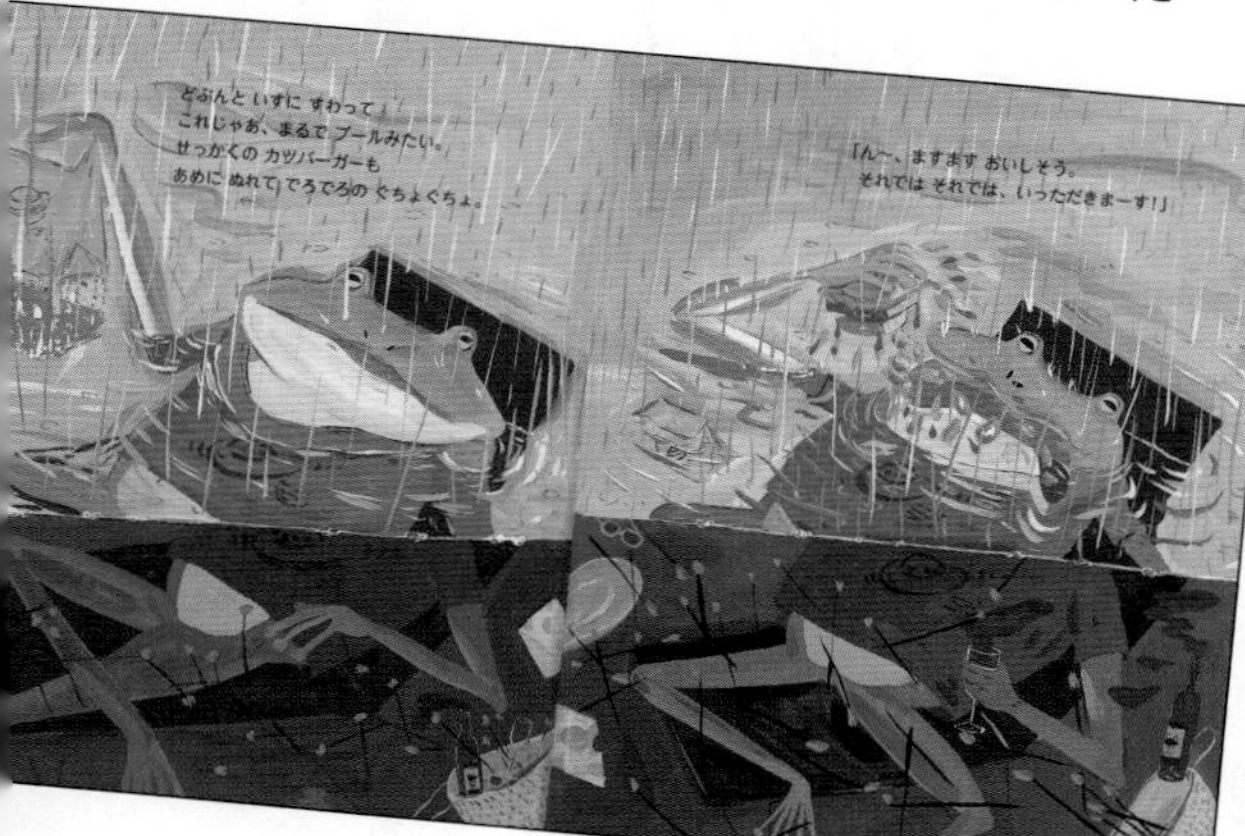

でも高校時代から絵に費やす時間が長かったせいもあり、ここでやめてしまっては、ただもったいないという気持ちもありました。ふと、父のような仕事もいいなと、父と同じ絵本作家の道を目指そうと思ったのです。仕事のイメージができたのが大きな理由のひとつです。

父の〝七光り〟を使ってあわよくばデビューを

父の「七光り」を存分に使い、あわよくばデビューしてやろうと目論んでいたのです。

あるとき、出版社でアルバイトをしていた私は、手伝いで行ったブックフェアの会場で、久々に出会った出版関係の方に挨拶をしました。私の名刺に描かれた絵に興味を持ってもらい、後日、それまでに描いていた全部の作品を見てもらいました。すると「じゃあ、これを出版しよう」と決まったのが、デビュー作の『ぼく・わたし』です。

フェア会場で私が挨拶した方というのは、父の担当編集者、「絵本館」の社長さんです。私がまだ小さかった頃に、父との仕事のやりとりで、時々岐阜に来てはそのまま家に泊まり、仕事のあとで父と酒を酌み交わしていた編集者さんでした。

ただ、「父の顔」とか、「父のコネ」だけで、継続して作品を世に出せるような甘い世界ではないし、ましてや、コネだけで出した本なんて、子どもたちに読み継いでもらえるような「作品」にはなり得ません。そこには、自分だけの「世界」がなければいけません。もちろん、父が描くタッチとは全く違う作品を最初から描いていました。

絵本を制作するときは、話から先に思いつくときもありますが、そのときに描きたい絵をいくつか並べ、言葉で絵と絵をつないでいくことも多いです。

高畠那生先生の著作です

たかばたけなお

1978年、岐阜県生まれ。東京造形大学美術科卒業。
『ぼく・わたし』（絵本館）で2003年に絵本作家デビュー。
同年、『むかった さきは…』で、第25回講談社新人賞佳作受賞。
主な作品に『チーター大セール』（絵本館）、『カエルのおでかけ』、『セッセとヨッコラ　ヒョゴーどうくつのたんけん』（ともにフレーベル館）など著書多数。

セッセとヨッコラ
ヒョゴーどうくつのたんけん

第19回日本絵本賞
カエルのおでかけ

『カエルのおでかけ』は、まさに絵が先行して出来た作品です。幼児向け雑誌の、6月号を考えていました。ちょうど梅雨の時期なので、大雨で水びたしになった公園と水が引いている公園のページをテキストなしで表現したいとひらめいたんです。

『カエルのおでかけ』は、テレビで流れる「明日は雨」という天気予報に、「お、明日はいい天気になりそうだから、出かけよう」と大喜びで外に出かけるカエルの1日を描きました。

テレビやラジオの天気予報で、気象予報士の方は絶対に、「晴れ＝いい天気」「雨＝悪い天気」とは言わないと聞いたことがあったんです。それは、傘を売る方にとっては、晴れよりも雨が望ましいということに配慮したというのが理由だそうです。（でも天気予報を見ていたら「いい天気」と言っていましたけどね。）

つまり、価値観は多様なんですよね。雨の日がカエルにとってはいい天気というお話にして描いてみました。雨に喜ぶカエルを描いたこの作品は、「第19回日本絵本賞」（2014年）を頂くことができました。

私の作品は、「ナンセンス」という評価をよく頂きます。制作中は、どんなへんてこな話を描いてやろうと意気込んでいるわけではなく、いたって真面目に、わかりやすい話を考えているのですが、その評価が真逆の「ナンセンス」にたどり着くというのは不思議なものですね。時に建物の縦横のラインもバラバラで、上空からのアングルと奥行きを描いた2枚の絵を一枚に合体させたような絵も描きますが、これらもすべてわかりやすいように表現しているだけなのです。

まず頭を空っぽにして絵本に浸かって欲しい

ナンセンスの世界や、あり得ないアングルの絵を描く上で大切にしているのは、虚構の世界に対して、いかに説得力を与えていくかということです。そのためには、絵本を読んでいる人が（私自身が）、話の次の展開に納得出来るものでなければなりません。「ナンセンス」だから何でもオッケーということでは、なにもおもしろくないのです。そして絵本を制作する上で、なにより一番大事にしていることは「おもしろいかどうか」ということなのです。

本屋さんなどで私の作品を手に取っていただく機会がありましたら、とりあえずはまず、頭を空っぽにして絵本の中の世界にどっぷり浸かってみてください。そして、どうしてもおもしろく感じられなかった時は、その絵本は諦めて他の作家のものを読んでみてください。もしかしたら、それがあなたにとってすごくおもしろい絵本かもしれませんから。

「やったー！
きょうは、いちだんと おおあめだ！」
てんきよほうは、はずれてなんか いませんよ。
カエルにとって あめが なによりも “いい てんき” なのです。

レッツ

何でもトライ 22

しかけ絵本作りに挑戦しよう！

ページをめくると立体的に飛び出るしかけ絵本。
千代田区立四番町図書館で７月に開かれた「子どもイベント」で、
しかけ絵本の専門店「メッゲンドルファー」の代表、
嵐田康平さんに、この絵本の作り方を教わりました。

写真◉越間 有紀子

ズボンがずり落ちたり、巨人が頭叩かれたり、笑える絵本出来たよ！

飛び出る絵本は子どもだけでなく、大人も楽しめます！

しかけ絵本を作ってみよう

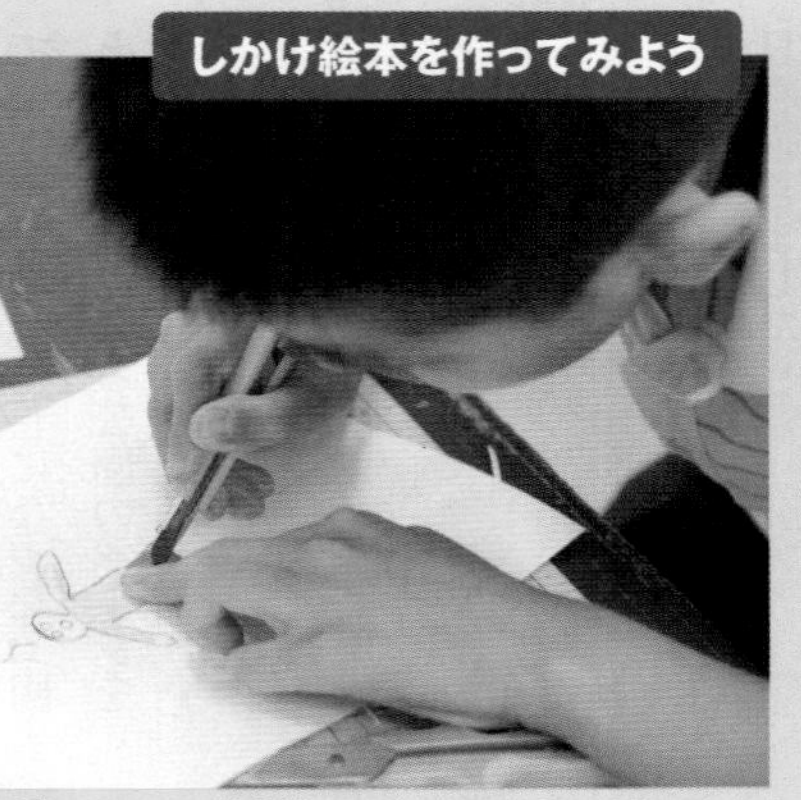

まずはカードに絵を描いて、しかけカードを作ります。アイデアの見せどころです。

どんなに凝った絵本も、しかけカードを組み合わせていけば、出来上がります。しかけには基本のパターンがあります。

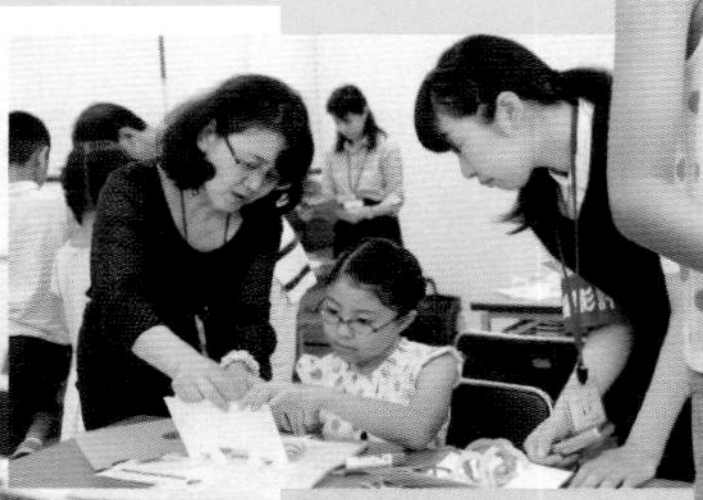

紙をどこに貼るかで飛び出る見え方が変わります。先生と相談しながら貼る位置を決めます！

しかけカードはクレヨンで色をつけて、カラフルに仕上げます。

しかけ絵本てな〜に？

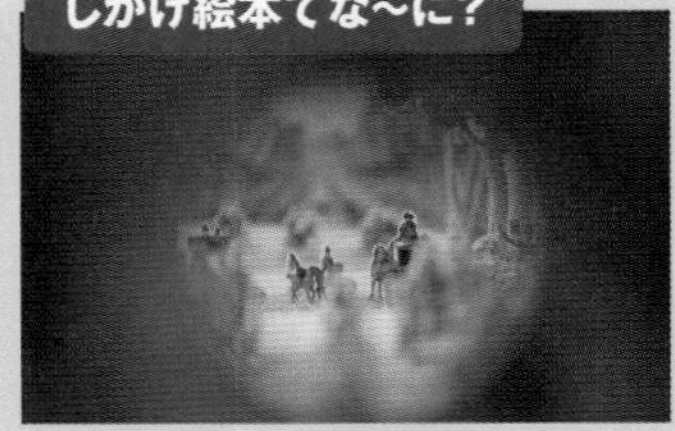

しかけ絵本は昔からあります。写真の絵本はなんと1830年に発行されたものの復刻版！しかけ絵本は今でも手作業で作られています。

難しかったけど、なんとか出来上がりました！

もっと色々なしかけ絵本を作ってみたいです！

出来上がったしかけカード

飛び出るウエディングケーキ、かぼちゃからオバケ、色々なしかけカードが出来ました！

みんなで見せ合ってアイデアを交換、さらに先生からアドバイスをもらいました。

「子どもイベント」の参加の申し込み、問い合わせ

千代田区立四番町図書館
〒102-0081 千代田区四番町1 電話03-3239-6357
しかけ絵本のイベントは終了しました

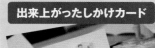

よろこびと真剣さあふれる学園

鷗友学園女子中学高等学校

〒156-8551　東京都世田谷区宮坂1-5-30　TEL03-3420-0136　FAX03-3420-8782

http://www.ohyu.jp/

▶ **学校説明会**【インターネット予約制】

- ●９月４日(金)　●９月９日(水)
- ●10月17日(土)　●10月18日(日)
- ●11月17日(火)　●12月12日(土)

いずれも10:00～11:30(開場9:00)

▶ **入試対策講座**【インターネット予約制】

- ●12月12日(土)

▶ **学園祭[かもめ祭]**【インターネット予約制】

- ●９月20日(日)・21日(月・祝)

2016年度入試から入試日程が変わります

	第1回	第2回
試験日	2月1日(月)	2月3日(水)
募集人員	約180人	約40人
入試科目	国語・算数・社会・理科	

世界に羽ばたけ鷗友生!!

校訓　**愛・知・和**

21 世紀を担う国際感覚豊かな人間教育

2016年4月「知の拠点」新図書館・
自習室棟がオープンします。

平成26年度 大学合格実績
（平成27年3月卒業・77名）

国公立大学　計 12 名
東京大学 1名　一橋大学 1名　お茶の水女子大学 2名
その他

難関私立大学
早・慶・上・理 46名 + GMARCH 68名 = 計 114 名

医学部医学科 計 10 名　**他の私立大学** 計 116 名

学校説明会

9/12（土）10：00～	11/ 6（金）10：00～
10/10（土）10：00～	11/26（木）10：00～ ＊授業見学できます
10/24（土）13：00～ ＊文化祭当日	12/ 5（土）10：00～
10/25（日）11：00～ ＊文化祭当日	12/14（月）10：00～ ＊授業見学できます

入試対策会（授業体験）＊要予約
11/22（日）　9：00～

文化祭
10/24（土）・25（日）10：00～
＊24日(土) 10：00～ 中学ステージ発表あり

4年生・5年生対象 学校説明会
平成28年 2/20（土）10：00～
＊授業見学できます

＊上記日程は予定です。最終的な確認はホームページ等にてご確認ください。

学校法人開成学園

大宮開成中学校

〒330-8567　埼玉県さいたま市大宮区堀の内町1-615　TEL.048-641-7161　FAX.048-647-8881
URL　http://www.omiyakaisei.jp　E-mail　kaisei@omiyakaisei.jp

大人も子どもも
本からマナブ

世界各国で人気のムーミンの物語と、
高い学力形成に欠かせない「日本語力」についての本をご紹介します。

BOOKS
COLLECTION
57

愉快なムーミンの世界を絵と文で味わってみよう

子ども向け

たのしいムーミン一家

トーベ・ヤンソン 著
山室 静 訳
講談社青い鳥文庫
680円+税

ムーミンは、フィンランドの作家トーベ・ヤンソンによって生み出されました。世界各国で翻訳され、日本でも多くの人たちに親しまれているとても人気のあるキャラクターです。

著者は、数多くのムーミン物語を書いていますが、この本もそうした作品のひとつで、ムーミントロール、ムーミンパパ、ムーミンママのムーミン一家、そして個性あふれる愉快な仲間たちが登場します。7つの章に分かれていて、それぞれにちょっと不思議な楽しいお話が展開されています。

この本の大きな特徴は、著者による挿絵が数多く載せられている点です。かわいらしい挿絵によって、さらに物語を楽しむことができるでしょう。

また、著者は、フィンランドに生まれ育ち、豊かな自然に囲まれて生活してきました。そのため、自然のなかに生きる様々な生物に温かい気持ちを持っていることが作品からも伝わってきます。

みなさんもストーリーの面白さと味わいのある絵を楽しみながら、ムーミン谷の世界にひたってみてはいかがでしょう。

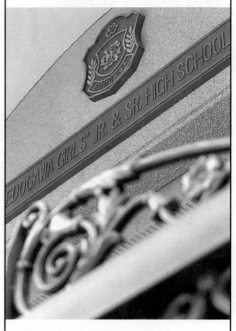

学力向上の基盤となる日本語力を伸ばす方法を伝授

大人向け

子どもに「日本語力」をつける本

樋口 裕一 著
PHP文庫
552円+税

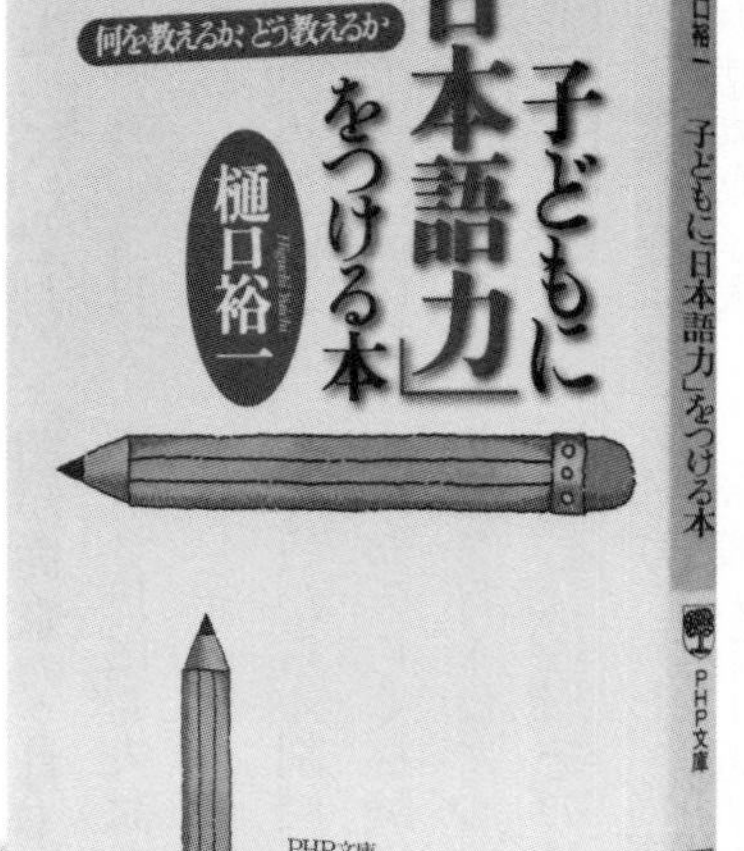

1980年代以降に推進された「ゆとり教育」を批判し、若者の国語力低下が憂慮すべきものであると指摘しながら、将来を担う子どもたちの「日本語力」をどう培っていくかを述べた本です。

「ゆとり教育」そのものの理念は正しい側面があると評価しつつ、本来あるべき教育の姿を模索しようとする意欲的な内容となっています。

著者は、長い間、作文や小論文の指導にあたってきた人物であり、確かな言語能力があることが、全ての教科学習において高い学力形成に欠かせない条件であると説きます。

教科としての国語ではなく言語としての日本語に着目するために「国語力」ではなくあえて「日本語力」として論を進めていきます。

そして、子どもたちに「日本語力」をつけることの重要性を訴えます。

具体的にどのようにして「日本語力」をつけていくのかがしめされ、文章力を養うための方法などについても書かれています。

読書の進め方についても具体例を用いて紹介されています。

「自分が昔感動した本を無理強いしない」「文芸書だけが本と思ってはいけない」などの見出しで「本を好きにさせる十か条」がまとめられています。

どのような本を、どういう形で子どもたちに与えていくべきかについての叙述は、小学生のお子さんを持つ親御さんにとっておおいに参考になることでしょう。

ぜひ一度手にとってみてください。

来年度の各校入試要項変更から入試状況の変化を予想してみる

上位校の2回入試化はどのような影響を生むか

入試要項の変更をふまえて、来年度入試にどのような変化が生じるかを考えてみます。

多くの受験生に影響を与える変化は、上位校の入試の変化です。なぜなら中学受験は上位校ほど1校あたりの受験者数が多くなるからです。

まず女子上位校のおさえどころはサンデーショック翌年の変化として、入試状況は一昨年に近くなるということです。現在までの模試の動きをみていると、一昨年ほどには、女子上位校の志望者数は多くないので、２０１５年入試の後遺症のような状況があるかもしれません。

なかでも鴎友学園女子の全3回の入試が2回目であった2月2日入試がなくなり、2月3日の入試が2回目になる（全2回）ということです。

鴎友学園女子志望者にとって、2月1日の重要性は変わりませんが、3日入試が難関化することは容易に予想できますから、1日で合格を決めたいところですし、1日の合格可能性が高いものでなければ、2月2日は別の安全校を用意しなくてはならなくなりました。

これまで2月2日の鴎友学園女子入試は2倍を切る受けやすさでしたが一転、狭き門になりそうです。

同様に2月2日入試がなくなる学校としては、これまで中位校だった横浜英和女学院です。２０１６年4月から校名も「青山学院横浜英和」となり、２０１６年入試では青山学院の2月2日入試とバッティングしないように（?）、2月1日と2月3日午後（いずれも2科4科選択入試）だけになります。同時に共学化されますので女子のみならず男子にも影響が出ます。さすがに青山学院並みには難化はしないでしょうが、青山学院第1志望者にとっては格好の併願先になります。共学のキリスト教主義学校を志望校と考えている、例えば関東学院志望者などに影響を与えることが考えられます。

桐朋の2日入試参入はチャレンジ層に好感も

次に、男子上位校の変化として、桐朋が従来の2月1日のみの入試から、2月2日にも入試を行うという変化があります。1日が１１０名と従来の１８０名から4割減の募集定員になります。おそらく経験則から言えば受験生数は2月1日については3割強減少するでしょう。その分受験生の下限のレベルが上昇し、倍率も少々上昇します。

同校の第1志望者は2回とも受験するでしょうが、「桐朋がチャレンジ校だ」という層は2日はほかの安全校に向かうので、桐朋は1日も2日も入学者のレベルは上昇するでしょう。2日は70名募集です。この日はリスクを負ってでも、という成績上位層にしぼられます。1日の合格が当日夜10時にＨＰで発表されるというのですから、その合格者は桐朋を押さえて、2日の難関校に併願できることになります。が、それよりもこの当日発表は、2日に安全校に切り替える同校チャレンジ層に優しい施策だと考えた方がよいでしょう。

受験生開拓へ2月4日に適性検査型入試が増化

次いで中堅中位校の変化としてあげておきたいのが「2月4日の私立適性検査型入試日」の急浮上です。

2月3日が公立中高一貫校の統一入試日ですが、この倍率は7倍くらいになります。したがって当然不合格者が多く出るのですが、来年入試では翌2月4日に、中堅私立で名称は様々ですが適性検査型入試に踏みきる学校が目につきます。

新しいところでは、共立女子、品川女子学院などの女子校や、かえつ有明、芝浦工大柏などの新規参入が目につきます。

中学受験WATCHING

NAVIGATOR
森上 展安

もりがみ・のぶやす
森上教育研究所所長。
受験をキーワードに幅広く教育問題をあつかう。
保護者と受験のかかわりをサポートすべく「親のスキル研究会」主宰。
近著に『入りやすくてお得な学校』『中学受験図鑑』などがある。

各々の入試名称が異なるように入試内容もそれぞれです。共立女子は算数＋合教科型記述。かえつ有明は難問思考力。品川女子学院は表現力総合型。芝浦工大柏は記述型です。

さらに新しい入試スタイルにするのは宝仙学園理数インターで、従来も2月4日に適性検査型入試を行う最大の入試校でしたが、2日入試でも総合対応型入試に質的にＵＰして実施するとしています。

そこにみられる対応は、新しい大学入試（現在の中1から変更）制度で、合教科総合形式の入試が取り入れられる予定と言われるからです。

それは適性検査型と同じタイプの入試といってよく、当然公立一貫校入試と相性のよいテストですので2月4日にこうしたテストを用意することによって、公立一貫校受検生の併願先として、また一方では、従来の私立型入試での学力判定とは異なる入試を行うことによって、従来の受験層とは異なる受験生を迎え入れたい、ということもあるでしょう。

また、光塩女子学院は、より積極的に2月1日に国算＋総合テストで参入します。これに伴い、従来の2月3日入試では、総合問題（選択）は取りやめ4科のみにします。同校にとって従来はみられなかった果敢な攻めですね。光塩女子学院第1志望者はもちろんですが、ほかにみられる適性検査型入試同様、従来とは違った受験生が受けてくれるかもしれません。

大学入試の変化を先取りし グローバル対応入試広がる

次にあげたいのは、グローバル対応です。

昭和女子大附属昭和、大妻中野、大妻多摩、芝浦工大柏、明星などで新たにグローバル対応をうたった入試やクラスができます。スーパーグローバルハイスクール（ＳＧＨ）指定校に認定されている昭和女子大附属昭和は、留学を組み込んだ「グローバル留学コース」の入試が新設されます（2科4科選択入試、2月1日、2日各10名募集）。

教科内容では大妻中野が英語も入れた国算英での入試になります。また、山脇学園も2月1日、2日、4日の3回で国算英で英語特別入試を実施する、としています。川村は全入試日程で、国算英からの2科目選択で実施します。

大妻多摩は、国際生入試という名称で、帰国生入試とは別に2月1日に4科で実施します。

入試に英語を導入したものでは、広尾学園のインターナショナルイマージョンコースと、東京都市大付属のグローバル入試が多くの優秀な受験生を集めていますが、グローバル対応を正面に据えた入試は、今後も増加していくでしょう。

このほか細かな入試改革がありますが、大きな変化は以上の3つで、①上位校の入試回数の2回化、②私立適性検査型入試の拡大（今春30校が実施、来春は郁文館、小野学園女子、共栄学園、千葉明徳など40校が実施の勢いです）、③グローバル対応入試、です。

受験生にとって気がかりなのは、志望先の倍率だと思いますが、最難関校は難度維持、上位校は人気を集め倍率的には高値安定、中堅中位校は受けやすい、という入試状況――という構図は変わらないと思います。

ただ来年度入試は、見てきたように中堅中位校を中心に適性検査型入試やグローバル対応入試など目新しいものが多く、午後入試も含めて全体に2月1日、2日に集中するのが大勢です。その意味では学校も大きく変わろうとしている、という点で、これまでにない入試状況の変化も生まれるかもしれません。

大妻多摩という美意識

美しい自然環境の中、女性らしさと高い学力を育てる進学校

大妻多摩は、伝統の女子教育を活かし、社会貢献できる高い学力と品性を備えた美しい女性を育てます。

毎年ほとんどの生徒が大妻女子大学以外の難関大学へ受験で進学する、『進学校』です。

授業はもとより、学校行事やクラブ活動など、学校生活のあらゆる場面が学びの場です。

だからこそ、この美しい環境、素晴らしい友、先生との出会いが大切なのです。

豊かな緑と私学ならではの秀逸な施設を備える絶好の教育環境で、あなたも自分を磨いてみませんか。

■学校説明会（要上履 予約不要）

9/13（日） 12：30～13：45
アカデメイア棟完成披露説明会

10/ 9（金） 10：00～12：00
主に6年生対象

11/16（月） 10：00～12：00
主に5年生以下対象

■学校行事・入試イベント

文化祭 （要上履）

9/12（土） 10：00～16：00
9/13（日） 9：00～15：00

中学生活体験日 （要上履 ※HP から要予約）

11/ 3（火・祝）10：00～13：00頃

入試模擬体験 （要上履 ※HP から要予約）

11/23（月・祝） 9：00～12：00頃
6年生対象

最後の入試説明会 （要上履 ※HP から要予約）

1/ 6（水） 9：00～12：00頃
来校経験のない6年生対象

合唱祭 ※要電話予約

1/22（金） 11：45～16：20
於 パルテノン多摩

■入試日程

帰国生入試① 11/29(日)
作文、基礎計算力確認試験、面接

第1回 2/1(月) 4科目

帰国生入試② 2/1(月) 2科目と面接

国際生入試 2/1(月) 4科目

午後入試 2/1(月) 2科目
①3：30と② 3：50 開始

第2回 2/2(火) 4科目

第3回 2/4(木) 4科目

※学校見学は随時受付（要電話予約）

大妻多摩中学校

http://www.otsuma-tama.ed.jp/

〒206-8540 東京都多摩市唐木田2-7-1 TEL 042-372-9113／小田急多摩線唐木田駅下車 徒歩7分

学校案内

足立学園中学校・高等学校

東京都足立区千住旭町 40-24

JR・東武・東京メトロ・TX 各線
「北千住駅」から徒歩 1 分
京成線「関屋駅」から徒歩 7 分

品格あるたくましい男子の育成

足立学園中学校・高等学校

校舎地下にある広々とした自習室。自ら学ぶ姿勢が自然と身につきます。

「自ら学び 心ゆたかに たくましく」

１９２９年。東京下町の千住の地に、地域の熱望によって足立学園は創立されました。それから80年以上、地域の人々との温かいふれあいの中で、生徒たちはたくましく豊かな精神を育み、日々過ごしています。

足立学園中学校では、現役での難関大学の合格を目標とし、リーダーを育てる特別クラスと、学力を定着させ、希望進路の実現を目標とする一般クラスがあります。強歩大会や百人一首かるた大会、合唱コンクールなどの行事や部活動を通し、たくましく、豊かな心を育てます。

足立学園高等学校では、国公立・難関私大を目指す文理科と、それに準じた普通科があります。中学から進学してきた生徒の他に、高校受験で入学してくる生徒も併せ、現在は1学年9学級を編成しています。希望する進路の実現に向け、多種多様の少人数講座の他、進路説明会やＯＢ懇談会、大学見学ツアーなどのサポートも手厚く行っています。

男子校という環境に、はじめは戸惑う生徒も少なくありませんが、すぐに慣れ、気のおけない仲間と共に楽しく学園生活を満喫しています。また熱く、面倒見の良い教員が多いのも足立学園の特徴です。

連続東大合格と飛躍する実績

平成27年春の進学実績は東大1名・京大1名の他国公立27名、早慶上理54名、ＧＭＡＲＣＨ１５８名と大きく躍進し、過去最高の現役合格者９２４名となりました。足立学園が目指してきた「東大合格者をコンスタントに輩出」「90％の現役合格率」という目標を達成することができましたが、今後もこの状況を継続していくことが大切だと考えています。

社会に求められる人材の育成

足立学園では「自ら学ぶ力」をさらに育成するために、ＩＣＴ教育・アクティブラーニングやグローバル教育といった分野にも取り組みを始めています。タブレットや電子黒板を使った授業を今年から一部で始めます。ネイティブとの2人制授業や英会話、希望者によるイギリスラグビースクールで海外語学研修に取り組んできました。技術の授業では企業インターンに取り組み、フィールドワークやプレゼンテーションを行っています。足立学園はこれからも主体的に学ぶことのできる生徒、「品格あるたくましい男子」を育成していきます。

学校説明会情報

○中学校説明会
9月12日(土)、10月17日(土)
12月12日(土)

●高校説明会
9月12日(土)、10月17日(土)
11月21日(土)、12月5日(土)

■学園祭 9月26日(土)・27日(日)

※予約が必要なものもございますので学園ホームページにてご確認ください。

開智中学校

自ら考え、学び、創る 開智の授業
先端クラス１期生の躍進!!

「学びあい」「協働学習」の授業を展開し、既習の知識を活かしながら主体的に学ぶ先端クラスは、今年7年目を迎えました。先端クラス1期生（13期生）は、今春の大学入試において、東京大学10名（現役10名）、国公立医学部12名（現役9名）、早慶１８３名（現役１７０名）など、例年にもまして優れた進学実績を残しました。

開智の教育理念である「心豊かな創造型・発信型の国際的リーダーを育成」の柱は、良質な授業にあります。今回は、先端クラスの英語と数学の授業の様子と生徒たちの自主的な取組みについてご紹介します。

英語で伝える、発信する力の育成

中学1年生の英語の授業を見学しました。縦1列全員の生徒が立って、先生の質問を待ち構えています。「How is the weather?」の先生の問いに「はい」と沢山の手があがります。正解した生徒はうれしそうに着席します。次はどんな質問がくるのかとわくわくした様子です。これは授業の最初に行うラインゲームというウォームアップ。担当の熊谷先生は、「英語を声に出すことや音読を大切にしています。教科書の文字を自分の体験にできるよう、文脈も大切にしています」と言います。ウォームアップが終わったところで、さまざまな国の人の写真がプロジェクターで映しだされると、生徒たちは興味津々の様子。写真の一人をさして、熊谷先生は「This is my friend.」と言いました。中学の最初に習う「This is a boy.」では、実際の状況が見えてきません。写真を通して生徒たちは「This is ～」「He is～」「She is～」と言ったフレーズを次々と自分の体験として習得していきました。

次に英会話の授業を見学すると、ネイティブの先生がさまざまなアニメのキャラクターが描かれたシートを配っています。シートにはキャラクターを表す英文が書かれており、次にキャラクターの描かれたカードが各自に配られました。相手を探しジャンケンに勝った方が質問し相手のキャラクターを当てられたら1点ゲット。生徒たちは夢中になって取り組んでいます。そこには生徒たちが主体的に自分のものとして生きた英語を身につける工夫がありました。

イメージする数学、言葉で語る数学

中学1年生の幾何の授業です。「平面の決定条件には何があったか」という久

≪学校説明会・行事日程≫

	日　程	時　間	バス運行（東岩槻駅北口より）
学校説明会	10/17(土)	13:30～15:00	往路12:45～13:45 復路15:00～16:10
	11/21(土)	10:00～11:30	往路 9:15～10:15 復路11:40～12:40

その他(公開行事等)	日　程	時　間	バス運行
開智発表会 （文化祭）	9/12(土) 9/13(日)	9:30～15:00 13日はミニ説明会同時開催 10:00～、11:30～、13:00～	東岩槻駅北口より バスが運行されます。
入試問題 説明会	12/ 5(土)	14:00～15:30 （入試問題説明） 15:30～16:10 （教育内容説明）	

すべての説明会、行事に予約は必要ありません。なるべく上履きをご持参ください。

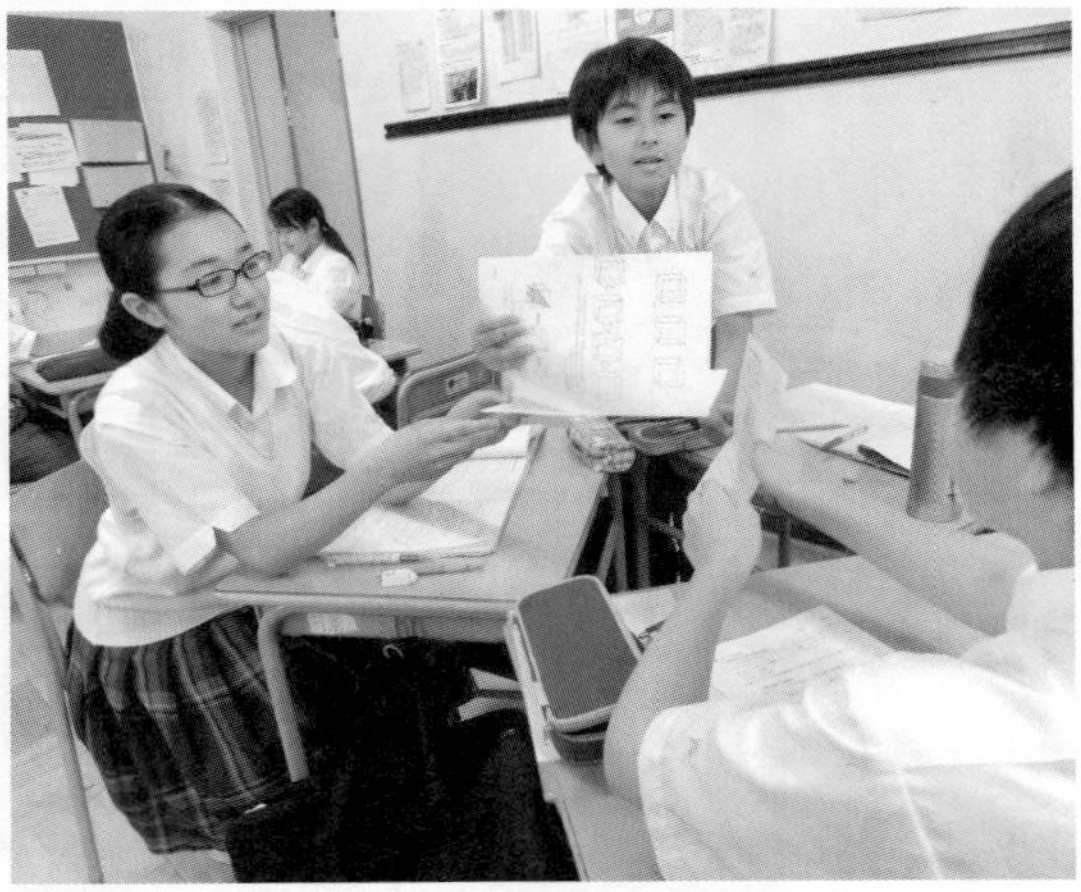

富先生の問いに、教室のあちらこちらから「平面」「一つの直線上にない」「ねじれる」「平行2直線」といった声が聞こえ、先生は生徒たちから出てきた言葉を全て黒板に書き出しながら、コメントしました。さらに、教室の隅にあった傘を直線に、教卓を平面に見立てて実際にその形を作ってみせました。「空間図形のイメージを持たせるために身近なものを使います」と担当の久富先生。また、昨年、卒業生を出し「自分が納得いくまで質問したり、議論したりすることが高い学力を身につけることにつながる」ことを実感したそうです。「粘り強い思考が高学年になるほど大切になっていきます。数式を覚えればいいという発想では、覚えられないどころか身につかない」と言います。

グループ学習について聞くと、「2人1組で計算の答え合わせをしますが、ミスをしがちな難しい問題では4人1組で互いの意見が合致するまで答え合わせをします。私が答えを言う必要がないほど、真剣に議論します」また、「数式を並べるだけでなく、的確な言葉を用いて思考過程を表現することが大切だと考えます。数値を求める問いだけでなく、『説明をせよ』という問いをよくします」と話していました。

生徒たちの自主的な取組みにつながる進路指導

入学するとすぐに今までの人との関わり、将来の夢や希望を中心に「自分史」を作成し、精神的な基盤を作成します。続いて将来の生き方や夢を育て、社会で活躍している人の話を聞くことで自分を見つめる機会にします。学部学科研究や、社会人となった卒業生との座談会、先輩の合格体験を聞くことを経て、自分を知り社会を知り自立して生きる進路を模索していきます。

高校2年の10月からの放課後2時間、担当教師による特別講座を各教科開講し、生徒たちは自分の希望やレベルに合わせて、自分なりのカリキュラムを組み受講します。開講してすぐは勢い込んで1週間全ての講座を受講しますが、次第に自分なりのバランスを考えて受講の時間割を自ら組み立てられるようになります。また、高校3年の授業でも、必修科目は週34コマのうち22コマに絞り、他の12時間は志望する大学入試に必要な科目を自らが選択します。従って、空きの時間を独習にあてて取り組む生徒も数多くいます。このように、受験勉強であっても、自ら考え、自主的に取り組む姿勢が自然と身についていきます。

<2015年 大学合格者数　13期生313名>

国立大学			
東京	10	筑波	17
京都	1	北海道	1
東京工業	10	東北	3
一橋	2	お茶の水	3

私立大学	
早稲田	126
慶応	57
上智	38
東京理科	117

国公立大学／計	93
国公立医学部医学科	12

大学入試で終わらない人材の育成

これらのことからもわかるとおり、開智では中学1年生から「自ら考え、学び、創り、発信する」姿勢が授業を通して培われていきます。

今春、東京大学総長賞を受賞した本校の5期生である江崎さん、9期生の豊田さんも口をそろえて、開智の「質の高い授業」、「受験のときでさえも自ら考える力をつけてくれる先生方」そして何より「一緒に切磋琢磨した仲間の存在」が今の自分の基盤となっていると言います。

開智の教育は大学入試で終わらず、将来社会に出てから活躍する人材を育てる教育として、より一層の進化を遂げています。

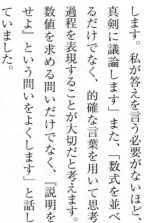

開智日本橋学園中学校【共学】

6年あるから夢じゃない!! ハーバード、ケンブリッジ、MIT、東大、京大、早慶…

今年4月に、新しい共学校としてスタートした開智日本橋学園中学校。探究型の授業、フィールドワーク等の探究学習を通じて、21世紀型能力を備えた人材の育成に取り組む開智日本橋学園の教育について、校長の一円尚先生に伺いました。

開智日本橋学園中学校の教育理念

【Q】まず開智日本橋学園の教育理念について教えてください。

【一円先生】本校のミッションは「平和で豊かな国際社会の実現に貢献するリーダーの育成」です。これからの変化に富んだ社会で活躍するには、言われたことをこなすだけではなく、自分で課題を見つけ、解決し、新しいことを創造する力が必要不可欠です。本校では、生徒自らが学ぶ「探究型の授業」や「フィールドワーク」などを通じて、世界が求める創造力、探究力、発信力を持った人材の育成を目指しています。さらに、学校生活のいたるところで、自らが判断し自分の責任で行動することを生徒に求めています。単に指示を待つのではなく、主体的、能動的に行動する、というのが本校の教育目標の1つです。

また、リーダーであるためには、スキルの面で優れていることはもちろん、信念を持って何事にも挑戦していく強い意思や、他のメンバーを思いやり、他者のために行動できる温かい心なども大切な資質です。本校の生徒には、学校行事やその他自主的な活動等に自分の意思で積極的にチャレンジすることで、成功したときの感動、喜び、そして失敗したときの悔しさ、そこから学べる教訓等々を数多く味わってほしいと思っています。それらを積み重ねることで、人として大きく成長し、他者を理解できる心の広い人間に育ってもらえればと願っています。

開智日本橋学園中学校の授業の特徴

【Q】「探究型の授業」というのはどのようなものですか。

【一円先生】本校の授業では、生徒が主体になって学ぶ「探究型の授業」が大きな特徴といえます。よく行われている教師による一方通行の講義形式の授業では、生徒は受身になって学ぶことしかできません。

《学校説明会・行事日程》

	日　程	時　間
学校説明会	9/12(土)	14:00～※
	9/26(土)	10:00～
	10/24(土)	10:00～ 14:00～※
	11/6(金)	18:00～
	11/22(日)	10:00～※
	12/5(土)	10:00～
	12/20(日)	10:00～
文化祭(女学館祭)	10/10(土)	10:00～
	10/11(日)	

※は授業体験会あり

《入試日程》

日　程	時　間	試　験　科　目
2/1(月)	AM	2科4科選択
2/1(月)	AM	適性検査Ⅰ･Ⅱ
2/1(月)	PM	特待4科(国算社理)
2/1(月)	PM	適性検査Ⅰ･Ⅱ
2/2(火)	PM	2科4科選択
2/3(水)	PM	国算+英理社から1科目
2/4(木)	AM	国算+英理社から1科目

探究型の授業では、まず教師が疑問を投げかけ、それについて生徒が様々な角度から考え、調べ、友だちと議論し合い、解決していきます。教師は、その過程で適切な質問を投げかけたり、アドバイスをしたりして、生徒たちの思考がうまく進むようにリードしていきます。つまり、教師に教えられるのではなく生徒自らが学ぶのが「探究型の授業」の特徴です。

「探究型の授業」では論理的、批判的にものごとを考える力や、課題を発見したり、問題を解決したりといった能力、さらにはコミュニケーション能力などを効果的に引き出すことができます。また、生徒自らが学んでいく形で行われる授業であるため、生徒の学習意欲が非常に高くなります。

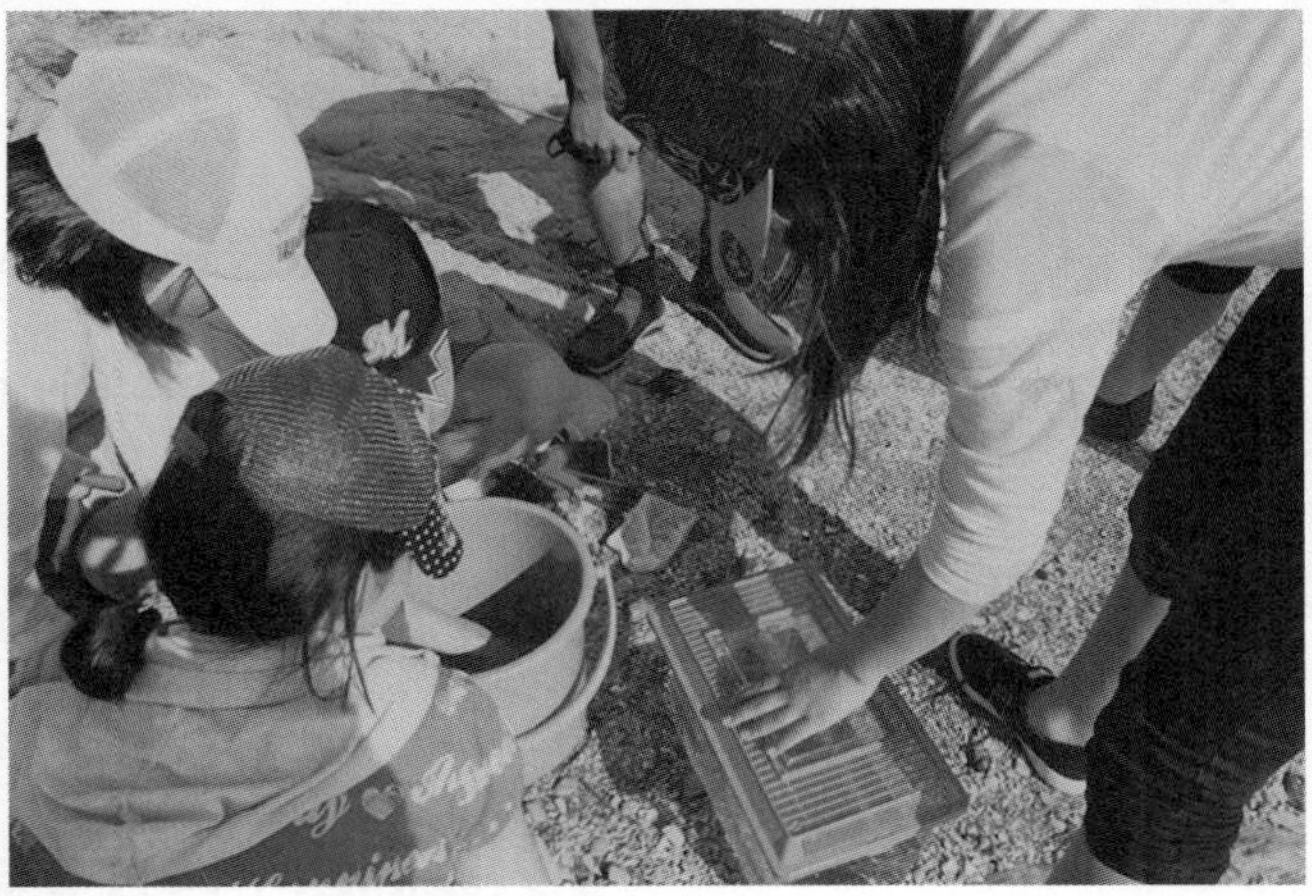

「探究型の授業」で生徒自らが考えていく際には、その前提となる最低限の知識が必要になります。従って、開智日本橋学園では知識を習得し、それを小テスト等で繰り返し学習することで定着させる授業も非常に重要視しています。このような習得型の授業と、自ら考える探究型の授業をバランスよく行うことで、生徒たちは自然に思考力を身につけていくことができます。

また、論理的な思考の仕方や、議論を行う際のスキルなども丁寧に教えていきます。開智日本橋学園には「哲学対話」という授業があります。これは「幸せとは何か」のような答えのない問いについて、みんなで様々な観点から議論し合う、という授業です。ものごとを論理的に深く考える能力を磨き、自分と意見の違う人と理性的に議論する技術を習得することを主なねらいにしています。

このように必要な知識やスキルを身につけながら、少しずつ自ら進んで考え、人と議論できるよう丁寧に導いていくので、はじめは人とコミュニケーションをとるのが苦手な生徒でも、すぐにまわりと活発に意見交換できるようになります。

探究テーマ・フィールドワーク

【Q】開智日本橋学園のその他の特徴ある教育について教えてください。

【一円先生】いろいろありますが、特に「探究テーマ・フィールドワーク」は本学園独自の取り組みなのでそれについてご紹介します。

ある事柄について疑問を持ち、それに対して仮説を立て、実験や観察などを通して検証し、最後にプレゼンテーションを行う、というのがこの学習の基本的な流れです。これを約1年かけて行ったり、現地へ出かけていって行う「フィールドワーク」として行ったりします。

フィールドワークでは、1、2年生は「磯のフィールドワーク」、「森のフィールドワーク」として自然を対象とした探究を行い、3年生では人文、社会学系にテーマを広げ、探究先を生徒たちに決めさせようと考えています。4年生では個人探究として、自分で選んだテーマに関係する東京近辺の訪問先に、自分でアポを取って出かけて探究を行うという実践的な活動を行います。そして仕上げの5年生では、外国で現地の学生に探究結果を英語でプレゼンテーションし、英語でディスカッションをする活動を計画しています。

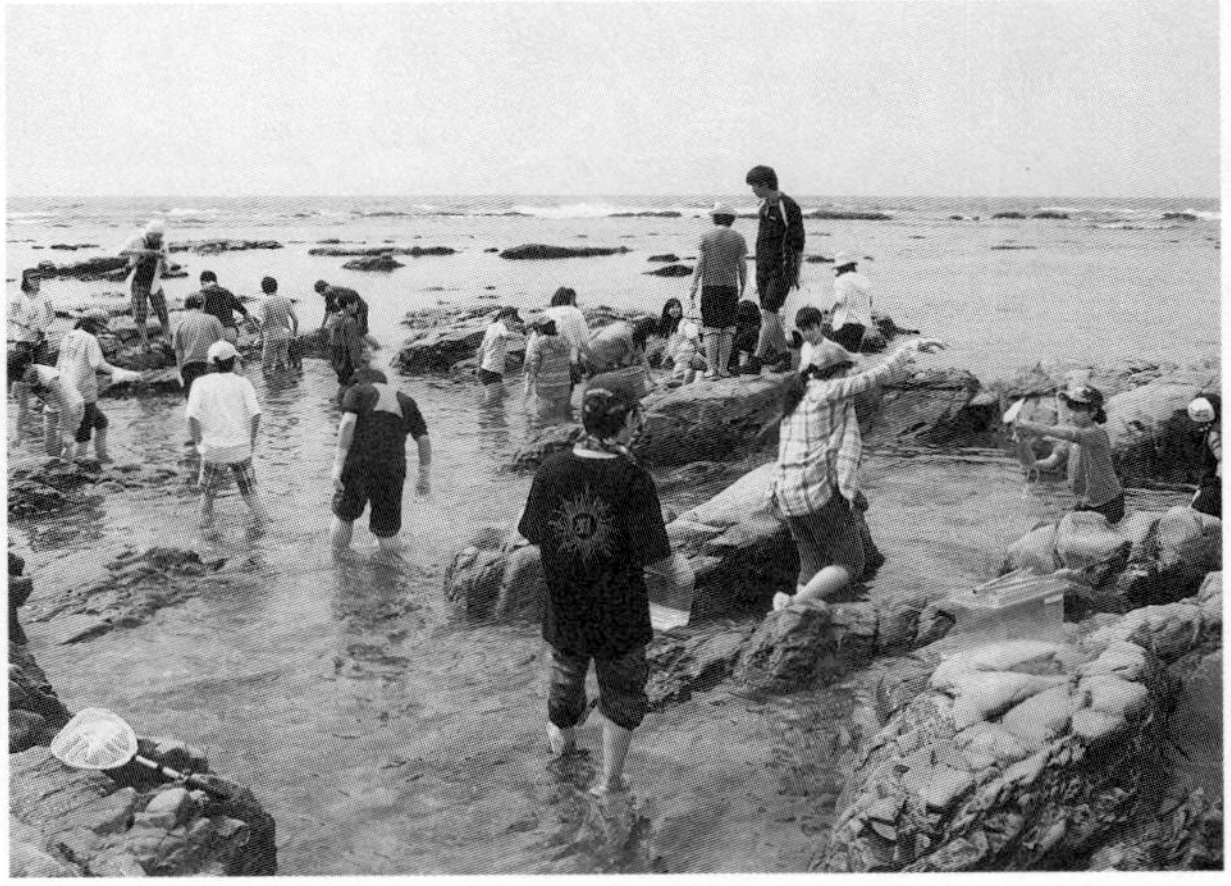

これらの探究学習では、疑問や課題を見つける力、論理的思考力、表現力、コミュニケーション能力など、21世紀型能力といわれる様々な力を磨いていくことができます。

「探究型の授業」と「探究テーマ・フィールドワーク」は開智日本橋学園の教育の大きな柱であり、それらを通じて、徹底的にものごとを考えようとする生徒を育成し、将来の大学進学につなげていこうと考えています。

開智日本橋学園中学校

〒103-8384　東京都中央区日本橋馬喰町２－７－６
TEL　03-3662-2507
http://www.kng.ed.jp

<アクセス>
JR総武線・都営浅草線「浅草橋駅」徒歩3分
JR総武快速線「馬喰町駅」徒歩5分
都営新宿線「馬喰横山駅」徒歩7分

NEWS2015

公職選挙法の改正

国会議員や地方議員などを選挙で選ぶことのできる年齢を定めた公職選挙法が６月に70年ぶりに改正され、これまでの20歳以上から18歳以上に引き下げられました。１年後から実施される予定で、来年夏に予定されている参議院選挙では、18歳や19歳の人が投票に行けることになります。

かつて選挙ができる年齢は、今より年上でした。初めて国会議員の選挙が行われた1889年（明治22年）は、年間15円以上の直接国税を納めている25歳以上の男性だけに選挙権が与えられていました。この時、選挙権を与えられたのは全ての国民の20％強に過ぎませんでした。納税額は1900年（明治33年）には10円に、1919年（大正８年）には３円に引き下げられましたが、国民からは納税額に関係なく選挙ができる普通選挙の実施を求める声が高まりました。

選挙権年齢を「18歳以上」に引き下げる改正公職選挙法を全会一致で可決、成立させた参院本会議（2015年6月17日午前、東京・国会内）写真：時事

このため、政府は1925年（大正14年）に、納税額に関係なく、全ての25歳以上の男性に選挙権を与える普通選挙の実施に踏み切りました。しかし、女性の選挙権は認められませんでした。

第二次世界大戦後の1945年（昭和20年）、日本を占領していた連合国軍総司令部（GHQ）の命令で、20歳以上の全ての男女に納税額に関係なく選挙権が与えられることになりました。その制度が現在まで続いているわけです。

20歳以上の全ての男女に選挙権が与えられたわけですが、年々、投票率が下がるようになりました。1966年（昭和41年）の衆議院選挙では72％もあった投票率が、昨年12月の衆議院選挙では52％にまで落ち込みました。

特に若者の選挙離れが激しく、20代でみると、1966年の選挙での投票率は67％でしたが、昨年の選挙では33％にまで下がっています。20代の若者の実に３人にふたりは投票に行っていないのです。

投票率が年々下がっていることから、政府は期日前投票をしやすい制度に改革したり、投票時間の延長などの措置をとりましたが、投票率の改善にはいたっていません。

こうしたことから、若者に選挙への関心を持ってもらおうと、選挙年齢の引き下げに踏み切ったわけです。この結果、国会だけでなく地方議員、最高裁判所裁判官の国民審査などもできるようになります。

一方で問題もあります。18歳というと高校３年生が達する年齢なので、高校生でありながら選挙に行くことが可能になります。ですが、18歳で、選挙をするだけの考えを持つことができるのか、といったことや、犯罪などをした場合、20歳未満は名前を伏せるなどの少年法の適用を受けますが、それとの兼ねあい、さらには20歳から認められている飲酒、喫煙の問題など、これから検討されていくことになります。

入試問題なら　こう　出題される

入試によく出る時事ワード

基本問題

2015年６月、公職選挙法が改正されて［①　　　］権が、これまでの［②　　］歳以上から［③　　］歳以上に引き下げられました。１年後から実施される予定で、来年夏に予定されている参議院選挙では、これまでは［①　　　］権を持たなかった18歳や19歳の人が投票に行けることになります。

議員を選挙で選ぶことができる権利を［①　　　］権と言います。逆に選んでもらうことができる権利、選挙に立候補することができる資格のことを［④　　　］権と言います。

日本で初めて国会議員を選ぶ選挙が行われたのは［⑤　　　］年です。この時の選挙権は年間15円以上の直接国税を納めている［⑥　　］歳以上の男性のみに与えられていました。

日本で、女性に選挙権が与えられたのは［⑦　　　］年で、この時、［②　　］歳以上の全ての男女に選挙権が与えられました。

［①　　　］権の年齢引き下げは、国会議員選挙だけでなく、地方議員、最高裁判所裁判官の［⑧　　　］にも適用されます。

発展問題

日本の［④　　　］権は、日本国籍を持つ者で選挙当日の年齢が衆議院議員、地方議会議員、市町村長に立候補するには満［⑥　　］歳以上、参議院議員と都道府県知事に立候補する場合は満［⑨　　］歳以上であることが必要です。

基本問題　解答

①選挙　②20　③18　④被選挙　⑤1889 または 明治22　⑥25
⑦1945 または 昭和20　⑧国民審査

発展問題　解答

⑨30

かえつ有明中学校

KAETSU ARIAKE Junior High School

答えのない問いに答える力
世界の人々と協働できるグローバル力を
「かえつ有明」で身につける

2013年（平成25年）から、中学入学生は、男女の発達段階の違いを鑑みた「授業は別学」制を取り入れたかえつ有明中学校。これからの社会で必要とされるのはどんな能力なのかを考え続けているかえつ有明中学校の学習プログラムをご紹介します。

SCHOOL INFORMATION

住　所 ■東京都江東区東雲2-16-1
電　話 ■03-5564-2161
アドレス ■http://www.ariake.kaetsu.ac.jp/
アクセス ■りんかい線「東雲駅」徒歩８分

学校説明会（一般生対象）
10月17日（土）14:30～16:30
11月 4日（水）10:00～11:30
11月22日（日）10:00～11:30
12月20日（日）10:00～11:30
1月16日（土）10:00～11:30
1月27日（水）10:00～11:30

学校説明会（帰国生対象）
10月17日（土）10:00～11:30
11月 7日（土）14:00～15:30

文化フェスタ
9月19日（土）10:00～14:00
9月20日（日）10:00～14:00

入試体験※要予約
12月12日（土） 8:30～11:00

論理的思考力を養う 独自教科「サイエンス」

「東京大の帰国生入試では、自分なりの答えをその場で見つけて解答していかなければならないような問題が出題されています。外国で学んできた生徒は、そうした問題に対応できると考えられているのです。

21世紀型教育というのは、まさに、確たる答えはないけれど、なんとかしなければいけない、そういった状況で力を発揮できる人を育てる教育だと思います」と話される石川一郎校長先生。

かえつ有明中学校（以下、かえつ有明）では、「未知の世界を生きるための『考え方の基本』を身に付けること」、「子供たちの個性を活かし、多様化する社会で共生できるマインドを育成すること」という2つの視点で、未来に生きる子どもたちのための「21世紀型教育」を行っています。大きな柱となるのが、「論理的思考力」と「国際教養」です。

1つ目の論理的思考力を身につけるために行われているのが独自教科の「サイエンス」です。

石川校長先生は、論理的思考力の必要性について、「いまの世の中には、あり余る情報があります。しかし、そこで得た情報や意見をどう整理するかという知識の活用力や編集力は、これまでの学校教育ではあまり問われてきませんでした。『サイエンス』をとおして論理的思考力を養うことで、得た知識をもとに『思考する』ということができるようになってきます」と説明されます。

かえつ有明のサイエンスにおいて、ベースになるのが「クリティカル・シンキング」（批判的思考力）です。多くの情報のなかから、その情報は事実なのか、それともだれかの意見なのかを考え、正確にとらえることができる力のことで、欧米の学校教育では母語教育において、積極的に養われている力の1つです。

サイエンスの時間を通して、まずはクリティカル・シンキングを行うために必要なスキルトレーニングを実践していきます。

あるテーマについて、情報を集め、それを正しく整理したあと、グループのなかで、お互いの意見・答えを出し合い、まとめていきます。グループ内での意見から最適だと思うものを集約し、最後に発表する、というのが基本的な流れです。

大切なのは、最後に出す答えでは

ありません。そこに至る過程です。話し合いの中で、自分が考えた意見や答えを周りの人に説明し、納得してもらったり、相手の話を聞くことで、よりよい意見を生み出していくことに重点を置くからこそ、クリティカル・シンキングを養うことができるのです。

また、グローバル社会においては、ある物事に対して、自分が理解しているだけではなく、相手にも理解してもらうことが重要になります。サイエンスの授業におけるたび重なる話しあいで、相互理解の大切さも学ぶことができます。

サイエンス

論理的思考力を培うための助けとなる施設面も充実しています。

情報センターの「ドルフィン」は、従来の図書館を超えた「知的情報空間」の役割を果たす図書館と、情報収集や分析の仕方を学ぶIT授業を行うPCルームが一緒になっています。自由自在にレイアウトできる机とイスが置いてあり、共同作業に使いやすいKALC（かえつアクティブラーニングクラスルーム）も、特徴的な施設の1つです。

ケンブリッジ研修

サイエンスの授業でスキルを学び、その他の教科でも、授業や定期試験で日常的に論理的思考力が問われる場面をつくることで、かえつ有明生はグングンと論理的思考力を伸ばしていくことができるのです。

世界の人々と協働できる国際教養を身につける

もう1つの柱となる国際教養は、論理的思考力を駆使して、世界の人々とコミュニケーションをはかり、「協働」できる人になるために欠かせないものです。

中1から高3まで、段階的に無理・ムダのない語学プログラムを積み重ねることで英語力を養成し、体系づけられた語学研修プログラムで異文化理解を深めます。

なかでも特徴的なのが高1次のイギリスでのケンブリッジ研修です。高1次から設定されるコース「新クラス」では、2週間の「学ぶことを学ぶ」研修を行います。その舞台となるのは学校法人嘉悦学園がケンブリッジ大学内に持つ嘉悦ケンブリッジ教育センターです。

センターでのディスカッションやプレゼン、フィールドでの体験、ホームステイ先でのホストファミリーとの交流を通して、英語を学び、英語を使うことを通しながら、ものを知ることの楽しさ・素晴らしさを味わいます。学ばなければいけないから学びたいへと生徒の意識が変化していきます。

さらに、他校と比べてかえつ有明の特色と言えるのが帰国生の多さです。「現在、本校には帰国生が17％程度在籍しています。中1に至っては5人に1人ぐらいでしょうか。いろいろな国で育ってきた生徒がいますから、多様性を感じられる学校になってきています」と石川校長先生は話されます。様々なバックグラウンドを持つ生徒が集うことで、それぞれの違いを認められる環境があります。

中学からの入学者には、男女の発達段階の違いに応じてよりよい教育を行うために、「共学だけど、授業は別学」というスタイルをとっているかえつ有明中学校。生徒それぞれに合った教育カリキュラムのもとで、これからのグローバル社会に対応した能力を培うことができる学校です。

共立女子第二中学校

The Second Kyoritsu Girls' Junior High School

～伝統と改革～
自立した女性の育成を
目指す共立第二の進化

大学施設を中・高の校舎としてリニューアルし、2011年1月に新校舎に移転した共立女子第二中学校高等学校。豊かな自然に囲まれた広大な敷地、そして生活空間としても快適に過ごせるよう設計された校舎で、生徒たちは落ち着いて勉強に取り組んでいます。また、先取り学習導入を中心に据えた「教育制度改革」も順調に進んでおり、進学校としての機能を強化しつつ、のびやかでしなやかな女性の育成を目指す教育をさらに進化させています。

豊かな自然と充実の施設
居心地のよさが最大の特徴

共立女子第二中学校高等学校は、誠実・勤勉・友愛という校訓の下、高い知性・教養と技能を備え、品位高く人間性豊かな女性の育成に取り組んでいます。豊かな自然や充実した施設を背景に、伸び伸びとした教育を展開しています。

2011年より利用が開始された新校舎の中心となる1号館には、各階に「オープンスペース」（全4室）が設けられています。コンセプトは「個々の居場所をさまざまなスタイルで共有するスペース」。勉強中心の教室とは別の空間をつくることで、生徒にとって家庭のように居心地のよい場所を提供したいという思いが込められています。生徒の多くがこのスペースを使って、休み時間に読書をしたり、自習したりしています。皆が思い思いのスタイルで活用できる嬉しいスペースです。また、教師とのコミュニケーションの場ともなっており、積極的に質問をする生徒も増えました。

この1号館などいくつかの校舎に囲まれた、バラ園も広がる美しい中庭。ブラウジングコーナー、文芸図書コーナー、学習閲覧室など、多彩な顔を持つ広い図書館。さらに自習室やランチコーナーなども新たに設置され、生徒一人ひとり、いつもどこかに居場所がある、そんな居心地のよいキャンパスとなっています。

先取り学習導入による
進学指導の強化にも注力

学校で6年間を通して行われる進路指導は、「針路プログラム」と呼ばれています。中学1年次から段階を踏み、長期的な展望の下、将来への意識を高めています。教科とも連携しながら、それぞれの学年で必要な指導を行い、総合的なキャリア教育を実践しています。

より付加価値の高い「進学校」を目指して、大規模な教育制度改革にも取り組

八王子キャンパスの全景

んでいます。2009年度からは、中学3年、高校1年にAPクラス（Advanced Placement Class）を導入し、難関大学進学を視野に入れて深化・発展した授業を行っています。

さらに2011年度からはカリキュラムの改定も実施。中3の1学期までに中学過程を終了し、2学期から高校課程に入る先取り学習を、主要5教科すべてで開始しました。中学3年の夏休みを「中学課程全体の振り返り・確認の期間」と位置づけ、確かな基礎学力の定着を図っています。また、無理なく先取り学習を推進できるように主要5教科の単位増を行い、行事も見直すなど、年間授業日数の増加にも取り組んでいます。

APクラスが導入されて最初の卒業生を出すこととなった今年の大学入試では、主要大学への合格者数を著しく伸ばすことができました。国公立・早慶上理、およびMARCHといった大学の伸びが顕著です。生徒の頑張りはもちろんですが、教育制度の改革が形となって表れてきたことを感じます。また共立女子第二の現役進学率ですが、こちらもたいへん高く、例年約95％となっています。

適性検査受験・給付奨学金制度 ～魅力的な入試制度

一般的な2科・4科試験に加えて、中高一貫校と同様の適性検査型入試も実施しています。午後入試は時間差を設けてスタート時間を選べるようになっており、受験しやすい体制を整えています。

また、入試の合計得点率により入学金や授業料等を免除する「給付奨学金制度」も設けています。S奨学生では、授業料や施設設備費を3年間免除します。適性検査型入試でもこの制度は導入されています。

■主な外部大学合格実績（現役生のみ）の推移

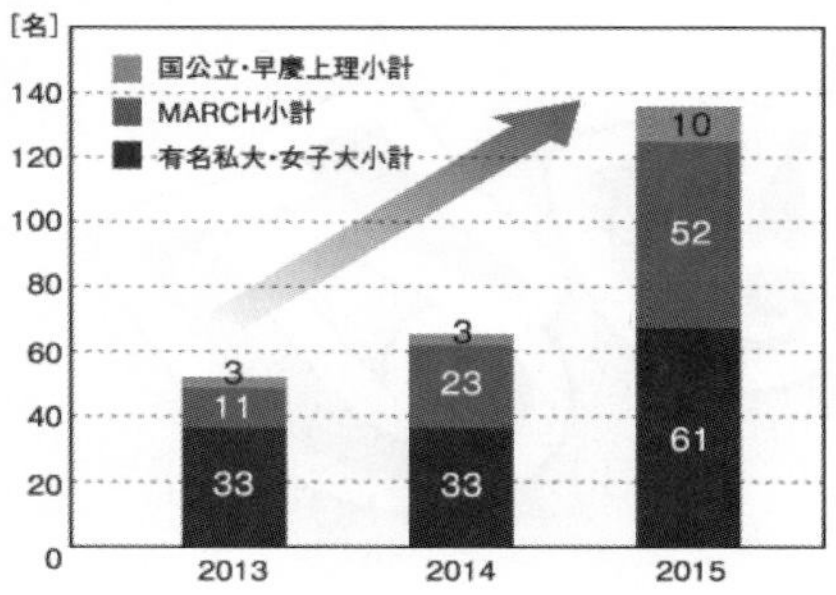

■平成28年度　募集要項

	海外帰国生	1回AM	1回PM	英語特別選抜（PM）	適性検査型（PM）	2回AM	2回PM
募集人員	定めず	50名	40名	若干名	20名	30名	20名
入学試験日	1月9日（土）9:00	2月1日（月）9:00	2月1日（月） Ⅰ.15:00　Ⅱ.16:00	2月1日（月）15:00	2月1日（月）15:0	2月2日（火）9:00	2月2日（火） Ⅰ.15:00　Ⅱ.16:00
入学試験	【学力試験】 2科（国語・算数） 【面接】 （日本語・受験生のみ）	【学力試験】 2科（国語・算数） または 4科（国語・算数・理科・社会）	【学力試験】 2科（国語・算数）	【学力試験】 2科（英語・作文） 【英会話面接】	【学力試験】 適性検査Ⅰ （国語） 適性検査Ⅱ （算数・理科・社会）	【学力試験】 2科（国語・算数） または 4科（国語・算数・理科・社会）	【学力試験】 2科（国語・算数）
合格発表	1月9日（土）16:00	2月1日（月）17:00	2月1日（月）21:00 予定	2月1日（月）21:00 予定	2月2日（火）　17:00	2月2日（火）17:00	2月2日（火）21:00 予定
合格手続締切	2月5日（金）16:00	2月5日（金）16:00	2月5日（金）16:00	2月5日（金）16:00	2月10日（水）16:00	2月5日（金）16:00	2月5日（金）16:00

共立女子第二中学校

〒193-8666　東京都八王子市元八王子町1-710
TEL：042-661-9952　FAX：042-661-9953
e-mail.k2kouhou@kyoritsu-wu.ac.jp

【アクセス】
※ JR中央線・横浜線・八高線「八王子駅」南口よりスクールバスで約20分
※ JR中央線・京王線「高尾駅」より徒歩5分の学園バスターミナルよりスクールバスで約10分

☆白亜祭（文化祭）
9月12日（土）・9月13日（日）※ミニ説明会10:00/13:00

☆説明会
9月28日（月）18:00 ～ナイト説明会①［要予約］
10月10日（土）14:00 ～入試問題解説会①
10月30日（金）18:00 ～ナイト説明会②［要予約］
11月 7日（土）14:00 ～入試問題解説会②
12月 5日（土）14:00 ～入試問題解説会③
12月19日（土）14:00 ～適性検査型入試のための説明会
1月16日（土）11:00 ～

☆入試体験
12月20日（日）9:30～［要予約］

＼ 親子でやってみよう ／

科学マジック

世界で一番小さな電車

今回はお父さん、お母さんと一緒に、とても不思議な「世界で一番小さな電車」をつくりましょう。電池と磁石でつくった電車が走り出したとき、思わず「ワッ」と声が出ますよ。

1 用意するもの

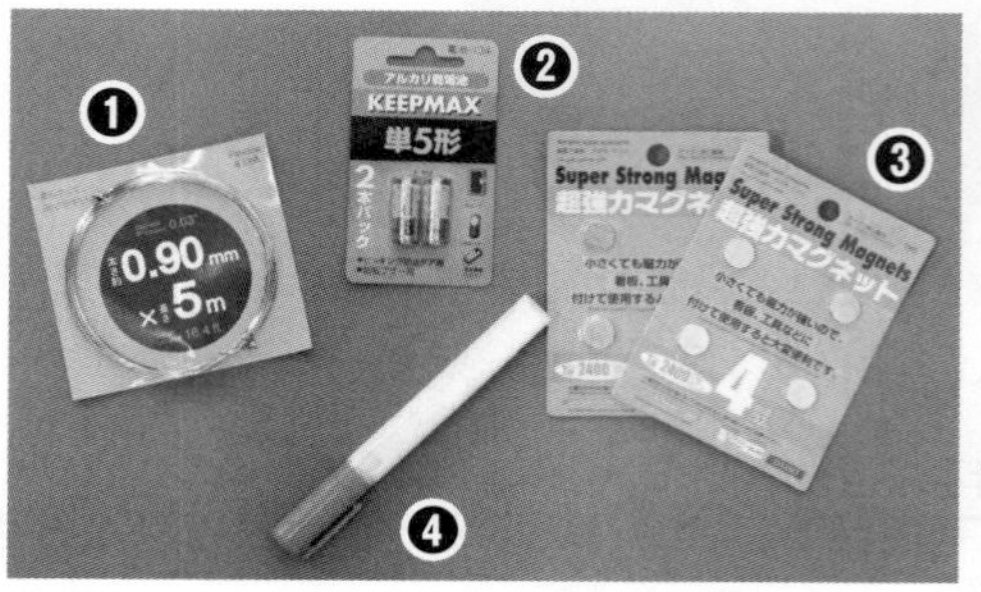

①銅線（太さ0・9㎜、長さは5m以上） ②電池（単5） ③ネオジム磁石13㎜径を6個 ④サインペン

2 コイルをつくる

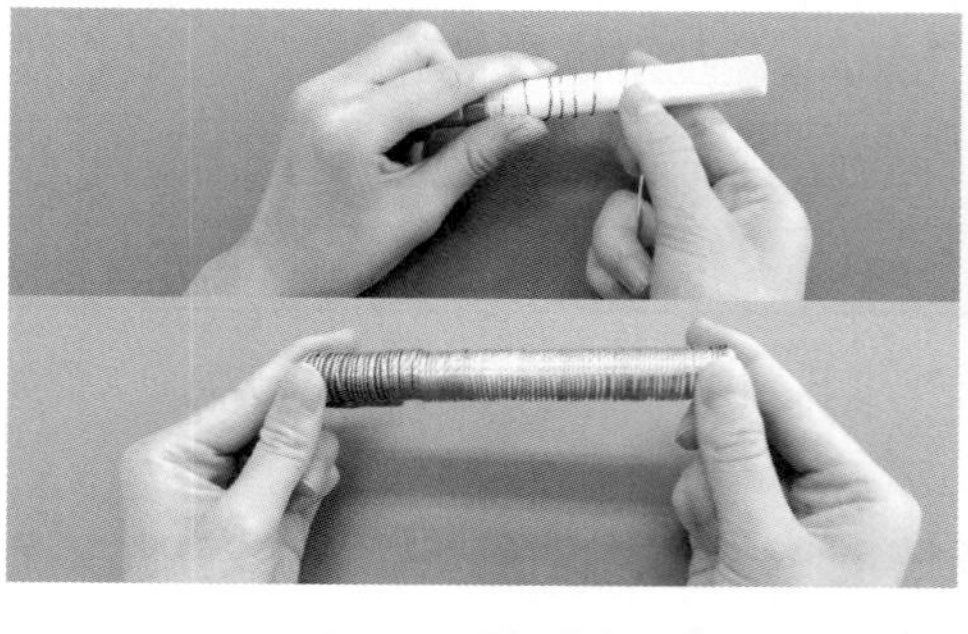

銅線をサインペンに巻きつけてコイルをつくります。ペンの方を回すとうまくつくることができます。

3 コイルをテーブルに置く

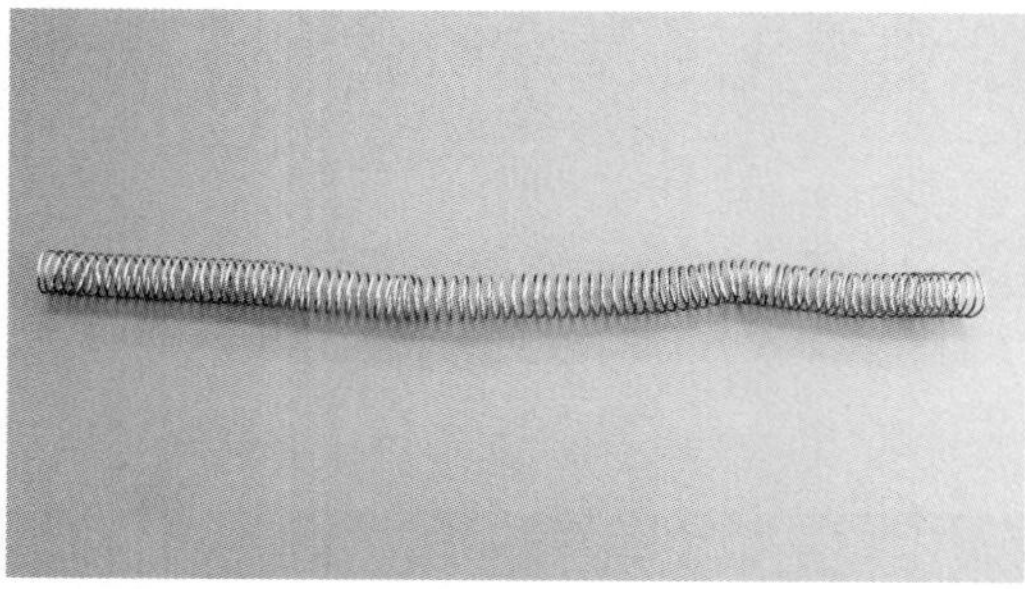

サインペンに巻きつけた銅線をはずし、そのコイルをテーブルに置きます。

4 電池に磁石をくっつける

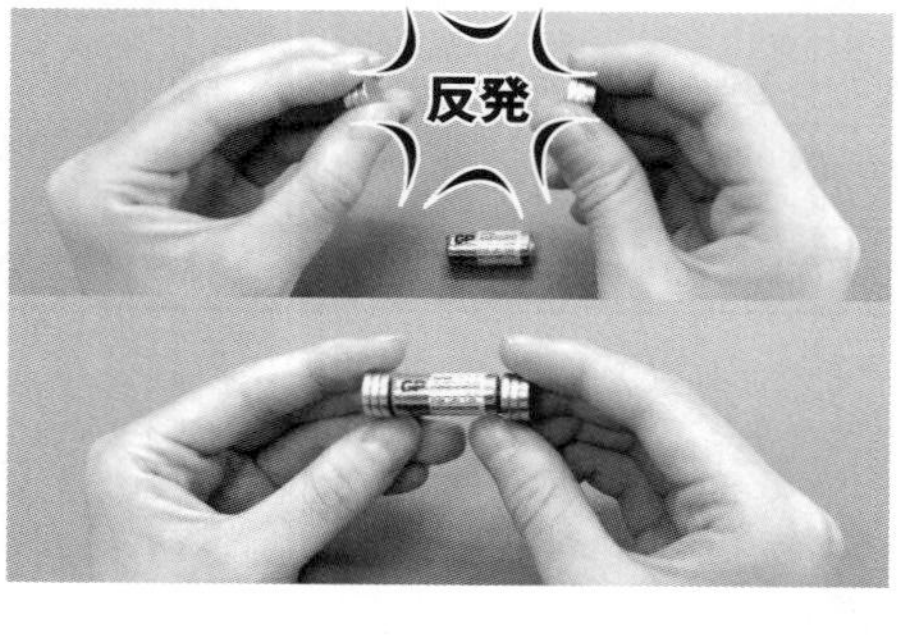

ネオジム磁石を3個ずつ両手に持ち、反発する側を確認して、電池をはさみこむように磁石にくっつけます。

5 コイルのなかに入れる

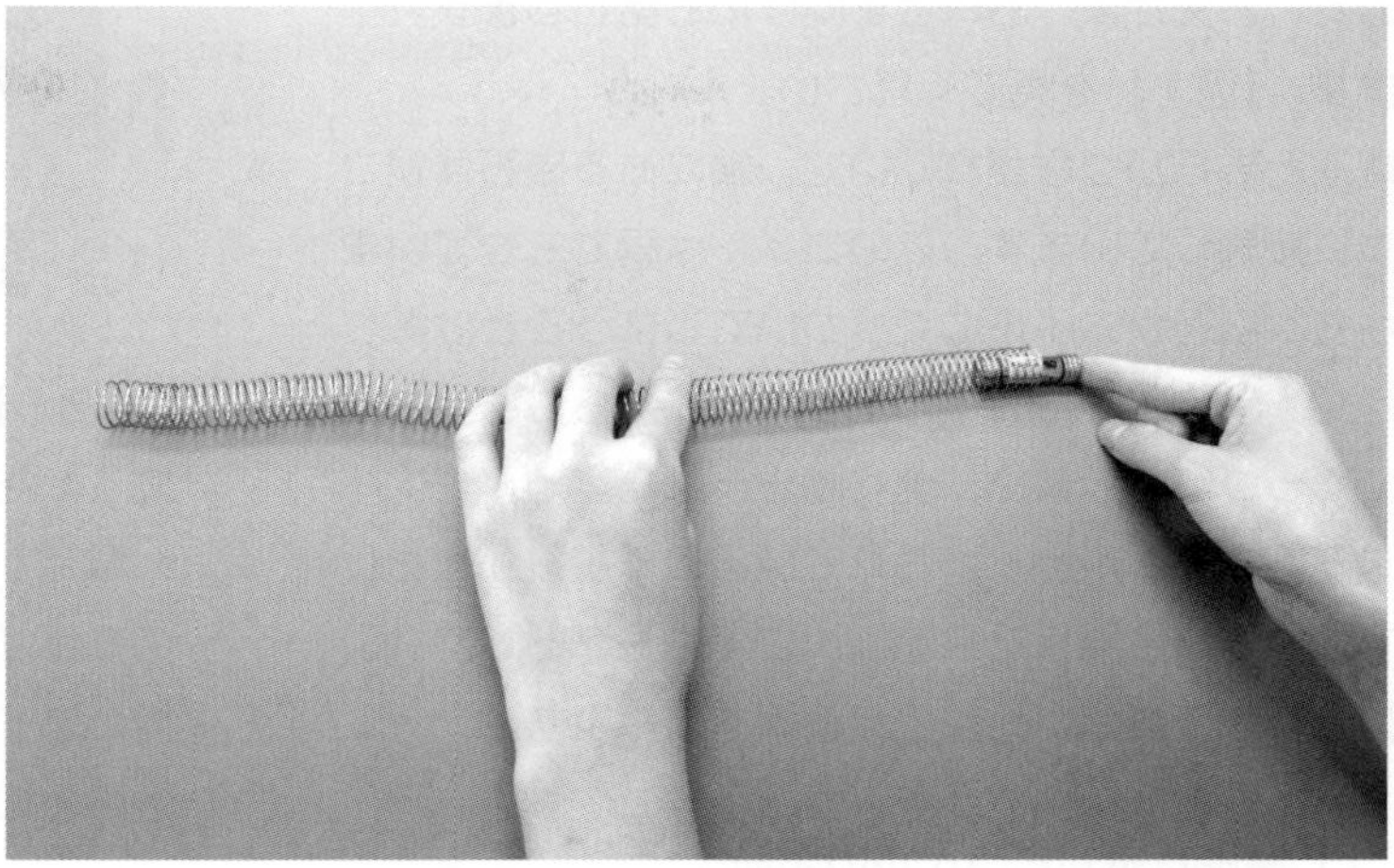

電池の＋の側をコイルに入れ、指でちょっと押してみます。

6 小さな電車の誕生だ

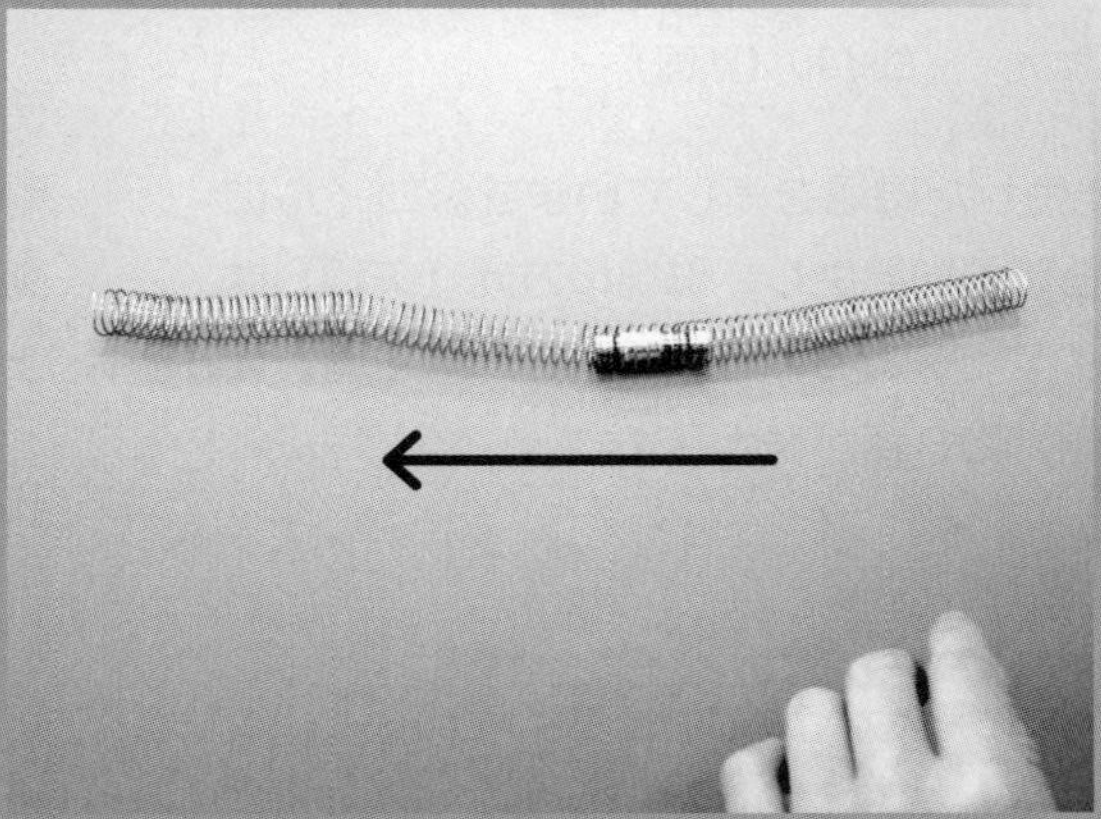

電池と磁石でできた小さな電車が動き出し、コイルのトンネルを一気に反対側まで走ります。

7 コイルを輪にすると

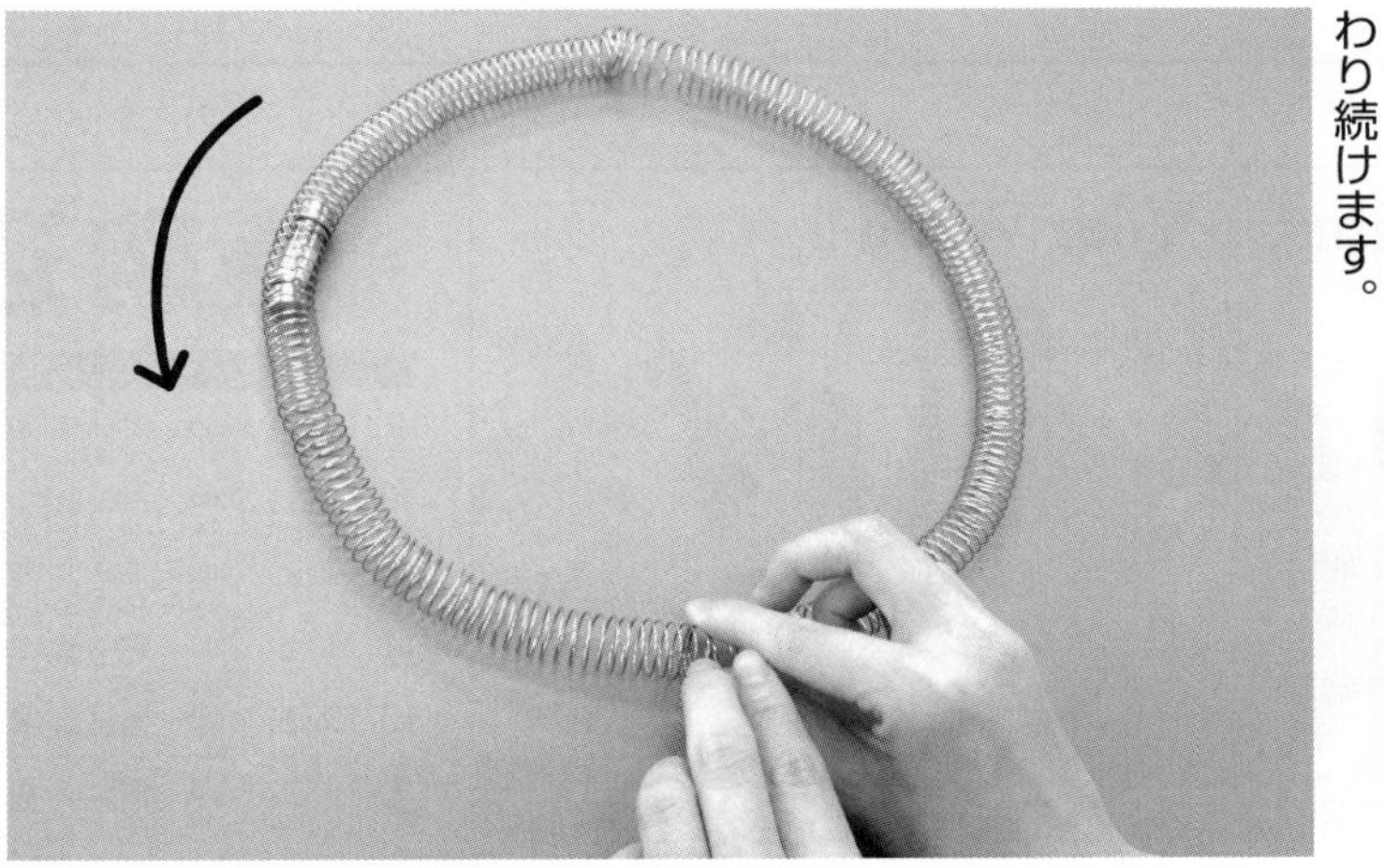

銅線のコイルをもうひとつ用意して輪にすると、小さな電車はコイルのトンネルをまわり続けます。

※用意するものは100円ショップで購入できます。このマジックの解説は次のページにあります。

解説

この解説は、お子さまには少し難しいかと思われますので、お父さま、お母さま向けにお話しします。

まず、【図1】を見てください。

電池と磁石がつながれていて、端にある磁石は銅コイルに接触しています。このコイルは銅でできていますから、磁石がコイルにくっついてしまうことはありません。鉄でできたコイルだったとしたら磁石がコイルにくっついてしまい、全く動きません。

磁石はニッケルメッキされているので電気がとおります。電池から発した電流は、まず磁石、そして【図1】の濃い色がついた部分の銅線を流れます。

【図1】電池と磁石とコイルの関係

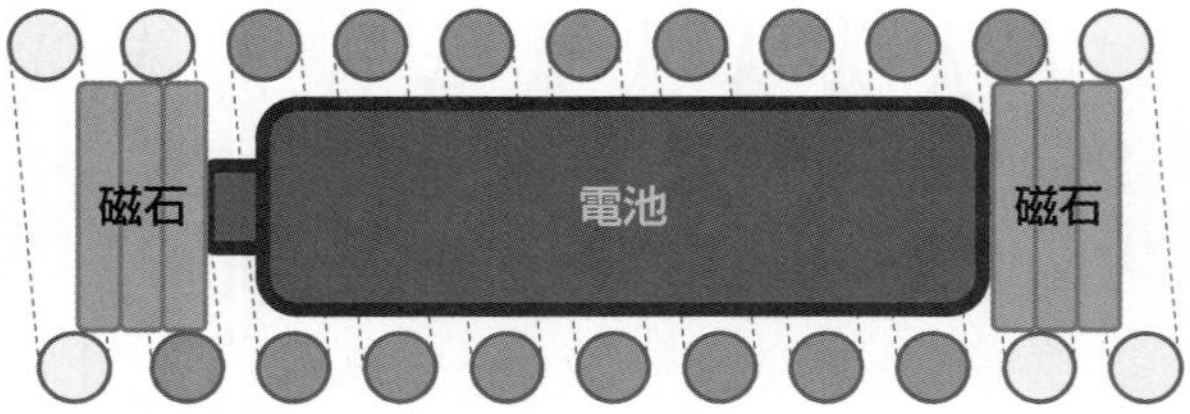

コイル（断面）

【図2】は発生した磁場を表しています。コイルに電流が流れると磁場が発生し、磁場の方向（矢印）は電流の向きによって決まるので、電池の＋（左側）にＮ極、－（右側）にＳ極が発生します。

【図2】電流と磁界の関係

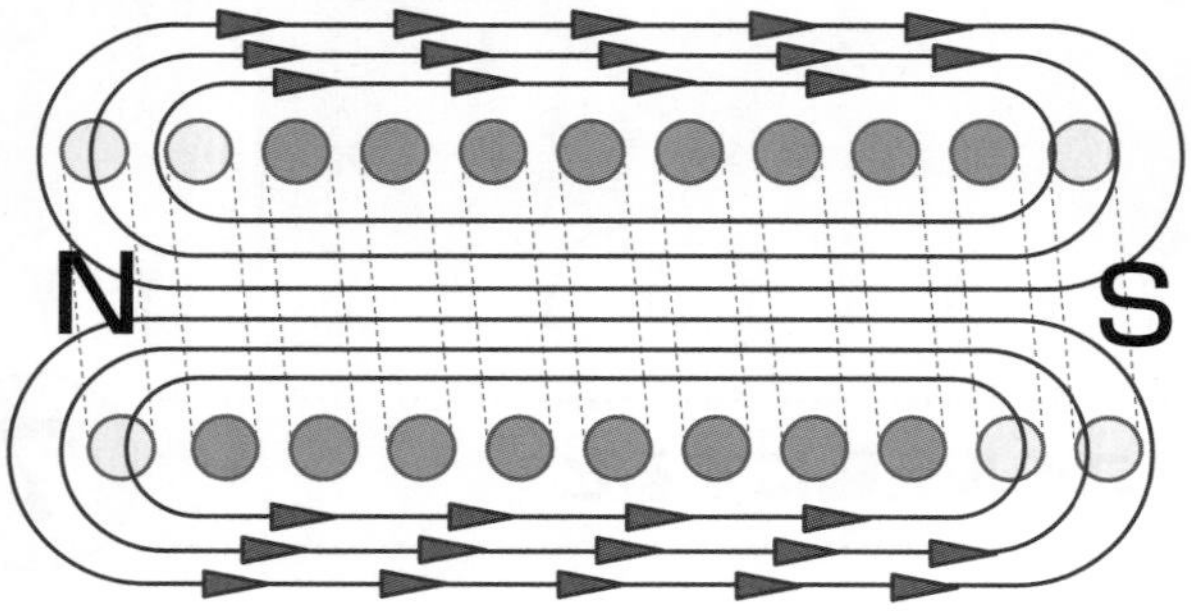

【図3】電池と磁石と磁場の関係

【図3】で、電池と磁石でできた小さな電車がなぜ動くかを解説します。

電流が流れることによってできた磁場のＮ極と磁石のＳ極が引き合い、逆側の磁場Ｓ極と電池のＳ極は反発しますので、電池と磁石でできた電車は左方向（電池の＋の方向）へ動き出します。

ですから、始めに電池に磁石をくっつけるとき、【図4】でしめすように、磁石が反発しあう同士を内側にしてはさみこむように磁石をつける必要があります。

この小さな電車が動くことによって磁場も移動しますので、電池がなくなるまで動き続けます。

長く使うと電池が熱くなりますので、休ませながら使いましょう。ただし、アルカリ電池であっても単５電池は容量が小さいため、すぐに電圧降下してしまい動かなくなります。２〜３個は用意してやってみましょう。

【図4】磁石の向き

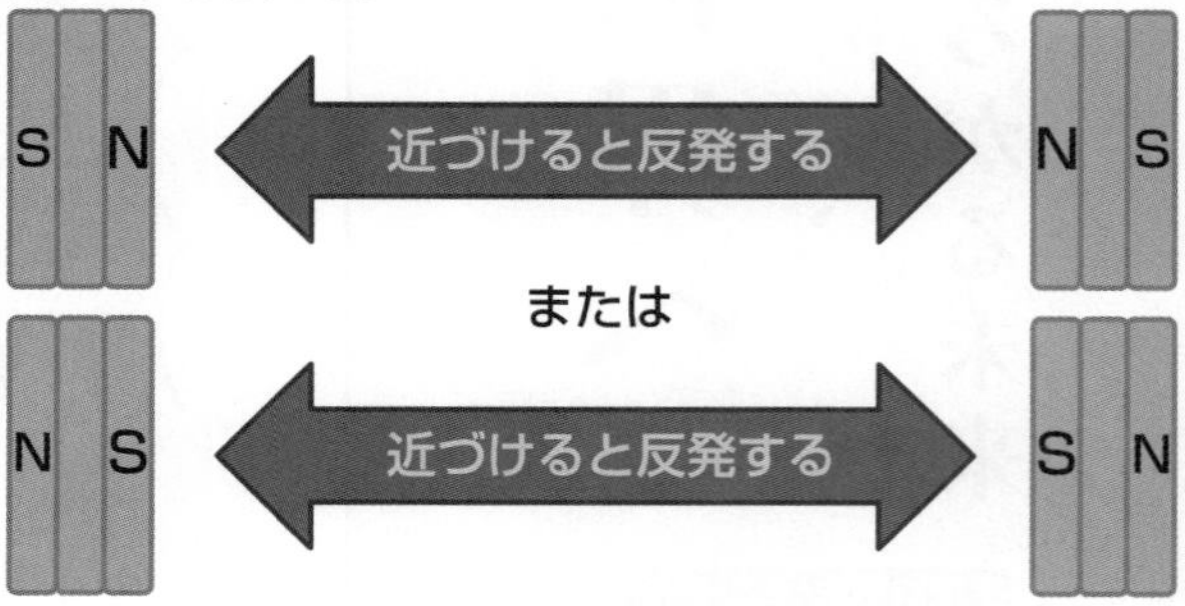

独自の哲学教育と国際教育を新校舎で
生徒の学習意欲に応える熱い教育を展開

東洋大学京北中学校
東《とう》洋《よう》大《だい》学《がく》京《けい》北《ほく》中学校

今年度、校名変更、新校舎への移転、共学化を行った東洋大学京北中学校。推薦入学枠を持つ東洋大学の附属校ではありますが、全科目履修型のカリキュラムを取り入れ、全員で国公立大学を目指すというコンセプトのもと、新たな歴史を刻んでいます。

石坂《いしざか》 康倫《やすとも》 校長先生

学びやすい充実の新校舎 国際人を育成する教育

共学化1年目の東洋大学京北中学校（以下、東洋大京北）。女子生徒が入学し、校内の雰囲気も大きく変わりました。新校舎で行われる全科目履修型のカリキュラムのもと、生徒は高い目標を持って学習に励んでいます。

新校舎は、吹き抜けや大きな窓からふんだんに自然光を取り入れた明るい造りです。各階に自習コーナーやスタディデッキとして机と椅子が設置されており、生徒の学習意欲に応える自習環境も整えられています。過ごしやすく学びやすい新校舎で、東洋大京北は「よりよく生きる」をテーマに据え、「本当の教養を身に付けた国際人」を育成しています。

石坂康倫校長先生は「生徒には日本の価値を世界に伝え、世界をリードする人材になってほしいです。そのために、学力面では物事を俯瞰《ふかん》して見る力と探究する力、心の面では思いやりの心、豊かな心を育てて本当の教養を養っていきます」と話されます。その教育のなかから「哲学教育（生き方教育）」「国際教育」をご紹介しましょう。

「哲学教育（生き方教育）」とは、「諸学の基礎は哲学にあり」という建学の精神に基づいた東洋大京北が教育の柱として実践しているものです。「哲学」が必修科目として3年間設置され、与えられたテーマについて生徒同士で議論を深めていきます。

また、特定のテーマに対して調査研究を行う哲学ゼミも始められています。今年の7月には、東日本大震災の被災地を訪れ、現地の人々と交流する合宿が行われました。

「国際教育」としては、「日本とは異なる文化や歴史を理解するには、実際に海外の方とふれあい、多面的な物の見方を身につけることが大切です」と石坂校長先生が話されるように、東洋大の留学生との交流、セブ島英語研修、カナダ修学旅行などのプログラムが用意されています。

また、哲学教育（生き方教育）、国際教育と連携した「国語で論理」という授業も展開されています。論文やディベートを通じて、国際人として必要な論理的思考力、表現力を養います。

石坂校長先生は「本校では『礼儀を正して、人の話を真摯《しんし》に聞き、労苦を惜しまず力を尽くせば、不可能なことも可能になり、よりよい人生へとつながる』という意味のメッセージを全教室に掲げています。この言葉を胸に、生徒は高い意欲を持って日々の学習に臨み、教員も魅力ある学校づくりに真剣に取り組んでいます。その熱意を感じて、ぜひ本校に来ていただけたらと思います」と話されました。

充実した環境で新たな教育を展開する東洋大学京北中学校。今年度の学校説明会も毎回盛況で、その教育に大きな注目が集まっています。

SCHOOL DATA

所在地 東京都文京区白山2-36-5
アクセス 都営三田線「白山駅」徒歩6分、地下鉄南北線「本駒込駅」徒歩10分、地下鉄丸ノ内線「茗荷谷駅」徒歩14分、地下鉄千代田線「千駄木駅」徒歩19分
TEL 03-3816-6211
URL https://www.toyo.ac.jp/toyodaikeihoku-jh/

説明会日程

学校説明会 要予約
10月10日（土）15：00～16：30
11月８日（日）10：00～11：30
13：00～14：30
12月12日（土）15：00～16：30

オープンスクール 要予約
10月25日（日）９：00～12：30

入試問題解説会 要予約
12月20日（日）13：30～16：30

京北祭
両日とも10：00～15：00
９月26日（土）
９月27日（日）
※入試相談室あり

Pick up School

佼成学園中学校

KOSEI GAKUEN Junior High School

School Information

Address
東京都杉並区和田2-6-29
TEL
03-3381-7227
URL
http://www.kosei.ac.jp/kosei_danshi/
Access
地下鉄丸ノ内線「方南町駅」徒歩５分

GLPとICTで育てる21世紀を担う人材

少人数制で、面倒見のいい男子教育に定評のある佼成学園中学校（以下、佼成学園）が、来年、２０１６年度（平成28年度）からふたつの新しい取り組みをスタートします。

グローバルリーダーを育てるGLPがスタート

新しい取り組みのひとつ目が「グローバルリーダープロジェクト（Global Leader Project）」です。これからの時代に求められている、グローバルに活躍できる人材を育てるためのプロジェクトで、多種多様なプログラムが予定されています。

GLPは、これだけで単独クラスを編成するのではなく、このプログラムのもとで学ぶ生徒は各クラスに散らばり、中2までは共通のカリキュラムで基礎学力を養成していきます。

それに加えて、3年間にわたって「特別英語講習」（先取りレッスン・検定試験対策）、「校内留学」（特別英会話レッスン）、中2からの「オンライン英会話レッスン」を受けることで、知識部分での英語力と、コミュニケーションのための実践的英語力を育成していきます。

そして、「実感、地球の手触り！」を掲げる佼成学園のGLPがひと味違うのは、豊富な海外研修プログラムです。

中1次には、モンゴルでの異文化体験プログラムと、日本国内ではありますが、福島のブリティッシュヒルズでのイングリッシュキャンプを通じて、中1という早い段階から、異国で過ごしたり、英語だけを使って生活したりする機会を得ることができます。そこには、「なるべく早いうちに自分の知らない世界を見てほしい」という思いがあります。

さらに、フィリピン・セブ島での語学トレーニング、シンガポールへの修学旅行といったプログラムも準備されています。

そして、なんといっても、GLPの一番の特色が、中3次に予定されているニュージーランドへのターム留学です。中3からGLPの生徒は3学期を丸々使って、ニュージーランドで3カ月を過ごします。

中学3年間でこれだけのプログラムをこなしていくGLP。高校ではさらに1年間のアメリカ留学なども可能となり、このプログラムで学ぶ生徒は、英語をツールとして使いこなせるようになります。さらに、異文化圏の人々と、しっかりとコミュニケーションが取れるという、まさにこれからのグローバル社会で必要とされる能力を身につけることができます。

また、GLPを中学の3年間体験した生徒が、２０１５年度（平成27年度）から高校でスタートした「難関国公立コース」に進むこともでき、海外大学も視野に入れた、これまでとは全く異なる進路選択も可能になってくることでしょう。

異文化交流プログラムにおける現地校での発表

コミュニケーションに重点を置いたICT教育

ふたつ目の取り組みは、最先端の

佼成学園GLPのロードマップ（予定）

中学校	高等学校	卒業後の進路
中1 / 中2 / 中3（1学期・2学期・3学期）	高1 / 高2 / 高3	
中1：共通クラス　中2：共通クラス → 中3：留学クラス（仮称）→ NZターム留学	一般クラス / 1年間のアメリカ留学	難関国公立大学
中3：一般クラス	難関国公立クラス / トップレベル講習	海外の大学
ブリティッシュヒルズ イングリッシュキャンプ（中1）	フィリピン・セブ島 語学トレーニング	東京外国語大学
フィリピン・セブ島語学トレーニング（中2・中3）	イギリス語学研修	国際教養大学
オーストラリアホームステイ（中2・中3）		早稲田大学 国際教養学部
モンゴル 異文化体験プログラム（中1）		上智大学 総合グローバル学部
青梅国際交流キャンプ（中2・中3）		国際基督教大学（ICU） などの国内大学
シンガポール修学旅行（中3）		
海外生徒との交流〈ICT活用・ホームステイ受け入れ〉（中2・中3）		
オンライン英会話レッスン（中2・中3）	オンライン英会話レッスン	
校内留学〈特別英会話レッスン〉	校内留学〈特別英会話レッスン〉	
特別英語講習〈英語先取りレッスン・検定試験対策〉	特別英語講習〈4技能型試験対策講座〉	
	教養講座〈近現代史特講・国際理解講座〉	
グローバル講演	グローバル講演	
地球規模での多様な価値観・多文化理解	一人ひとりの未来に沿った多様なコース	一人ひとりにあった多様な進路

ICT教育です。ICTとはInformation & Communi-cations Technologyのことで、佼成学園では、とくにコミュニケーションの部分に重点を置いています。情報技術を活用して、生徒同士、生徒と教師、教師と保護者がコミュニケーションを円滑に図ること、そして、授業において、いろいろな共同作業や問題解決を行うツールとして使うことが意図されています。

設備としては、最新の電子黒板型プロジェクターと、引き下げるとホワイトボードになるスクリーンを中高の全教室に設置。従来の黒板と新しい学習方式を融合させることで、より分かりやすく、効率的に、そして学習内容を共有したり、活発なプレゼンテーションに利用したりすることができます。

もうひとつはひとりにつき1台のiPad利用です。

現在の高1に加え、来年度からは中学3学年に導入し、中1から高2までの5学年がiPadを利用することになります。学校全体で、無線でのインターネット接続も可能になっており、調べ学習や、学習内容の共有、相互コミュニケーションがより活発に行われていくことになるでしょう。

電子黒板型プロジェクターを使った授業のようす

iPadには様々な教育用ソフトを入れることができます。佼成学園ではすでに学習記録をつけられたり、連絡事項を伝達できたりするものを使用しており、早くも生徒は積極的にこれらのソフトを使いこなしているそうです。

最先端の器具を活用することで、佼成学園は一歩先を行くICT教育を進めていきます。

GLPと最先端のICT教育。このふたつの新しい取り組みにより、佼成学園中学校は、21世紀型の自ら考えて学び、そして行動できる力を持った生徒を育てていきます。

佼成学園中学校に行ってみよう!!

学校説明会
9月13日(日)10:00～11:00
10月11日(日)10:00～11:00
11月8日(日)10:00～12:00
11月20日(金)18:30～19:30
12月12日(土)14:00～16:00
1月9日(土)14:00～16:00

入試問題解説会
11月8日(日)　12月12日(土)

入試体験会
1月9日(土)

文化祭
9月26日(土)
9月27日(日)
個別相談受付時間
10:00～15:00

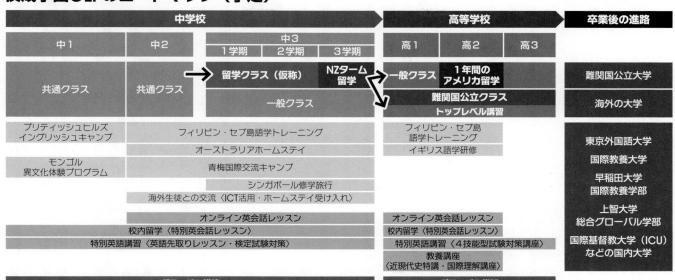

Love God and Serve His People

輝いてます！
この１校

グローバル・アーツを基本とする
進化した国際理解教育を展開

女《じょ》子《し》聖《せい》学《がく》院《いん》中学校

創立１１０周年を記念して、オルセースクールミュージアム、１１０周年記念教育講演会など、様々な取り組みを行ってきた女子聖学院中学校。今回は国際理解教育について、田部井道子校長先生と、国際教育委員長の滝澤佳代子先生にお話を伺いました。

「本校では、人と比べたり競いあうことで自分を高めるのではなく、自分と相手のいいところを互いに認めあい、受け入れあうことを大切にしています。それが他者理解、国際理解教育にもつながっていきます」と田部井道子校長先生が語られるように、一人ひとりの個性を尊重している女子聖学院中学校。

こうした考えは、創立以来、キリスト教の教えを土台とし、スクールモットーの「神を仰ぎ人に仕う」が変わりなく受け継がれていることに源があります。

そんな女子聖学院は従来から英語教育に定評があり、国際理解教育にも積極的に取り組んできました。現代は国際化社会と言われ変動の激しい流れのなかにありますが、そうした社会の変化をふまえて、１１０年の歴史のなかで積みあげてきた教育をさらにバージョンアップさせた新たな国際理解教育が今年度から展開されています。

グローバル・アーツの3つの柱

新しい国際理解教育は、「グローバル・アーツ」と名づけられました。

「国際理解教育の目指すビジョンを明確化するために、この言葉を掲げました。教科・科目を意味する『アーツ』という言葉は、社会や理科などの個別的な教科・科目を学ぶということではありません。英語科だけではなくて、全ての教科・科目が本校の国際性に帰結するというような形で、各教科により磨きをかけるという意味として考えています」と滝澤佳代子先生。

この「グローバル・アーツ」を実践するにあたって、以下の3つの柱がつくられています。

ひとつ目は「英語教育への注力」です。教科教育としての英語教育はもちろん、ツールとして使える英語を身につけるためのプログラムが用意されています。これについてはのちほど詳しく説明します。

ふたつ目は「積極性をより意識的に評価する」ということです。これまでの勉強は、知識を吸収することに重点が置かれ、「どれだけ知っているか」が評価されていました。それをこれからは、「どれだけ意欲的に発表しようとするか、自発的にかかわろうとするか」という姿勢を評価していく方針へと変えていきます。発表することが苦手な生徒のフォローも欠かさず、自分からやってみようと動く気持ちを一層大切にしていきます。

3つ目は「アウトプット・発表する」場を積極的に設けていくことです。教師が教えて生徒が習うという受け身のスタイルではなく、習った内容を自分の言葉で発表することを学習のゴールとしていきます。そうすることで生徒は、アウトプットするためには、より質のいいインプットが必要だということを実感し、さらに発表するからにはもっときちんと調べよう、どのように発表すればうまく伝わるのかということも考えるようになります。

「国際理解教育というと、英語教

【説明会日程】

学校説明会

9月5日（土）
授業・教科教育について

10月3日（土）
クラブ発表&クラブ体験
※ミニクラブ体験のみ要予約

11月14日（土）
進路教育&6年生向け入試直前説明会

全て14:00～16:00

早期入試問題対策会 要予約

10月14日（水）、10月15日（木）
両日とも10:00～、14:00～の2回
終了後、希望者は教員との懇談会に参加可能

記念祭 要予約

11月2日（月） 11:00～15:30
11月3日（火祝） 9:30～15:30
ミニ説明会、個別相談あり

女子聖学院の英語教育

〈必修プログラム〉

中1 Global Starter Program …4月末から5月初旬の入学から間もないころに英語を使う楽しさを知ることで、英語学習に対するモチベーションを高める狙いがあります。

中2 International Fun Camp …2泊3日のキャンプを通じて、英語が好きになるような様々なプログラムを体験します。

中3 English Skill Up Program …ホームステイやターム留学の動機づけになるような授業を展開します。

高1 Japan Presentation Program …他教科を英語で学ぶとともに、日本の文化を紹介するプレゼンテーションなどを実施します。

高2 Listening&Discussion Program …ディスカッション&プレゼンテーション、リスニング演習とディベート体験を行い、自分の言葉で発信する力を養います。

〈希望者プログラム〉

- **セブ島英語留学**（中3～高2）… 徹底的に英語力を伸ばすために用意されたプログラムです。現地の語学学校に約2週間通い、1日最低6時間、ネイティブ教員のマンツーマンレッスンを受けます。
- **立教英国学院留学**（中3）… ロンドン郊外の全寮制日本人学校、立教英国学院に1年間留学する制度です。ヨーロッパの雰囲気を感じながら、日本の学習指導要領に基づく授業を受けていきます。
- **アメリカでのホームステイ**（高1）…アメリカのクリスチャンホームで3週間ホームステイをします。自立心が促され、異文化交流の楽しさを体験できます。これは40年以上の伝統があるプログラムです。
- **オーストラリアの提携校への留学**（高1・2）… 現地校での学校生活を通じて、同世代の海外の友人と交流を深めます。3年前から始まったターム留学に加え、今年度から1年間留学制度も始動しました。
- **海外大学指定校推薦制度**（卒業時・卒業後）…2013年度（平成25年度）より導入しています。オーストラリア、イギリス、アメリカ、カナダにある26の指定校（全て国立・州立大学）に推薦入学することができます。昨年度、今年度ともにオーストラリアの国立大学へ進学した生徒がいます。

育だけととらえられがちですが、本校では、この3つの柱をあらゆる教科に適用して総合的に取り込んでいきます。そして、海外でも自分の考えを堂々と発表できるような、グローバル社会を生き抜いていける自立した女性を育成していきます」（滝澤先生）

英語力が身につくプログラム

英語力を鍛えるために用意されたプログラムの数々について、具体的に見ていきましょう。

まず、中1～高2で行われていた希望者対象のプログラムが、2015年度（平成27年度）から全員参加の「必修プログラム」として生まれ変わりました。中2の宿泊型プログラム以外は、3日間の通学型プログラムです。これまで希望制のプログラムに参加していた生徒の多くが、海外で活躍したいという意欲を持つようになったため、全員にそうした機会を与えた方がいい刺激になるのでは、との考えから必修のプログラムへと発展していきました。

さらに、海外に滞在する「希望者プログラム」も種類が増え、今まで以上に多くの生徒が参加できるようになりました。これまで行っていたアメリカでのホームステイや、オーストラリアでのターム留学に参加していた生徒がひと回りもふた回りも成長して帰国したこと、また、そうしたプログラムに参加した生徒から「あの時留学して本当によかった」という声が多く聞こえてきたことから、より多くの生徒にそうした経験を積むチャンスを用意することにしたそうです。

このように女子聖学院中学校では、新たに展開される「グローバル・アーツ」教育を柱とした6年間の学校生活のなかで、自信を持って社会に羽ばたく力が育まれていきます。

「中高時代はいろいろな意味で種まきの期間だと考えています。すぐに芽が出るわけではありませんが、6年間の学校生活で経験したことが、卒業後のその先につながっていくことでしょう」（田部井校長先生）

女子聖学院中学校

住所：東京都北区中里3-12-2
URL：http://www.joshiseigakuin.ed.jp
電話：03-3917-2277
広報室直通：03-3917-5377
アクセス：JR山手線・地下鉄南北線「駒込駅」徒歩8分

ジュクゴンザウルスに挑戦！

熟語パズル

「熟語のことならなんでも知ってるぞ」っていうジュクゴンザウルスが、「このパズル解けるかな」っていばっているぞ。さあ、みんなで挑戦してみよう。

〈答えは115ページ〉

【問題】ヒントを参考に、A、B、C、それぞれ中央のマスに漢字１文字を入れて、二字熟語を４つ（ヨコ書きふたつ、タテ書きふたつ）完成させてください。下の**【例】**を参考にして考えましょう。中央のマスに入った漢字３つを並べ替えると、三字熟語ができます。それが答えです。

【A】

	国	
再		議
	計	

【ヒント】国の立法機関ってなんだっけ？

【B】

	神	
退		説
	交	

【ヒント】この漢字は「やしろ」とも読むよ。

【C】

	成	
旅		情
	質	

【ヒント】「質」を「しつ」とは読まない熟語だよ。

【答え】

	偶	
算	(数)	字
	式	

【例】

	偶	
算		字
	式	

【例】を解いてみよう

二字熟語では上の漢字が分かっている方が頭に浮かびやすいよ。この例では、「算□」か「偶□」だね。中学受験生の君なら「算」ときたら、やっぱり…。

【答え】数　４つの二字熟語　ヨコ書き「算数」「数字」
タテ書き「偶数」「数式」

注目の1校

目白研心中学校《めじろけんしん》

自分で未来を切り拓く「新コース制」始動 真のグローバル人材となるための力を養う

2016年（平成28年）、目白研心中学校・高等学校は、「自分の人生を自分で切り拓ける人材を育てたい」という思いから、既存のコース制をより進化させます。グローバル時代を生き抜くための「主体性」を身につける、その仕組みとは一体どのようなものなのでしょう？

生きていく道を自分で選択する「自由と責任」を

これまでも、学習ペースや進学目標に適した環境で学べる3コースを設定していた目白研心中学校。入学時、「特別進学コース」か「選抜コース」に入り、中学3年次から「Super English Course（SEC）」を含めた3コースに分かれる仕組みでした。なお、SECについては『サクセス12』2015年7・8月号にて詳しくご紹介しています。

新コース制では、中学2年次までひとつのコースで学びます。国語・数学・英語の3科目は習熟度別授業を実施し、得意科目を伸長させます。そして同時に、コース選択に向けての進路指導を行います。中学3年次に、目標進路に合わせて「総合コース」「特別進学コース」「SEC」の3つからコースを選択し、1年間、自分で選んだ学習環境を経験します。

なぜ、このような仕組みに進化したのでしょうか。その理由について、長谷良一教頭先生は、「自分で選ぶという自由と責任を、生徒たちに経験してほしいからです」と話されます。

特徴は、コース選択のチャンスが2回あることです。中学3年次にトライアルとして「第一の選択」をし、高校1年次に正式な「第二の選択」をします。「最初の選択で、『やっぱり違う』と思うことがあるかもしれません。せっかく6年間あるのですから、一度失敗し、選び直すことも大切な経験です」と長谷教頭先生。さらに高校2年次には文理選択を中心とした「第三の選択」を行い、進路希望の実現を目指していきます。

グローバル時代を生き抜く そのために必要な3つの力

グローバル人材の育成は、コースに分かれる前の中学1・2年次から始まります。目指しているのは、「コミュニケーション力」「問題解決力」「自己肯定力」の養成です。

「コミュニケーション力」を養成する取り組みのひとつとして、「表現技術」の授業があります。自分の考えを「なぜ」「例えば」の具体例や理由を交えながら、きちんと表現できるようにトレーニングします。

長谷教頭先生による「表現技術」の授業。

「問題発見解決力」の養成の要は、「セルフマネジメントノート」。その日に行った学習を記録し、振り返り、新たな目標を立て、実行します。「自分で気付きがあるからこそ、次の目標が立てられる」とのこと。

一方、セルフマネジメントノートは「自己肯定力」の養成にもつながります。担任が毎日チェックし、よいところを認め、ほめることで生徒の自己肯定感を高めるのです。また、「二人担任制」により複数の目で生徒を見守り、ほめるチャンスを逃しません。行事にも、表彰の機会など、「自己肯定力」につながる要素を積極的に取り込みます。

「3つの力を身につけ、自分で目標に向かい、人生を勝ち取っていくことがグローバル社会では必要です」と長谷教頭先生。目白研心中学校は、真のグローバル人材を育成するため進化し続けます。

School Data

所在地：東京都新宿区中落合4-31-1
電話：03-5996-3133
アクセス：西武新宿線・都営大江戸線「中井駅」徒歩8分、都営大江戸線「落合南長崎駅」徒歩10分、地下鉄東西線「落合駅」徒歩12分
URL：https://www.mejiro.ac.jp/

学校説明会
9月8日(火) 10月9日(金)
11月17日(火)
すべて10:30～

個別見学会
10月31日(土)14:00～
11月30日(月)10:30～
1月 9日(土)10:30～

入試体験 ※要予約
12月13日(日)10:30～

桐陽祭（文化祭）
9月19日(土) 9月20日(日)
両日とも9:00～

学ナビ!!
School Navigator
vol. 082

東京　板橋区　男子校

芝浦工業大学中学校

SHIBAURA INSTITUTE OF TECHNOLOGY Junior High School

世界で活躍するエンジニアへの夢

芝浦工業大学を併設大学とする、芝浦工業大学中学校・高等学校。世界と社会に貢献できる、心身ともに強くたくましい人材の育成を目指しています。

芝浦工大中高では、理系志望の生徒が多いことに配慮した特色あるカリキュラムが組まれており、6年間を2年ずつ前期・中期・後期の3段階に分けているのが特徴です。

前期では、理系分野への興味を喚起するとともに、丁寧な指導で基礎学力の育成に力を注ぎます。

中期からは徹底した学習・進路指導を実施します。中3では「サイエンス・テクノロジーアワー」と「ランゲージアワー」という独自のプログラムで、科学とコミュニケーションの力を培います。

後期からは、一般理系コース（芝浦工大推薦希望を含む）、特別理系コース（他大進学希望）、文系コースに分かれ、大学進学に備えます。

例年、芝浦工大へは、推薦出願者の約90％が進学しています。

◇大学との連携教育が魅力◇

中高大連携教育が充実しているのも特徴です。中学では「工学わくわく講座」「ロボット入門講座」「ものづくり体験講座」などが開かれ、高校へ進学すると、さらに専門性の高い講座が用意されています。そのなかでも、高2の理系選択者を対象とした「理系講座」は、芝浦工大の各学科の教授陣をはじめとする講師の方々から、最先端の研究内容を聞くことができる魅力的な講座です。

また、高3の希望者は、大学生と一緒に大学の講義を受けることができたり、推薦進学者の最優秀者には、無償で3カ月間の海外留学のチャンスが与えられるなど、併設校ならではの制度も用意されています。

2017年（平成29年）には、芝浦工大の本部校舎がある東京・豊洲へのキャンパス移転が決定している芝浦工業大学中学校・高等学校。今後さらに大学との連携教育が充実していくことでしょう。

School Data

芝浦工業大学中学校

東京都板橋区坂下２-２-１

都営三田線「志村三丁目駅」徒歩８分、
JR埼京線「浮間舟渡駅」徒歩15分

男子のみ519名

03-5994-0721

http://www.ijh.shibaura-it.ac.jp

学ナビ!! School Navigator

vol. 083

東京　文京区　女子校

跡見学園中学校

ATOMI High School

創立140年を迎え 新たな歴史を歩み始める

1875年（明治8年）に開校した跡見学園中学校は、今年で創立140周年を迎える歴史ある女子校です。「『目と手と心と』を養い自律し自立したしなやかな女性へ」を教育目標として、個性や自主性を尊重する校風を受け継ぎつつも、新しい時代で活躍できる人材を育成するため、「跡見新ロマン派宣言」という教育改革をスタートさせています。

その一環として、ふたつのコース制度を導入しました。ひとつは世界に羽ばたく女性を目指す「KAKEI INDEPENDENT CLASS」、もう一方は誠実で信念のある女性を目指す「ATOMI PRINCIPLED CLASS」です。どちらのコースでも、中学では基礎力を、高校では思考力と実践力を身につけ、新しくなる大学入試にも対応できる「真の学力」を養成します。

◇本物に触れ 豊かな感性を養う◇

「本物に触れる」ことを大切にしている跡見学園では、世界の一流演奏家やオーケストラによるコンサート、能・狂言などの古典芸能鑑賞を行うとともに、放課後プログラムとして、茶道・華道・箏曲《そうきょく》を習える場を用意しています。

校外学習も体験を重視しており、浅草寺の散策や江戸東京博物館での学習を通じて江戸・東京の歴史を学んだり、東京地方裁判所で裁判を傍聴し、裁判官の話を聞くことで、司法の現場を身をもって体験します。さらに、中1・中2では自然教室を実施。普段の生活では味わえない、自然とのふれあいを満喫します。

さて、今ではほかの女子校にも広がっている「ごきげんよう」のあいさつ。これは跡見学園発祥で、学校側が強制しているものではなく、生徒の間から自然に生まれ、継承されてきたものだと言います。

このように、長い歴史のなかで生徒の自主性が重んじられ、それが伸びやかな校風に結びついている跡見学園中学校です。

School Data

跡見学園中学校

東京都文京区大塚1-5-9

地下鉄丸ノ内線「茗荷谷駅」徒歩2分、
地下鉄有楽町線「護国寺駅」徒歩8分

女子のみ810名

03-3941-8167

http://www.atomi.ac.jp/

2名のネイティブ専任教員から
世界で通用する英語を学び
世界レベルでの自己実現を目指す

多摩大学目黒の英語教育の大きな目標の一つは
世界中で必要とされる日本人を育てることです。
英会話を指導する2名のネイティブ専任教員は
それぞれイギリス出身とアメリカ出身。
微妙に異なる表現やアクセントも経験することで
世界中に通用する英語を習得します。
さらに6年間で最大3ヶ国を訪問することにより、
世界規模で物事を考えることのできる広い視野と
世界を相手にしっかり「交渉」できる
コミュニケーション力を磨きます。
これらの経験と能力は10年後、20年後に
社会人として国内でも海外でも常に必要とされる
人物であり続けるための確固たる土台となります。

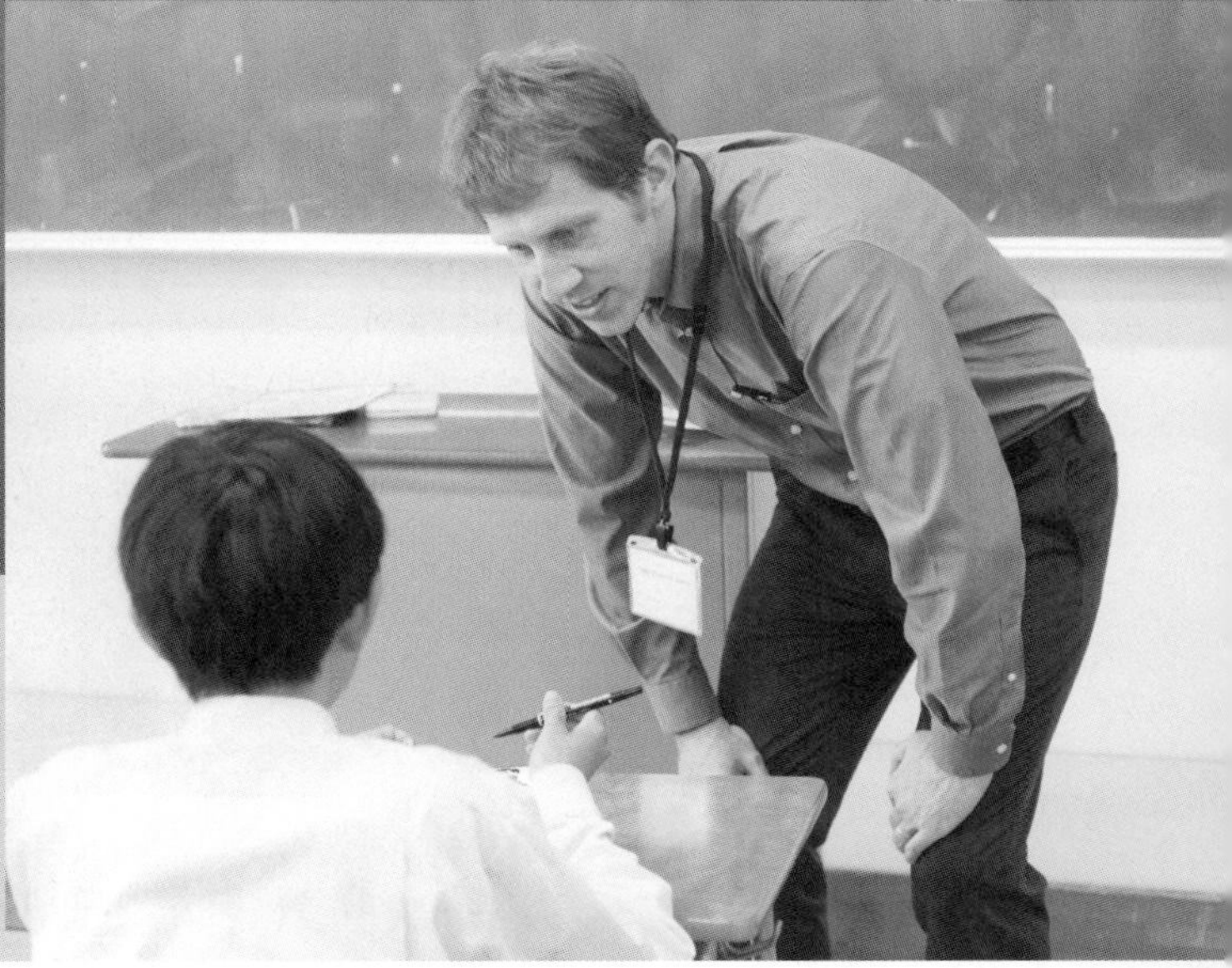

写真上：フィリップ・チャンドラー教諭（イギリス出身）
写真下：デイヴィッド・ワイウディ教諭（アメリカ出身）

目黒キャンパスに新校舎完成！

より快適な学びの環境と設備が整った新校舎が目黒キャンパスに完成しました。電子黒板等最新のICT教材が導入された教室やカフェテリアが、文武両道の学校生活をサポートします。

●中学受験生・保護者対象学校説明会 予約不要

10/7（水） 10:00〜
11/11（水） 10:00〜
12/5（土） 10:00〜
1/9（土） 10:00〜
1/13（水） 19:00〜

※お車でのご来校はご遠慮ください。

●中学体験学習 要予約（保護者の方は授業参観及び説明会）

英語体験授業：Let' s enjoy English!／クラブ体験：来たれ我が部！

11/21（土） 10:00〜12:00　会場：あざみ野セミナーハウス
※前々日までに電話にてご予約ください。

●颯戻祭（文化祭）※受験生はチケット不要

9/19（土）・20（日） 10:00〜15:00
※お車でのご来校はご遠慮ください。

●2016年度生徒募集要項

試験区分	進学第1回	進学第2回	特待・特進第1回	特待・特進第2回	特待・特進第3回	特待・特進第4回	特待・特進第5回
募集人員	74名		特待20名 特進20名				
出願期間	1月20日（水）より各試験前日まで、9:00〜15:00						
試験日	2/1（月）8:30集合	2/2（火）8:30集合	2/1（月）14:30集合	2/2（火）14:30集合	2/3（水）14:30集合	2/4（木）10:00集合	2/6（土）10:00集合
試験科目	2科または4科（出願時に選択）		4科		2科		
合格発表（ホームページ）	各試験当日 14:00〜16:00		各試験当日 21:00〜21:30			各試験当日 14:00〜16:00	
合格発表（校内掲示）	各試験当日 14:00〜16:00		各試験翌日 12:00〜13:30			各試験当日 14:00〜16:00	

明日の自分が、今日より成長するために…

多摩大学目黒中学校

TAMA University MEGURO Junior High School

〒153-0064 東京都目黒区下目黒4-10-24　TEL. 03-3714-2661
JR山手線・東急目黒線・都営地下鉄三田線・東京メトロ南北線「目黒駅」西口より徒歩12分
東急東横線・東京メトロ日比谷線「中目黒駅」よりスクールバス運行

多摩大学目黒　検索　http://www.tmh.ac.jp　携帯サイト：http://www.tmh.ac.jp/mobile

森の中の学校

日本女子大学附属中学校

恵まれた学習環境

　豊かな自然が残る多摩丘陵の一角に、約9万坪（東京ドーム約6個分）の面積を誇る日本女子大学附属中学校・高等学校。敷地内には約360種類の植物が観察され、優しい野鳥のさえずりが心地よく響き渡り、ゆったりとした時間の流れを感じることができます。

　施設も大変充実しており、大きなグラウンドと6面のテニスコート、体育館は3つあります。さらに1年中使用できる温水プール、中高では珍しい本格的な天体望遠鏡、9つある理科実験室、そして1800人を収容できる成瀬講堂など最高の学習環境が整っています。

　生徒たちはこの恵まれた自然を満喫し、充実した学習環境のもと、学習、芸術、スポーツ、そして自治活動に日々取り組んでいます。

未来を照らす建学の精神

　日本女子大学附属の教育の原点について、校長の野本昌子先生から次のようなご説明を頂きました。

「本校では大学進学を学習のゴールとは考えていません。生徒一人ひとりの個性を尊重し、〝自ら考え、学び、行動する〟という教育の理念のもと、今の生徒たちが10年後、20年後に社会で活躍し、貢献できる女性になるように、豊かな深い人間形成を目指しています。

　また、本校は、〝女子の人格を高めることは社会の発展に寄与する〟という強い信念をもって創られた学校です。この原点を誇りに思い、今なお使命感をもって生徒と日々向かい合っています」

　このように、女性が主体性をもって生きてゆくこと、そして深い教養を身につけて人格、品位の形成にあたるべきことを説いた創立者の女子教育に対する思いは、創立から114年を経た今も、先生方にしっかりと引き継がれています。

大学進学の先をみた教育

　日本女子大学附属では、年齢に応じた教育効果を目指すために、中学と高校の3年間、はっきり区切りをつけた一貫教育を行っています。高校で新しい仲間に出逢うことで、物事の見方や捉え方にいっそう幅が生まれると考えています。また、クラブ活動や学校行事なども中高別で行われています。このため、中学3年生は最高学年として学校生活をひっぱってゆくリーダーシップを経験することができます。

　学習面では、教育の理念の「自ら考え、学び、行動する」ことを実践

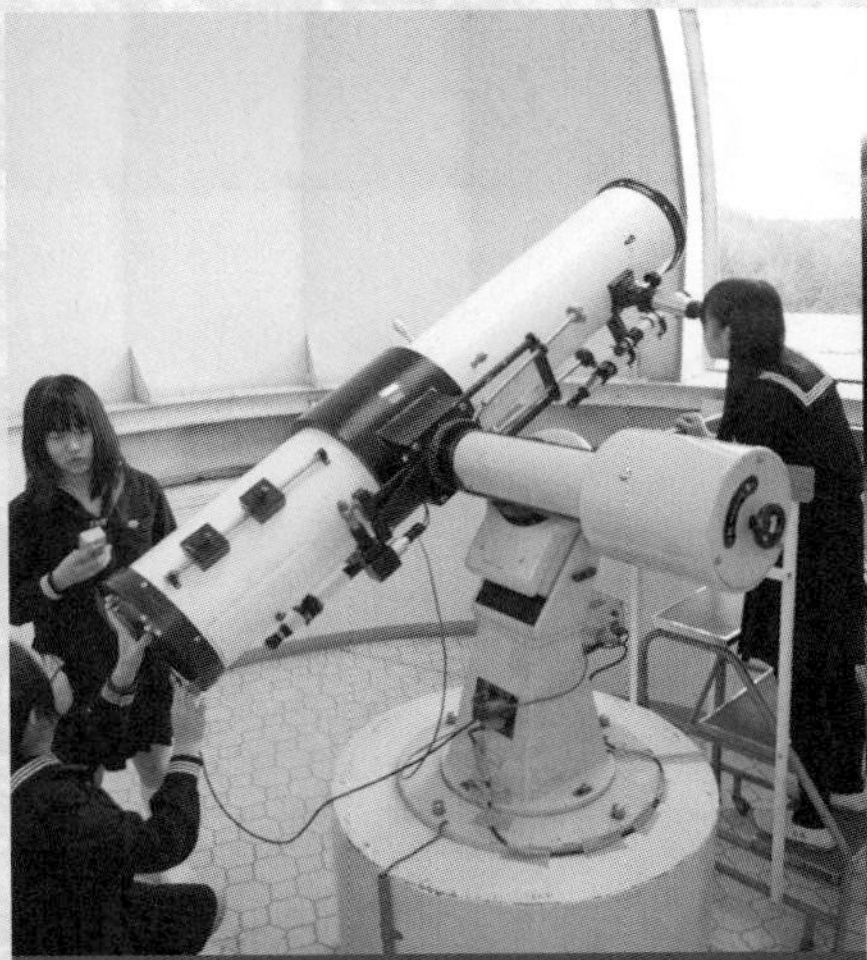

日本女子大学附属中学校
神奈川県川崎市多摩区西生田１－１－１
Tel 044-952-6731
http://www.jwu.ac.jp/hsc/

●学校説明会
9月12日(土) 13:00～
目白キャンパスでの説明会
10月20日(火) 10:50～
授業見学説明会(要予約)
11月21日(土) 14:00～
説明会・入試問題解説会(要予約)

●十月祭
10月10日(土) 12:00～16:00
10月11日(日) 9:00～15:00

するためには、基礎学力の徹底が重要と考えています。そのため中学では、苦手な科目を作らないように、基本から応用までを丁寧に反復しながら学習しています。また、工夫されたオリジナルの学習教材により、考える力、表現する力、書く力を育てています。そして高校では、文系、理系、あるいは能力別といったクラス分けはせずに、全員でバランスのとれた豊かな知性と幅広い学問の基礎を学んでいます。

「中高とも実物にふれてみること、実験・実習を大切にすることを心掛けており、中学の理科では、3年間で１３０回超の実験観察を行っています。生徒が主体的に学び、授業の中で皆と意見を交換したり、自分の意見を発表したりすることで、真の学力がつくことを目指しています」と、野本校長にご説明頂きました。

英語と音楽

中学の英語では、「基礎をしっかり、楽しく学ぶ」ことを目標に、自己表現をするための、読む、聞く、話す、書くの基礎的英語力を身につけること、自己を発信したいという意欲をかきたてることを学習の両輪と考えて授業を進めています。

英語での自己表現の場は各学年で数多く用意されており、例えば1年生の英会話の授業では、クラスの前で自分のことを発表する「Show & Tell」や学年全体で行う英語劇などがあります。これ以外にも各学年とも皆の前でスピーチする機会があり、夏休みや冬休み明けに、休暇中の報告を英語で行ったりしています。

「このような発表やスピーチを何回か積み重ねていくことで、少しずつですが自信と度胸がつき、生き生きと自分の言葉で発表できるようになります。そしてこの自己表現の場が楽しいと思えるようになるのです。そのためにも、私たち英語科の教員は、基礎的な英語力を身につける授業を大切に、丁寧に行うことを心掛けています」と、英語科の梶田由紀子先生にご説明頂きました。

また、特色ある授業のひとつに、必修科目となっている声楽とバイオリンの授業があります。情操教育の一環として、40年以上続けられており、今では学内に２００挺以上のバイオリンを保有するほどになっています。中学3年間で協奏曲が弾けるまでになり、12月の音楽会では全員がコーラスとバイオリンのステージに立ちます。１１４年の伝統と恵まれた環境のもと、附属校としての精神的ゆとりをもって、伸びのびと過ごせる6年間が日本女子大学附属にはあります。

グローバルリーダーを育てる

SGH指定校

富《ふ》士《じ》見《みが》丘《おか》中学高等学校

２０１０年（平成22年）に創立から70周年を迎えた女子教育の伝統校・富士見丘中学高等学校。２０１５年（平成27年）にSGH指定校となり、新しい時代を生きる、豊かな知性と教養を備えた女性の育成をさらに推し進めています。

文科省よりSGHに指定

富士見丘中学高等学校（以下、富士見丘）は、２０１５年（平成27年）に文部科学省よりSGH（スーパーグローバルハイスクール）に指定を受けました。

これは、将来国際的に活躍できるグローバルリーダーの育成に努める学校として、公に認められたことを意味しています。グローバルリーダーを育成するために、富士見丘では従来の学校の枠を打ち破る新たな学校生活をデザインしました。

それは、

①グローバルイシューの理解とその解決に向けた情熱の向上を目指す、国内外の大学との高大連携プログラムの開発

②生徒の主体的な学びを実現し、他者と協働して課題を解決する力を養う21世紀型教育（アクティブラーニング）の実践

③海外の人と英語で意見交換することに対する意欲と、コミュニケーション力を育てるグローバルスタディプログラムの推進

の3つより構成されているのです。

富士見丘のカリキュラムの特徴は、生徒一人ひとりの多様な進路に合わせた自由度の高い編成がなされていることです。時間割を組むにあたって、習熟度別授業・チームティーチング・合同授業など、各科目の特性に合わせてフレキシブルに授業スタイルを変えているのも特徴でしょう。

高2からは履修科目の約半分が選択科目となり、富士見丘の生徒は92の選択科目のなかから、各自の目標や進路に応じた科目を選択し、オリジナルの時間割に沿って授業を受けるのです。

中1思考力スキルアップロングホームルーム

富士見丘では、中高一貫校としてのSGHプログラムに取り組んでいます。まず、中1ではグループで協力しながら課題に臨むアクティブラーニング型の授業として、「思考力スキルアップロングホームルーム」を実施。ひとつのテーマについて自分の考えを述べ、周囲の仲間とコミュニケーションを取りながら課題を解決していくというプログラムです。論理的思考力とともに、表現力・発信力を身につけさせることを目標としています。

例えば、6月に実施された第2回のテーマは「絵を見て物語を創ろう」でした。兄と妹らしきふたりの子どもが、薄暗い森から日の当たる場所に抜けようとしている1枚の写真が置いてあります。それを見て、グループで協力しあいながら、物語を創っていくのです。生徒たちはふたりの過去・現在・未来を想像しながら、友人とディスカッションを繰り返し、ひとつのストーリーを創りあげていきます。

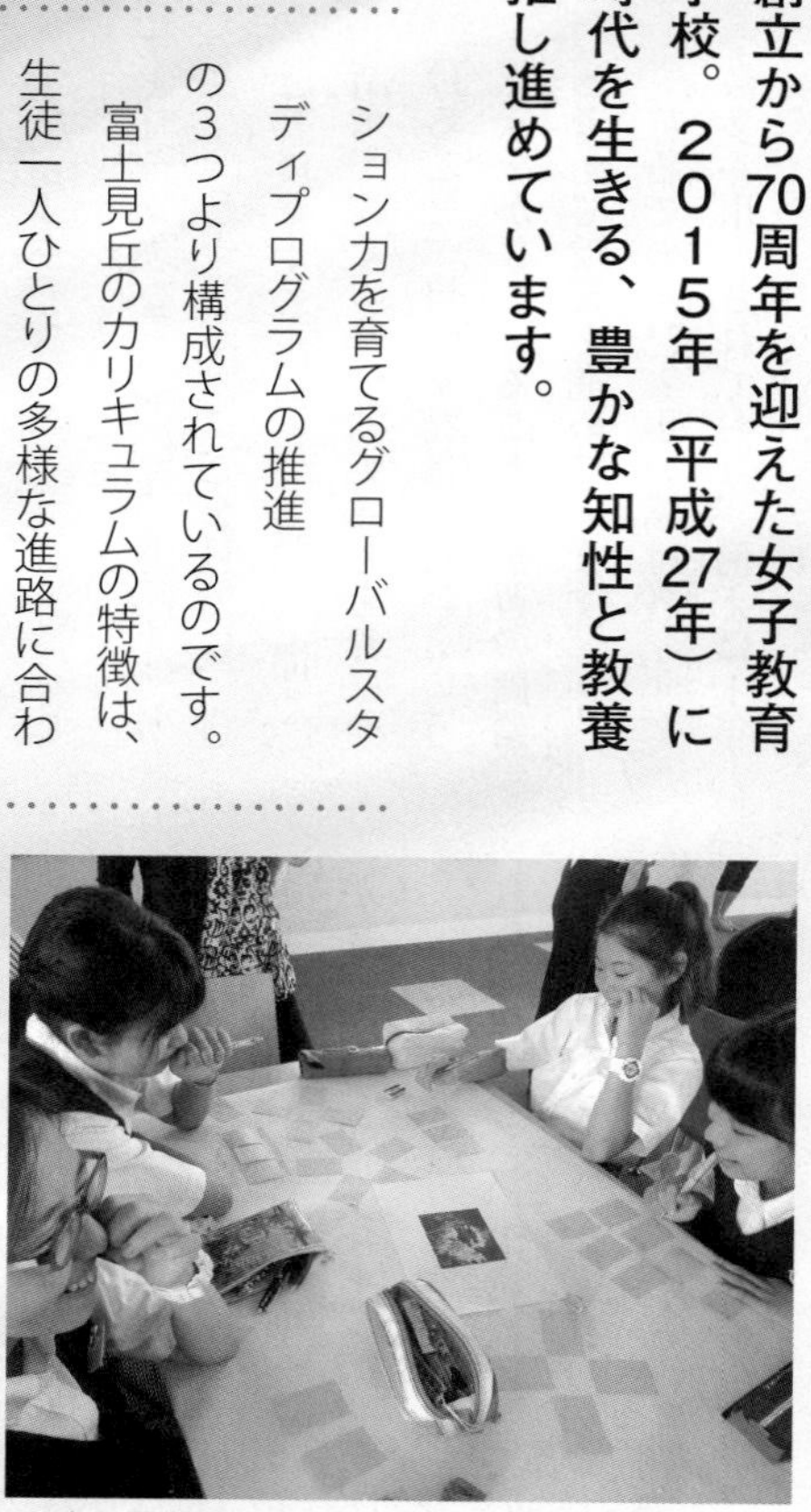

中１思考力スキルアップロングホームルーム

最後にはクラスメートの前で、発表会。生徒たちは自分のグループのストーリーに満足したり、他のグループの発想に感心したり、このプログラムを前向きにとらえているようでした。

このテーマは順天堂大医学部の入試問題を参考にして作られています。また、第1回の授業では昨年の東京大の入試問題も使用しました。富士見丘では中高一貫教育のメリットを活かして、早い段階からSGHプログラムとしての21世紀型教育を取り入れ、グローバルリーダーの育成に努めています。

高大連携プログラム

SGH指定校の富士見丘が進めるプログラムのひとつとして高大連携プログラムがあります。富士見丘の考える高大連携とは、たんなる大学教授の出張授業ではなく、高校・大学それぞれが単独ではなしえないことを両者が連携することで、達成することを目標としています。

具体的には共同研究をしていくなかで、大学側は中高生のデータが得られ、中学高校側は大学生の研究方法やプレゼンテーション力を学ぶことができます。

昨年、慶應義塾大理工学部伊香賀研究室との連携プログラムでは、「運動と学習効率の関係を考える」をテーマに年間をとおして共同研究を進め、今年3月には全校生徒の前で発表会を行いました。

今年度は慶應義塾大学院メディアデザイン研究科大川研究室とも連携を結び、高1生全員が受講する「サステイナビリティ基礎講座」において、年間全8回のアクティブラーニング型授業を実施しています。この授業ではファシリテーターとして参加する大学院生の半数が留学生で、高1生徒の各グループに英語でアドバイスをしてくれ、高校生にはおおいに刺激を与えてくれています。

さらにこの講座では、富士見丘の教員による年間全12回の教科横断型の授業や、10月に1泊2日で実施する釜石フィールドワークをとおして、思考力・判断力・表現力を磨き、世界に通用するグローバルリーダーを育てているのです。

高１慶應義塾大学院との高大連携プログラム

様々な海外研修制度

世界の若者のなかで、自分の意見を発信するためには相応の英語力が求められます。富士見丘では英語4技能（読む・書く・聞く・話す）のレベルアップのために、TOEFL Juniorを取り入れました。

また、中学には英語特別コースを新設。現在も中学全生徒の約14％の割合で帰国生が存在し、その英語の授業はネイティブ教員の取り出し授業となっていますが、この英語特別コースの英語の授業も、英会話はもちろんのこと、週6時間の英語の授業はネイティブ教員が担当する予定です。

このコースの生徒は高校進級時においても、やはり来年度新設されるアドバンストコース（英語特進コース）に接続します。授業で身につけた英語力を実践する場として、全員が参加する中3オーストラリア・高2アメリカ修学旅行は姉妹校交流をメインプログラムとしています。

また、約3週間のホームステイを中心としたイギリス短期留学、イギリス・アメリカ・オーストラリアの姉妹校5校に年間約10名が選抜される3カ月・6カ月留学など様々な海外研修制度が用意されています。

そして、それらの海外姉妹校から留学生が年間をとおしてやってきます。つまり、富士見丘のなかで海外交流ができるのです。

イギリス姉妹校からの留学生とホストシスター

School Information

所在地　東京都渋谷区笹塚3-19-9
TEL　03-3376-1481
URL　http://www.fujimigaoka.ac.jp/
アクセス　京王線「笹塚駅」徒歩５分

私たちの夢は 世界へと広がっていく。

2015年4月より21世紀型教育を実現する3つの新クラスがスタート!

ハイブリッドインターナショナルクラス
（英語·数学·理科を英語イマージョン教育）

ハイブリッド特進クラス
（文理融合型リベラルアーツ）

ハイブリッド特進理数クラス
（実験·ICT教育を強化）

世界から必要とされる若者になるための教育を行います。

グローバル教育
（英語イマージョン）

ICTの活用
（iPadと電子黒板を連動した授業）

アクティブラーニング
（PIL·PBL）

ハイブリッドクラス授業見学会（要予約）

11月17日（火）　10:00～（説明会10:00～11:30 授業見学11:30～12:00）

学校説明会（要予約）

第2回　9月12日（土）　14:00～（体験学習·思考力セミナー14:00～15:30）
第3回 10月17日（土）　14:00～（体験学習·思考力セミナー14:00～15:30）
第4回 11月29日（日）　10:00～（入試本番模擬体験9:00～11:30）
第5回　1月 9日（土）　14:00～（入試直前10点アップ講座·思考力セミナー 14:00～15:30）

夢工祭（文化祭）

9月26日（土）·27日（日）　10:00～15:00（進学相談コーナーあり、予約不要）

■学校見学は随時受け付けています。詳細はHPをご覧ください。

入試本番模擬体験

11月29日㊐
9:00～11:30
〔小学6年生対象〕

予約受付中

入試本番の類似体験ができ、解説授業もあります。

- ●2科（国語·算数）
- ●思考力テスト
- ●英語

いずれか1つを選択してください。

教えて中学受験Q&A

6年生

Question

学校に対する評価が人によって真逆なのですが。

受験に向けて、本人の学力や学校説明会での話などを考慮して「ここなら入れたい」という学校を選びました。参考のためにその学校を卒業したお子さんがいる保護者の方おふたりに話を伺ったところ、おふたりの学校に対する評価が全く逆でした。どう解釈したらいいのでしょうか。

（埼玉県所沢市・Y. K.）

Answer

大学受験の結果などによって学校評価が異なることも。

志望校を選択する際、その学校で学んだ卒業生やその保護者から実体験をベースとした話を聞くことは大きな意味があると思います。しかし、そうした体験に基づく意見は、どうしても個人の事情が色濃く反映される傾向がある点に注意してください。例えば進学校の場合、大学受験の結果と学校に対する評価が強く関連することが多いようです。つまり、受験結果が望ましいものであった場合は評価も好意的になりますが、やや期待とは異なる結果となった場合にはどうしても厳しい評価がなされる傾向があります。これは仕方のないことであり、どちらの意見も実体験に基づくものですので、意味のある意見です。

ですから大事なのは、卒業生やその保護者が、学校のプラス面やマイナス面について、なぜそのように感じたのかという部分です。学校評価は、主観的なイメージが出てくるものですから、そのことを理解したうえで、志望校選択に役立ててください。

疑問がスッキリ！

2〜5年生

Question

**受験生の下に弟や妹がいる場合
どう対応したらいいですか？**

中学受験を考えている５年生の長男の下に弟と妹がいます。受験をするとなると、どうしても長男ばかりに目がいってしまいがちですが、弟や妹にはどのように対応していくのがいいのでしょうか。何かいいアイディアを教えてください。

（東京都狛江市・H．R.）

Answer

**自分もサポーターの一員であるという
意識を持たせてあげましょう。**

親の目が受験生にいきがちなのは仕方のないことですが、度を超すと、受験生自身が無用なプレッシャーを感じるでしょうし、弟や妹も寂しい思いをするでしょう。そこで、主役は受験生ですが、家族全員が「受験サポーター」であるという意識を持つようにし、例えば受験に関連するスケジュールを家族全員が目にするところに貼っておいたり、模試や学校見学の際には、弟や妹を一緒に連れて行ってはどうでしょう。数年後には彼らも受験をするのですから、そうした経験にも大きな意味があると思います。弟や妹には、様々な面で我慢をさせてしまうこともあると思います。それを「お兄ちゃんが受験だから」で済ませるのではなく、簡単な学習ドリルや面白そうな本などを用意して、「お兄ちゃんも勉強でがんばっているから、あなたもやってみようね」と声をかけてみてはいかがでしょう。家族みんながサポーターとなり、自然な雰囲気のなかで受験生を励ましていってください。

■2016年「MOVE ON プロジェクト」➡ 2016年十文字が大きく前進します!!

21世紀のグローバル社会でもしなやかに逞（たくま）しく生きていけるように、正解のない課題に対しても論理的に前向きに考えて解決できる力を育てます。価値観の異なる意見も認めてともに協力しあい、どんな困難に直面しても決してあきらめない、オープンマインドを育てます。

MOVE ON プロジェクト①

中学では、スーパー選抜クラスで成果を上げてきたプログラムを全クラスに採り入れます。
中３から希望進路に応じたクラス分けを行います。

MOVE ON プロジェクト②

生徒の内発的動機付けを重視してこれまでも実践してきたプレゼン・ディベートなどアクティブラーニングをグレードアップ、さらにＩＣＴ教育の一環として本館全教室に電子黒板を設置し、デジタル教材を活用して生徒の能動的な学びをサポートしていきます。

MOVE ON プロジェクト③

理系志望者の増加に応えて実験室前フロアーをサイエンス・パークに改装し、ますます理科に興味を抱いてもらい、知的好奇心旺盛なリケジョを育てていきます。

■2016年度中学入試 ➡「多元型入試」を導入します!!

多様な才能と可能性を秘めた受験生によりチャンスを広げるために、来年度から中学入試において「多元型入試」を導入します。グローバル社会における多様性に鑑み、異文化を体験した帰国生や英語が好きな受験生や考えたり表現したりすることに興味のある受験生など様々な可能性を秘めた受験生に門戸を広げます。ぜひ果敢にチャレンジしてください。

◆入試説明会 予約不要

9/12（土）10:00～12:00
10/ 3（土）14:00～16:00
10/24（土）14:00～16:00
11/ 5（木）10:00～12:00

◆イブニング説明会 要予約

10/30（金）18:45～19:45
11/27（金）18:45～19:45

◆帰国生入試説明会 予約不要

10/17（土）10:00～12:00

◆十文字祭（文化祭）

9/19（土）10:00～16:00
9/20（日） 9:00～15:30
※入試何でも相談あり

十文字中学・高等学校

〒170-0004　東京都豊島区大塚1-10-33　Tel. 03(3918)0511
http://js.jumonji-u.ac.jp/

玉川学園 中学部

スーパーグローバルハイスクール(SGH)指定校
スーパーサイエンスハイスクール(SSH)指定校
IBワールドスクール(MYP・DP)認定校

世界標準の教育で夢を実現する力を育てます

学校説明会 Web申込

9/25(金) 19:00~20:00
場所:大学教育棟2014

9/26(土) 10:00~11:30
場所:中学年校舎

10/31(土) 10:00~12:00 *一般クラス(授業参観あり) *I Bクラス(IB体験授業あり)
場所:中学年校舎

11/13(金) 19:00~20:00
場所:大学教育棟2014

1/14(木) 10:00~11:30 (授業参観あり)
場所:中学年校舎

玉川学園体育祭 記念グラウンド

10/ 3(土) 雨天順延 9:30~14:30
*入試相談コーナー 10:00~14:30

入試問題チャレンジ会 Web申込

11/ 7(土) 10:00~12:00 *国語・算数
*外部講師による講演会同時開催

入試問題説明会 Web申込

12/ 5(土) 10:00~12:00

玉川学園展

3/ 5(土)・6(日) 9:00~15:00
*入試相談コーナー 10:00~15:00 Web申込

学校見学

事前申込制:中学年校舎事務室
042-739-8593までお問い合わせください

随時受付

最新情報を玉川学園ウェブサイト、携帯サイトでご覧ください。
説明会・公開行事、入試情報、入試の傾向と対策、入試Q&Aなどの詳細情報を掲載しています。
ホームページ http://www.tamagawa.jp/academy/
携帯サイト http://m-tamagawa.jp/
メールアドレス k12admit@tamagawa.ed.jp

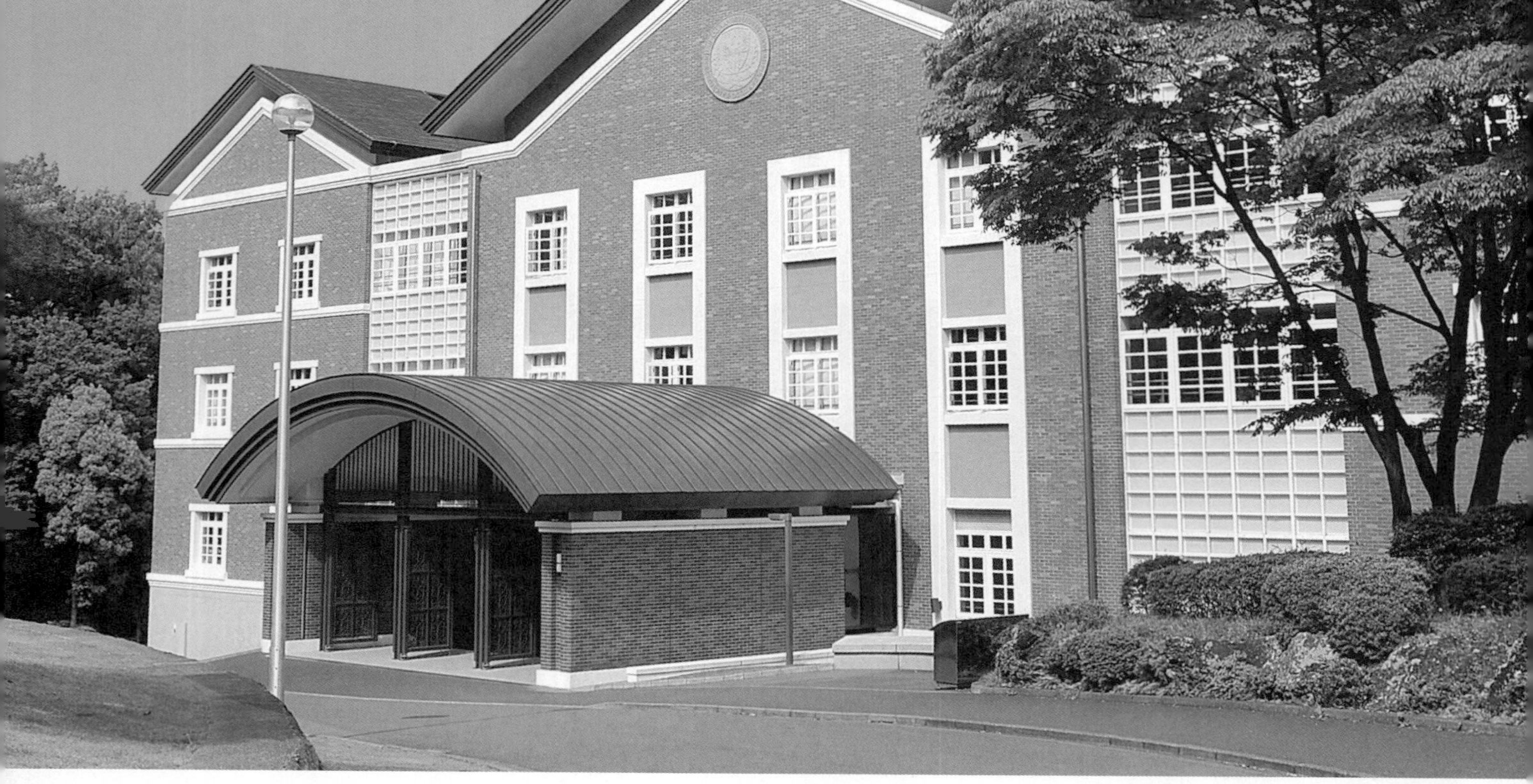

玉川学園 学園入試広報課
〒194-8610 東京都町田市玉川学園6-1-1
TEL:042-739-8931 FAX:042-739-8929
最寄駅:小田急線「玉川学園前」駅下車 徒歩約15分
東急田園都市線「青葉台」駅よりバス17分下車 徒歩約10分

special report

文京学院大学女子中学校 高等学校
―スポーツサイエンス―
スポーツと学業の両立を目指す

創立90周年を迎えた文京学院大学女子中学校 高等学校で、今年度より新たにスタートした3つのコースを、3回にわたってご紹介しています。最終回の今回は、スポーツと学業の両立をとおしてライフスキルを磨く、スポーツサイエンスです。

生徒の個性を伸ばす 3つのコース制誕生

創立から90年を超える伝統を持つ文京学院大学女子中学校 高等学校（以下、文京学院大女子）は、文京区本駒込、歴史的観光名所・六義園に隣接する静かな環境にキャンパスを置く中高一貫の女子校です。

近年では、２０１２年度（平成24年度）に東京の私立女子校として唯一スーパーサイエンスハイスクール（ＳＳＨ）に指定されるなど、その教育内容に期待が寄せられています。

２０１５年度（平成27年度）よりスタートした新カリキュラムでは、国際感覚を育むグローバルスタディーズ（Global Studies）、理数教育により女性サイエンティストの育成を目指すアドバンストサイエンス（Advanced Science）、そして今回ご紹介するスポーツサイエンス（Sports Science）の３つのコースが新設されました。それぞれのコースに分かれるのは中2から。中1の1年間はファンデーションステージ（Foundation Stage）と呼ばれ、基礎学力の育成と学習習慣の定着を目標とし、中2から自分に合ったコースを選び、学びを深めていくカリキュラムとなっています。生徒がそれぞれの将来を意識し、得意分野を積極的に伸ばすことができるコース編成が魅力です。

スポーツを科学する 探究活動で育む能力

今回ご紹介するスポーツサイエンスは、スポーツ科学を学ぶという、他校にはあまり類をみない内容のコースです。もともと文京学院大女子はクラブ活動の盛んな学校で、多くの生徒が部活動に打ち込んでいます。

なかでも18ある体育系クラブの活躍は有名で、バレーやサッカーを筆頭に全国レベルの実績を残しているクラブもありますし、アーチェリー、バトン、カラーガードなど珍しいクラブもあります。こうした校風のもと、スポーツサイエンスが設置された意図とその目指すところについて、広報企画主任の床爪克至先生にお話を伺いました。

「まずお伝えしたいのは、スポーツサ

文女祭（文化祭）

校舎見学・個別相談実施

9/26（土）10:00

9/27（日）10:00

部活動体験week

10/1（木）～10/7（水）

文京学院大学女子
中学校 高等学校
東京都文京区本駒込6-18-3
Access:
JR山手線・地下鉄南北線
「駒込駅」・JR山手線・
都営三田線「巣鴨駅」徒歩5分
TEL:03-3946-5301
URL:
http://www.hs.bgu.ac.jp/

イエンスが、スポーツ活動と学業の両立を前提にしている点です。名称から、クラブ活動などで実績をあげることを第1目標としたコースだと思われるかもしれませんが、そうではありません。スポーツをやりながら、しっかり学力をつけることを目指します。

現在の学校教育において、スポーツと学業はどちらかに偏りがちな傾向があります。しかし、スポーツでは戦略や駆け引き、データの分析や活用など、知識や学力も必要です。また、スポーツに取り組むことで、これからの社会や人生をたくましく生き抜いていく力、組織のなかでの個の役割を果たす力といったライフスキルを修得できるように導いていきます。

2020年の東京オリンピックに向けて、今、日本ではスポーツの世界に注目が集まっています。今後一層の発展が期待される分野であり、スポーツ関係の職業へ就く人材は増えていくと考えられます。そうした将来を見据え、スポーツを愛する本校の生徒が、これからの日本のスポーツ界を担う人材として活躍できる力を育んでいける場をつくりたいという思いから、このコースを設立しました」（床爪先生）

スポーツサイエンスでの充実したプログラムをご紹介します。各学年で、スポーツをテーマにした探究活動「スポーツ・サイエンス・ラボ」に取り組みます。中2でテーマごとに分かれたスポーツ・ラボに所属し、グループ研究を行い、中3で中学卒業研究としてまとめます。高校でも探究活動に取り組み、希望者はSSH活動と連携し外部での研究発表を目指すこともできます。さらに高2では、企業研究としてスポーツに関連する職業の現場を学ぶフィールドワークも行われます。

また、高2では、スポーツ科学先進国との交流プログラムとして、オーストラリア・ゴールドコーストでの海外スポーツ研修（希望制）があります。

床爪先生は、「そのほか、専門家から身体や心の仕組みなどを学び、自分の身体の管理方法やメンタル強化法に役立つような課外講座を『スポ学講座』として実施していくなどスポーツ活動に取り組む生徒をサポートしていきます。このように、スポーツサイエンスでは、スポーツ活動と探究活動によって、スポーツ科学や体育分野だけではなく、医療や栄養などの理系分野や経営などの文系分野など多様な進路を目指す力を育みます」と語られました。

特色ある3つのコースから、自分の個性を伸ばすことのできる文京学院大女子の教育に注目が集まっています。

学校説明会
文京生体験
要予約

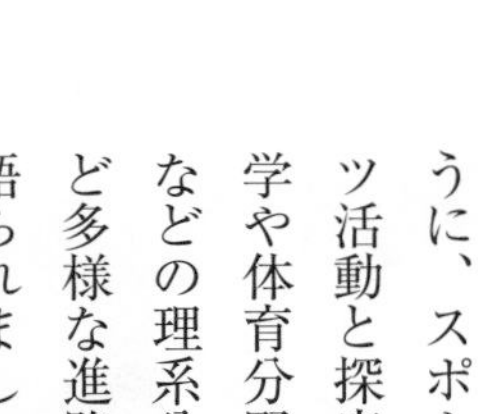

10/25（日）10:00

学校説明会
イブニングセッション

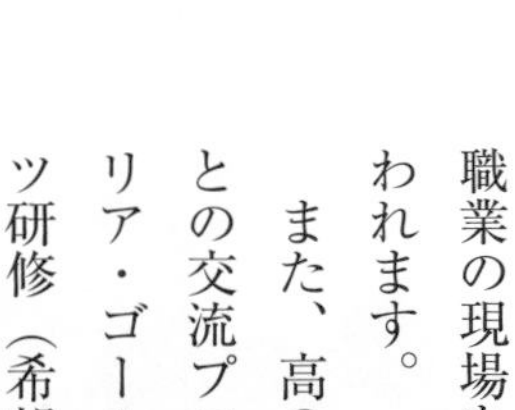

11/6（金）	12/4（金）	1/15（金）
18:30	18:30	18:30

「個」を育てる。
「未来」へつなぐ。

学校説明会 予約不要

- 9/ 4 金 第1回 10:30〜11:50
- 10/10 土 第2回 10:00〜11:50 第3回 14:00〜15:50
- 11/ 7 土 第4回 10:30〜11:50 第5回 14:00〜15:20

入試対策説明会（6年生対象）
11/28[土] 10:00〜11:50 14:00〜15:50 要予約

施設見学会 予約不要

- 8/ 1 土
- 8/28 金
- 8/29 土

各日とも
10:00〜12:00
13:30〜15:30

紫紺祭（文化祭） 予約不要

9/26[土] 10:00〜16:00
9/27[日] 9:30〜15:30

明治大学付属
明治中学校

〒182-0033 東京都調布市富士見町4-23-25
TEL: 042-444-9100(代表)
FAX: 042-498-7800
http://www.meiji.ac.jp/ko_chu/

学校説明会
9月 6日(日)10:30
10月10日(土)14:30

オープンキャンパス クラブ体験入部 ※要予約
10月3日(土)14:00

入試説明会
11月 5日(木)10:30
11月28日(土)14:00

本郷祭
9月19日(土)10:00～16:30
9月20日(日) 9:00～16:00

本郷 中学校 高等学校

HONGO JUNIOR & SENIOR HIGH SCHOOL

Address:東京都豊島区駒込4-11-1　TEL:03-3917-1456
Access:JR山手線・都営三田線「巣鴨駅」徒歩3分、JR山手線・地下鉄南北線「駒込駅」徒歩7分　URL:http://www.hongo.ed.jp/wp/

先輩から引き継がれる3つの教育方針

自学自習

自己発信型の学習を経験する「卒業論文」。専門の人による校正指導も受けながら、約1年間で3000字程度の論文を完成させます。また、自ら目標を設定して学んでいく力は、本郷オリジナルの検定試験「数学基礎学力検定試験」「英単語力検定試験」をとおして身につけます。

校内には、ふたつの自学自習スペースがあります。私語厳禁の「自習室」は、集中して勉強に取り組める環境。一方、「ラーニング・コモンズ」は、ミーティングやグループワークなど、様々な用途に使えます。生徒自身が目的に合わせた活用法を編み出し、能動的な学習スタイルを展開できる空間です。

文武両道

中学は98%、高校は83%の生徒がクラブに所属。「中学は1日2時間 × 週3日（日曜は顧問の判断）、高校は1日3時間 × 週5日まで」と限られた活動時間で目標に向かって成果をあげるように努力し、学習時間とのメリハリをつけながら、日々成長を続けています。

生活習慣の確立

就寝時間や起床時間、学習時間などを記録する「生活記録表」を使用し、自己管理能力を高めます。コミュニケーションの基本である「あいさつ」も、学校全体で取り組んでいます。

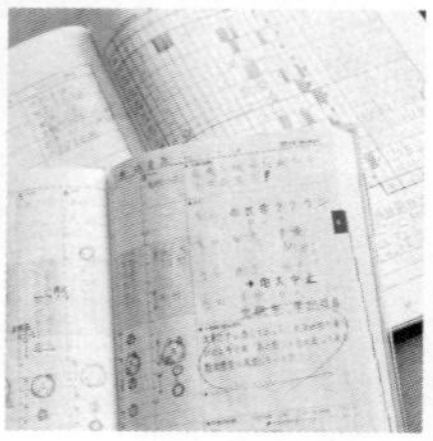

本郷中学校・高等学校は、「文武両道」「自学自習」「生活習慣の確立」という3つの教育方針を掲げ、〝次世代を担うリーダー〟を育成しています。「文武両道」は、創立当初から大切に引き継がれてきた精神です。「自学自習」と「生活習慣の確立」は、進学校として方針が見直され、新たに掲げられたものです。

方針の見直しが行われたきっかけについて、入試広報部部長の佐久間昭浩先生は、「以前は、教員が手厚く補習や個別指導を行い、生徒がそれに甘えていることがありました。生徒にとって本当に必要なのは、自ら学ぶ力。それを身につけさせることこそが、私たちの行うべき教育なのです」と説明されます。

3つの教育方針に込められた想いは、先輩から後輩へと引き継がれ、学校全体に浸透してきています。この「タテのつながり」について、佐久間先生は「男子は、女子のようにコツコツ努力するのが苦手な生徒が多く、やる気を出させるには、何かきっかけを与えることが大事なのです。この〝きっかけ〟となる最も身近な存在が先輩で、先輩の成功体験が後輩に引き継がれるよう、本校では〝タテのつながり〟を意識した様々な取り組みを行っています。目標となる先輩の存在は後輩たちには何よりも刺激になるからです」と語られます。

その取り組みのなかのひとつに、中1と中2の「数学合同授業」があります。全員で同じ問題を解き、中2が中1の採点、指導を行う仕組みになっています。この授業を通じて、中2は後輩に負けないよう、自ら進んで学ぶように成長します。先輩から学ぶ中1も、多くの刺激を受けるのだそうです。

「中2は中1に、授業の内容だけでなくいろいろな話をしてくれます。こうした交流から、文武両道の精神や、自学自習の大切さなどが伝わっていくのだと思います」（佐久間先生）

数年後の創立100周年に向け、さらなる進化を続ける本郷。3つの教育方針が浸透し始め、大学合格実績もさらに伸びてきています。

「在学生はやりたいことがハッキリしています。6年間の学校生活のなかで、やりたいことを自分で選び、それを貫く力が身につけられます。勉強もクラブも最後までやりぬき、第1志望の大学に進学する先輩たちが多い学校です」（佐久間先生）

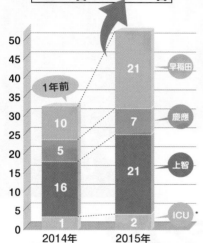

ジュクゴンザウルスに挑戦！

熟語パズル 答え

問題は92ページ

【答え】社会人

マスの中央に入る漢字は【A】会、【B】社、【C】人。この３文字を並べ替えてできる三字熟語は「**社会人**」です。

【A】

	国	
再	会	議
	計	

【A】の答え　**会**

ヨコ書きの二字熟語

再会（さいかい＝長く別れていた者が久しぶりに会うこと）

会議（かいぎ）

タテ書きの二字熟語

国会（こっかい＝国の議会。国権の最高機関で、唯一の立法機関）

会計（かいけい）

【B】

	神	
退	社	説
	交	

【B】の答え　**社**

ヨコ書きの二字熟語

退社（たいしゃ）

社説（しゃせつ＝新聞・雑誌などで会社の主張として載せる論説）

タテ書きの二字熟語

神社（じんじゃ）

社交（しゃこう＝積極的に人々と付き合おうとするようす）

【C】

	成	
旅	人	情
	質	

【C】の答え　**人**

ヨコ書きの二字熟語

旅人（たびびと）

人情（にんじょう）

タテ書きの二字熟語

成人（せいじん）

人質（ひとじち＝交渉を有利にするため特定の人を捕まえておくこと。※読み方が難しいので覚えよう）

田園調布学園中等部・高等部

グローバル社会に必須の力「21世紀型スキル」

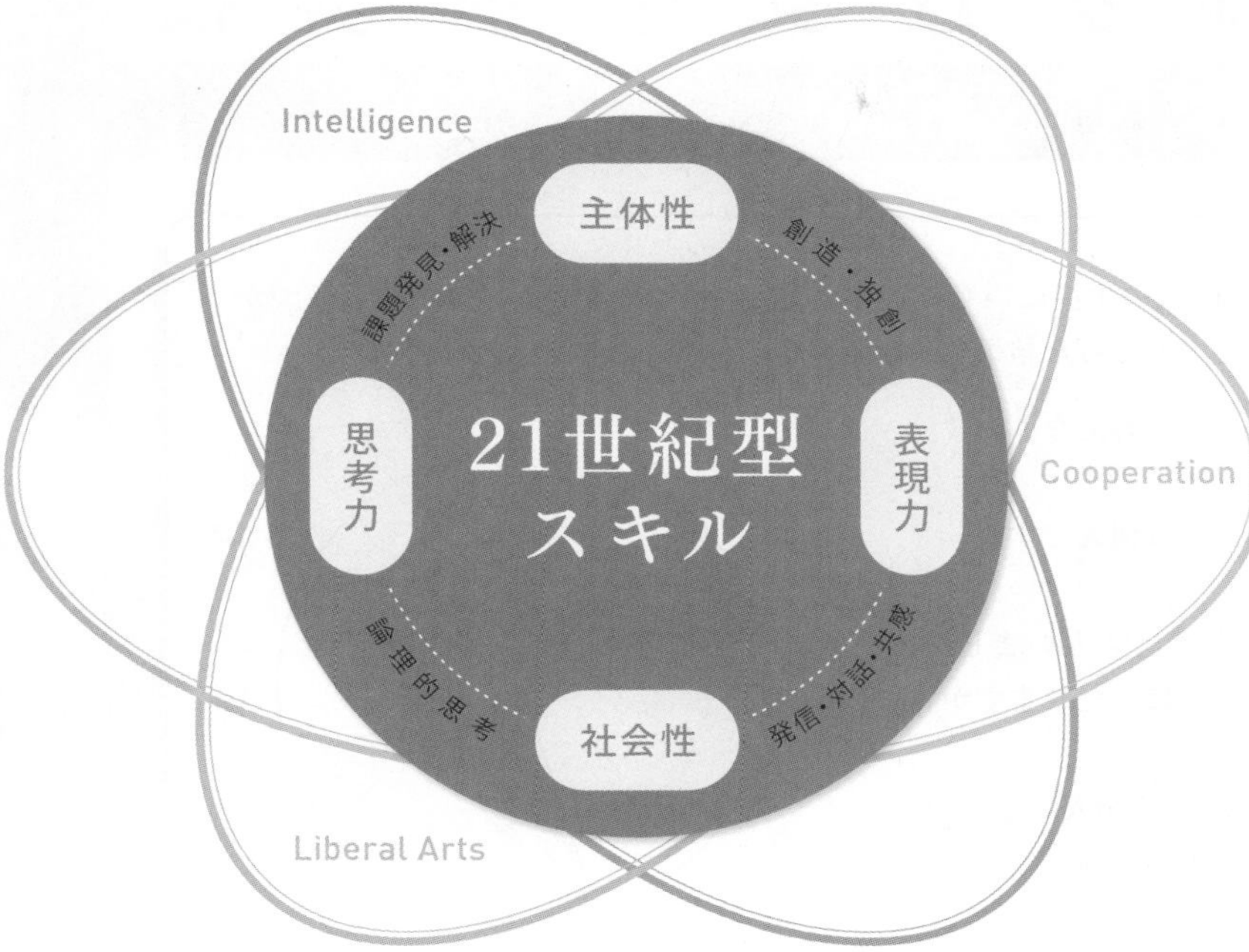

グローバル社会に貢献する人格の“根っこ”を育て、豊かな人生を創る力を磨く、田園調布学園の「21世紀型スキル」。思考力・表現力という2つの能力と、主体性・社会性の2つの態度を融合させ未来へつなぐこのスキルを、協同探求型授業、土曜プログラム、学習体験旅行などのあらゆる教育活動を通して培います。出会う対象に関心を向けて、課題を発見・考察し、独創性を持って発信する術を習得した生徒たちは、どのライフステージに立っても課題解決力を発揮し、社会を活気づけていくことでしょう。

http://www.chofu.ed.jp

〒158-8512 東京都世田谷区東玉川2-21-8 Tel.03-3727-6121 Fax.03-3727-2984
＊東急東横線・目黒線「田園調布」駅下車 〉〉 徒歩8分 ＊東急池上線「雪が谷大塚」駅下車 〉〉 徒歩10分

学校説明会

10月22日(木) 10:00～11:30
11月 6 日(金) 19:30～21:00 (予約制)
11月21日(土) 13:00～14:30

入試直前学校説明会

12月 5 日(土) 10:00～11:30 ＊入試体験
12月11日(金) 19:30～21:00 (予約制)
1 月13日(水) 19:30～21:00 (予約制)

公開行事

なでしこ祭 9 月26日(土) 9:30～
9 月27日(日) 9:00～
体育祭 10月10日(土) 9:00～
定期音楽会 1 月26日(火) 12:30～

土曜プログラム見学会

9月19日・10月 3 日・11月 7 日
10:15～11:15 (予約制)
＊各回、定員に達しましたら、受付を終了いたします。

オープンスクール

10月22日(木)・11月6日(金)・11月21日(土)

中等部入試

	第1回	第2回	第3回	海外帰国子女
試験日	2月1日	2月2日	2月4日	12月19日
募集定員	100名	70名	30名	若干名
試験科目	4科・面接			2科(算・国) 面接

＊予定は変更となることもありますので詳細はＨＰにてご確認下さい。

緑《みどり》ヶ《が》丘《おか》女《じょ》子《し》中学校

●神奈川県横須賀市緑が丘39
●京浜急行線「汐入駅」徒歩5分、JR横須賀線「横須賀駅」徒歩15分
●TEL：046-822-1651
●http://www.midorigaoka.ed.jp/

問題

右の円グラフは200人の生徒にいちご，メロン，バナナ，すいか，ぶどうの５つから好きな果物を選んでもらった結果を表しています。

このとき，次の問いに答えなさい。

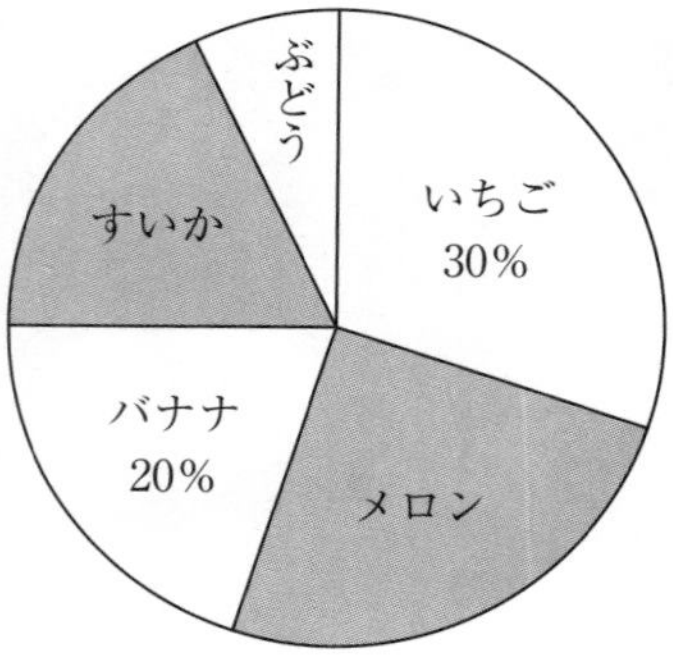

(1) いちごを選んだ人は何人ですか。

(2) メロンを選んだ人は50人いました。これは全体の何％にあたりますか。

(3) すいかを選んだ人は36人いました。ぶどうを選んだ人は全体の何％ですか。

解答 (1) 60人　(2) 25%　(3) 7%

グリーン祭（文化祭）
９月20日（日）9:30
個別相談コーナーあり

平日見学説明会
10月13日（火）13:30

学校説明会
11月３日（火祝）10:00

入試説明会
12月５日（土）10:30
１月16日（土）10:30

明《めい》星《せい》中学校

●東京都府中市栄町1-1
●JR武蔵野線「北府中駅」徒歩15分、京王線「府中駅」、JR中央線・西武線「国分寺駅」バス
●TEL：042-368-5201
●http://www.meisei.ac.jp/hs/

問題

次の各問いに答えなさい。

(1) A, Bの２人の平均体重は35kgで、C, D, Eの３人の平均体重は40kgです。このとき、A，B，C，D，Eの５人の平均体重は何kgですか。

(2) $\frac{1}{5}$ と $\frac{1}{3}$ の間にあり、分母が10である分数の分子の整数は何ですか。

(3) A，B，Cの３種類のおもりがたくさんあります。これらをてんびんではかったところ、A３個とB５個がつりあい、B10個とC12個がつりあいました。Aのおもり５個とつりあうCのおもりは何個ですか。

(4) 家から４km離《はな》れた学校に兄と弟が向かいます。先に弟が分速80mで家を出発し、その後兄が分速125mで出発したところ、兄は弟と同時に学校に着きました。兄は弟の何分後に出発しましたか。

(5) 右の図は正方形とおうぎ形をくみ合わせた図形です。色のついた部分の面積は何㎠ですか。ただし、円周率は3.14とします。

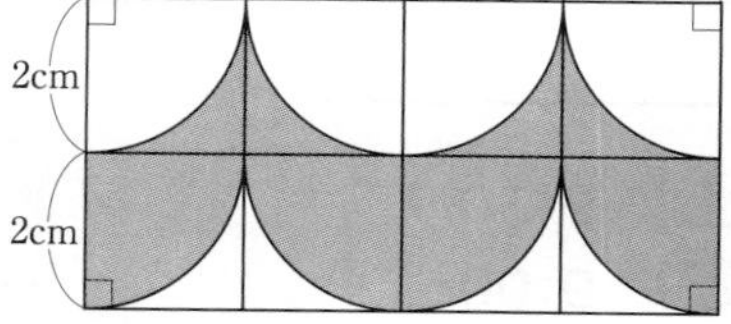

解答 (1) 38kg　(2) 3　(3) 10個　(4) 18分後　(5) 16㎠

学校説明会
９月５日（土）14:00
10月10日（土）14:00
11月７日（土）14:00
11月20日（金）19:00
12月５日（土）14:00
１月16日（土）15:00

明星祭（文化祭）
９月26日（土）9:00～15:00
９月27日（日）9:00～15:00

私立中学の入試問題にチャレンジ

神奈川学園中学校《かながわがくえんちゅうがっこう》

●神奈川県横浜市神奈川区沢渡18
●JR線ほか「横浜駅」、東急東横線「反町駅」徒歩10分
●TEL：045-311-2961
●http://www.kanagawa-kgs.ac.jp/

問題

図1のようにビーカー内に入れた室温の水をアルコールランプで加熱し、沸とうするまでの時間と温度を測定しました。その結果、時間と水の温度の関係をグラフに表したものが図2です。以下の問いは、すべて通常の地上での気圧（約1気圧）におけるものとして答えなさい。

(1) ビーカー内の水が沸とうしたのは加熱をはじめてから何分後ですか。

(2) グラフの①の温度は約何℃ですか。次の（ア）～（エ）の中から最も近いものを1つ選び、記号で答えなさい。

（ア）50℃　（イ）100℃　（ウ）500℃　（エ）1000℃

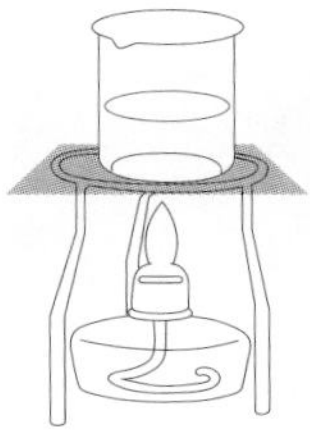

図1

(3) 水の量を半分にして同じアルコールランプで同じ実験を行いました。その結果について述べた次の文章の（　）内に当てはまる語句を下の【語群】から選び、記号で答えなさい。

ビーカー内の水が沸とうする温度は最初の実験の時と比べて（①）。沸とうするまでの時間は最初の実験の時と比べて（②）。

【語群】（ア）高くなる　（イ）低くなる　（ウ）長くなる
（エ）短くなる　（オ）変わらない

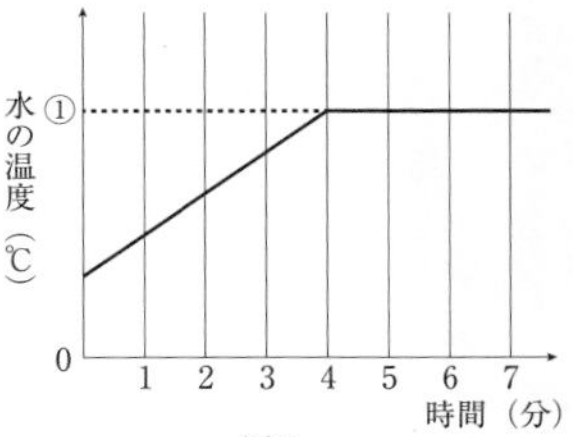

図2

(4)「紙鍋《かみなべ》」という料理法があります。紙で鍋《なべ》の形をつくり、中にだし汁《じる》と具《ぐ》を入れて火にかけるのですが、紙製の鍋の底が火にあたっても燃えません。これはなぜですか。理由を簡単《かんたん》に説明しなさい。

解答　(1) 4分後　(2) イ　(3) ①オ ②エ　(4) だし汁が沸とうしている間は、温度が100℃以上に上がらないから。

学校説明会
9月5日（土）10:30～12:00
10月2日（金）10:30～12:00
11月21日（土）10:30～12:00
1月9日（土）10:30～12:00

文化祭
9月19日（土）9:00～16:00
9月20日（日）9:00～16:00

オープンキャンパス
10月31日（土）10:30～12:30

入試問題説明会
12月12日（土）8:30～12:30

国士舘中学校《こくしかんちゅうがっこう》

●東京都世田谷区若林4-32-1
●東急世田谷線「松陰神社前駅」徒歩6分、小田急線「梅ヶ丘駅」徒歩13分
●TEL：03-5481-3114
●http://jhs.kokushikan.ed.jp/

問題

次の問題に答えなさい。

問一　次の文から、主語と述語を書きぬきなさい。
カップに注がれた牛乳はとても熱かった。

問二　次の各組の□には同じ言葉が入ります。あてはまる言葉を後の中から一つずつ選び、それぞれ番号で答えなさい。

①□を疑う・□に余る・□もくれない

②□をさぐる・□を決める・□をかかえる

1手　2足　3目　4耳　5腹

問三　次が対義語の組み合わせになるように、それぞれ下の［　］の中のひらがなを漢字に直して□に入れなさい。

①登山―□山　②平等―□別

［こ　か　さ　げ　し］

問四　次の漢字の総画数を後の中から一つ選び、番号で答えなさい。

席

1七画　2八画　3九画　4十画

解答　問一 主語：牛乳は　述語：熱かった（。）　問二 ①3 ②5　問三 ①下（山） ②差（別）　問四 4

授業見学会　要予約
9月15日（火）10:20～11:20
11月11日（水）10:20～11:20

入試説明会
10月24日（土）14:00～15:30
11月15日（日）10:00～11:30
11月28日（土）14:00～15:30
12月5日（土）14:00～15:30※
1月9日（土）14:00～15:30
※小6対象チャレンジ入試実施

部活動見学会　要予約
10月19日（月）16:00～17:30

秋楓祭（文化祭）
11月2日（月）10:00～15:00
11月3日（火祝）9:00～15:00

高水準の英語力と豊かな感性が身につく教育を実践

八雲学園中学校

2015年（平成27年）、多数の国公立・早慶上理・GMARCH合格者を輩出した八雲学園中学校・高等学校は「英語教育」を特色のひとつとしています。昨年新たなプログラムを開始し、未来に向けたさらなる進化・発展を予感させています。

School Information

所在地　東京都目黒区八雲2-14-1	URL　http://www.yakumo.ac.jp/
TEL　03-3717-1196	アクセス　東急東横線「都立大学駅」徒歩7分

「質」にこだわりぬく八雲学園の英語教育

6年間にわたり、大学入試に必要な「読む・書く・聞く・話す」の英語4技能を徹底して身につける八雲生。アクティブ・ラーニング、つまり「体験」を大切にした英語関連行事を楽しみながら、グローバル社会で活躍できる人材となることを目指します。

その行事のひとつが、中学3年次に生徒全員が参加する「アメリカ海外研修」です。2週間でUCSB（カリフォルニア大学サンタバーバラ校）をはじめとした地元の学校を訪問し、姉妹校のケイトスクールとも交流します。

アメリカ海外研修

3カ月語学留学

期間中、たびたび活用されるのが、郊外施設の「八雲レジデンス」。近隣の、海岸に面した丘陵に建つこの施設は、ゲストハウスや温水プール、テニスコートなどを備えた、リゾートホテル顔負けの快適な空間です。約35年間にわたり英語教育に携わってこられた近藤彰郎校長先生は、この取り組みについて次のように語られます。

「本校は、英語教育をいかに進化・発展させていくか、に尽力しています。姉妹校の質にもこだわりぬき、名門ケイトスクールと提携するまでに約10年間、毎年のように海外へ出向いたものです。英語教育は『飾り』ではありません。中身が非常に大切なのです」

TESOL取得講師から学ぶ3カ月語学留学プログラム

2014年度（平成26年度）からは、高校1年次の行事として「3カ月語学留学プログラム」が導入されました。希望者のなかから、英語力・生活態度・意欲の評価により選抜された生徒が参加するもので、UCSBで寮生活を送りながら、現地の生徒たちとともに計250時間、授業に出席します。それに加え、事前・事後学習が3カ月ずつあるため、実質9カ月にわたり英語力が鍛えられるプログラムです。

昨年参加した生徒は、その後、めざましい成果を見せ、今年の学校説明会では、受験生や父兄の前で英語スピーチを披露しました。そのようすを見られた近藤校長先生は、「格段にうまくなっています。多くの受験生たちに、『八雲に入ればこんなふうになれる』と、希望を抱かせてくれました」と、絶賛されています。

このプログラムの最大の特徴は、TESOL（テッソル）の資格を持つ現地の特別講師から、質の高い英語を学べることです。TESOLとは、「英語を母国語としない人たち向けに英語を教える能力」が認められる国際資格。これを持つ先生は、英語を「話す」だけでなく、正しく「教える」能力を持っています。

「ネイティブだからといって、正しい英語を話しているかというと、疑問を感じます。日本人にも、正しい日本語が使えない人がいるのと同じです。また、文法的には合っていても、適切な言い回しができなければ、『本当に使える英語』とは言えません。TESOLを持つ先生から学ぶことで、世界に通用する本物のグローバルな英語を身につけてほしいと思っています」（近藤校長先生）

八雲学園にも、TESOLを持つ先生は2名在籍しています。日本にいながら、「質の高いネイティブの英語」に触れられる環境が、ここにはあるのです。

女子を輝かせる教育で感性豊かなOGを輩出

八雲学園の特色は英語教育にとどまりません。近藤校長先生が「女子は、磨けば磨くほど光り輝く」と語られるように生徒を手厚くサポートするいくつものの体制が整っています。

そのひとつが、「芸術鑑賞」です。八雲学園では毎月1回、芸術鑑賞を行います。国立博物館やミュージカル、鎌倉研修など、様々な文化を体験し、机上では得られないものに触れることで、豊かな感性を養います。

スピーチコンテスト

芸術鑑賞

「体験することはとても大切です。女子は、大人が導いてあげることによって、『じゃあ、やってみよう』という姿勢を見せてくれます。自分の殻を破り、世界に出て行く生徒たちを手伝うのは、私たちの役目なのではないでしょうか」と、近藤校長先生。外に出向いて行う体験のほか、スポーツ界の有名監督や、名門イエール大学のアカペラグループを招いたりするなど、校内での体験も盛んです。

先生が生徒を導く、という観点では、「チューター方式」も特色ある取り組みのひとつ。学内の先生が全員で、担当生徒を分担しています。多感な時期の生徒たちにとって、24時間体制で相談できる人がそばにいる、ということはとても心強いことでしょう。近藤校長先生は、「チューターと生徒の『相性』にも配慮しています。入学時に一度担当を決めますが、中学2年次に『合う、合わない』を生徒に確認し、再編します。双方が寄り添うための取り組みなので、当然のことだと思っています。生徒は、守られてこそ成長できるのです」と話されます。

先生方のきめ細かい対応は、「進路指導」にも活かされています。生徒が進路に迷った時、担任やチューター、進路担当が背中を押す存在になっているのです。「学校としての進路目標を押しつけるのではなく、生徒一人ひとりの目標に合わせた個別指導を実践しています。本人の希望を叶えるために手をかけることはとても大事なことです。入学時に偏差値が40に満たなかった生徒が、最終的に60を超えた例もあります。周囲のバックアップは、本人の自信にもつながります」と近藤校長先生。

このように、独自の教育を展開する八雲学園中学校。グローバルに活躍できる英語力や人間力、豊かな感性を身につけ、いきいきと巣立っていった卒業生たちの多くが、たびたび八雲学園に顔を見せに来るそうです。その姿を見た後輩たちもまた、未来に希望を抱くのでしょう。

「人は学ぶ時代を選べません。『今の時代で、夢を持ち、自分のやるべきことをしっかりやろう』という気持ちを持つ生徒に入ってきてほしいですね。勉強に集中できる環境に感謝し、夢の実現を目指してもらえたらと思います」（近藤校長先生）

学校説明会

すべて10:30〜
※ 9月13日(日)
9月29日(火)
10月28日(水)
※11月22日(日)
12月18日(金)
1月 9日(土)

※の日は英語の体験学習も実施。

MEISEI

MGSクラスの設置 !!

明星高等学校は来年度より
難関国公立・私立大への進学を目指す生徒を対象とした
MGS〔Meisei Global Science〕クラスを設置します。

学校説明会

第2回　9月　5日(土)
14:00〜
［明星の部活動＆MGS新設！
〜新しい明星］

第3回　10月10日(土)
14:00〜
［在校生とトーク］

第4回　11月　7日(土)
14:00〜
［小6対象模擬試験(要予約)］

第5回　11月20日(金)
19:00〜
［Evening(お仕事帰りにどうぞ)］

第6回　12月　5日(土)
14:00〜
［小6対象入試問題解説・
入試対策授業(要予約)］

第7回　1月16日(土)
15:00〜
［小6対象面接リハーサル(要予約)］

※説明会のみのご参加は予約不要です。
※各説明会、イベントの詳細は、開催日近くになりましたら
ホームページでご確認ください。

オープンキャンパス

第2回　8月29日(土)
第3回　8月30日(日)
9:00〜15:00
※予約不要

明星祭／受験相談室

9月26日(土)・27日(日)
9:00〜15:00
※予約不要

学校見学

月〜金曜日　9:00〜16:00
土曜日　9:00〜14:00

※日曜・祝日はお休みです。
※事前のご予約が必要です。

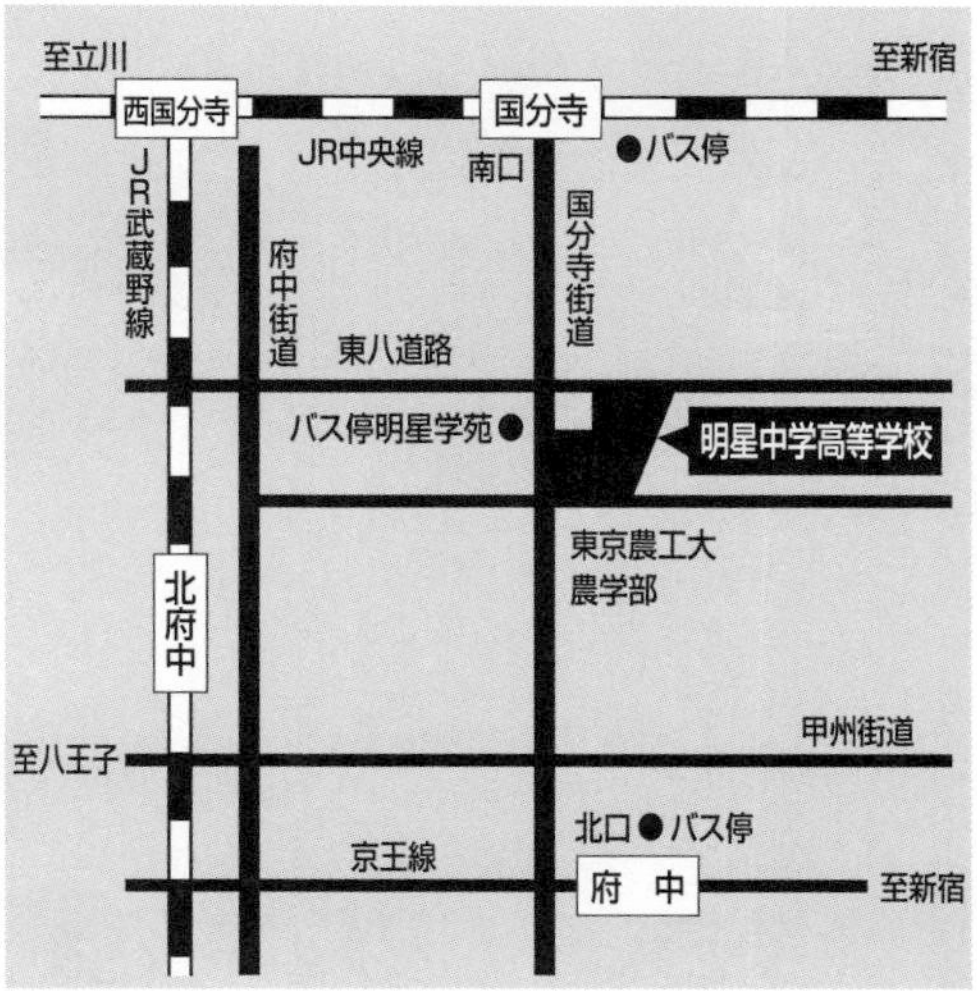

ご予約、お問い合わせは入学広報室までＴＥＬ．ＦＡＸ．メールでどうぞ

平成28年度
MGSクラス設置

MEISEI

明星中学校

〒183-8531　東京都府中市栄町1－1
入学広報室　TEL　042-368-5201(直通)　FAX　042-368-5872(直通)
(ホームページ)　http://www.meisei.ac.jp/hs/　(E-mail) pass@pr.meisei.ac.jp

交通／京王線「府中駅」
JR中央線／西武線「国分寺駅」
徒歩約20分
またはバス(両駅とも2番乗場)約7分「明星学苑」下車
JR武蔵野線「北府中駅」より徒歩約15分

本質的な学び力を育て
東大を目指す
先進コース

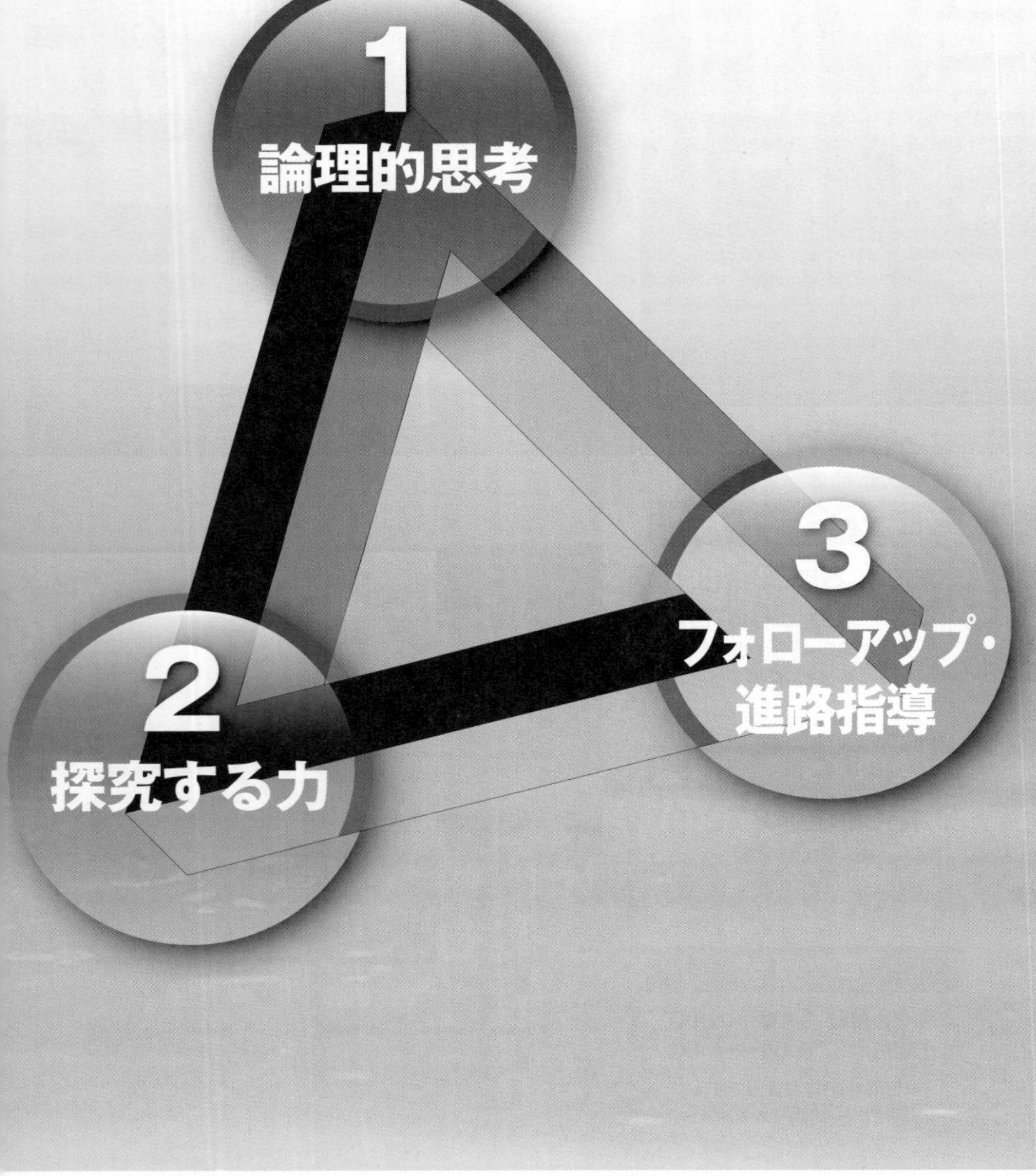

1 論理的思考

理由を言って答えることを習慣化する「授業」により「根拠をもって論理的に考える力」を育てます。授業では回答の根拠を追究し、論理的に自分の意見を言う習慣をつけることが大事です。例えば英語の授業では、授業の終わりに次のレッスンのワークシート（テキストの単語・例文・本文を書き、発音を調べ、意味を決定）を完成させるのですが、先生はあくまで考えるヒントを与えるだけで、決して答えは教えません。だから自分の答えが、なぜそうなったのか、友達と違えばその根拠が大切になります。授業は、次のレッスンの予習⇒（次の授業で）先生からの説明⇒グループ学習⇒次のレッスンの予習…と、生徒主体の学習がスパイラルに展開していきます。

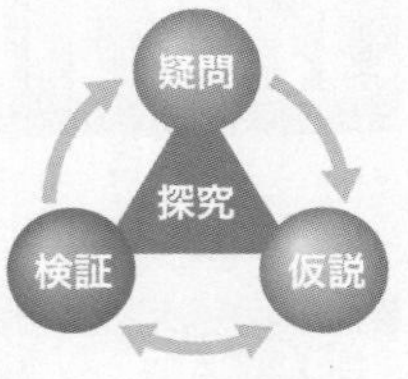

2 探究する力

■ 野外探究・磯

「先進コース」の取り組み「探究」では、自らの疑問に対し、仮説を設定し調査・観察・実験などの検証を行い、豊かな議論・対話を通し「根拠を持って論理的に考え、自分の言葉で表現する」探究力を育てます。中1から高2まで取り組みます。学年ごとに探究指導シラバスがあります。例えば中1は「疑問の見つけ方」⇒「グループ探究」⇒「野外探究・上野動物園」「野外探究・磯」（野外探究は上野動物園・磯2回ずつ）⇒「発表準備」⇒「発表会」⇒「振り返り」⇒「2年に向けて」という流れです。

3 フォローアップ・進路指導

■ 学習合宿

本校では、「将来も持続する学び力」「難関大学進学」に向けて、学校完結型学習指導を行っています。自分の学習法を発見し、自学力を身につける「学び力伸長システム」が「進学力伸長システム（高校後半〜）」へ繋がります。

中高一貫

安田学園中学校

http://www.yasuda.ed.jp/

〒130-8615 東京都墨田区横網 2-2-25 TEL 03-3624-2666

JR 両国駅西口徒歩 6 分 都営地下鉄大江戸線両国駅 A1 口徒歩 3 分

学校説明会情報

- 9/12 土 学校説明会 クラブ体験
- 10/24 土 学校説明会 クラブ体験
- 11/8 日 学校説明会 入試体験

渋谷教育学園幕張中学校・高等学校

〒261-0014 千葉市美浜区若葉１-３　TEL.043-271-1221（代）　http://www.shibumaku.jp/

―中学受験のお子様を持つ親のために―

わが子が伸びる親の『技《スキル》』研究会のご案内

主催：森上教育研究所　　**協力：「合格アプローチ」他**
（ホームページアドレス）http://oya-skill.com/

平成27年度後期無料公開シンポジウム

10 土 24

麻布入試攻略法
親子講座
金　廣志
（悠遊塾主宰）

●17:00～19:00　会場:広尾学園

テーマ 麻布入試攻略法【小６対象】

内　容 麻布入試に絞った究極の攻略法。受験生の答案例などを参考にして４科の解法を指導します。麻布必勝をねらう受験生と保護者にとっては必見の講座です。

先着50組 満席になり次第〆切

---

11 土 14

女子学院入試攻略法
親子講座
金　廣志
（悠遊塾主宰）

●13:00～15:00　会場:千代田女学園

テーマ 女子学院入試攻略法【小６対象】

内　容 女子学院入試に絞った究極の攻略法。受験生の答案例などを参考にして４科の解法を指導します。女子学院必勝をねらう受験生と保護者にとっては必見の講座です。

先着50組 満席になり次第〆切

平成27年度後期講座予定

第1回 9 月 14

コーチ

小野　圭
（小野算数塾主宰）

テーマ 苦手教科克服法～苦手に理由と対策あり　得点源への飛翔法【小３～小6対象】

内　容 勉強しても勉強しても成績が上がらないとあきらめていませんか？　苦手には、そもそも理由（わけ）と対策があります。例えば算数で、その理由【原因】の最たるものと言えば、「大問（難しい問題）が解けない」という思い込みです。これは間違いです。実は「正答率の高い小問（一行問題）」を落としているのが真因です。そうした勉強法のアンマッチを正すことで「短期間であっても偏差値は急伸する」のです。その成績飛翔の秘訣の一端をご紹介いたします。

申込〆切9/10（木）

第2回 9 水 16

国　語

田代　敬貴
（国語指導&執筆）

テーマ 小４までに育てたい国語脳【小2～小4対象】

内　容 ５年生から本格的な受験勉強を始めさせる前に、親は我が子にどのようなしつけをし、どのような頭のつかい方を教えておく必要があるのか。将来、入試で要求される「読む力」・「書く力」を見据えた、我が子を中学受験に向かわせる親の基礎講座です。

申込〆切9/14（月）

第3回 9 木 24

算　数

望月　俊昭
（算数指導&執筆）

テーマ 学び方のポイント：整数・文章題・図形【全学年対象】

内　容 同じように時間をかけて勉強していても、分野・テーマによってその成果は大きくちがいます。分野・テーマによる成果のばらつきを回避するためには、各分野・各テーマの学び方のポイントを理解しておくべきです。時間をかけて学ぶ成果をより確実にするために、それぞれの学びに必要な<いかに取り組むか>を、具体例を使って説明します。

申込〆切9/18（金）

◇**時間**：10：00～12：00　但し、無料公開シンポジウムは案内文をご確認下さい。
◇**会場**：通常は森上教育研究所セミナールーム（JR・地下鉄市ヶ谷駅下車徒歩７分）で開催
　但し、無料公開シンポジウムの会場は案内文をご確認下さい。
◇**料金**：各回3,000円（税込）※決済完了後の返金はお断りしております。
◇**申込方法**：スキル研究会WEBサイト（http://oya-skill.com/）よりお申込下さい。
　メール・FAXの場合は、①保護者氏名　②お子様の学年　③郵便番号　④住所　⑤電話／FAX番号／メールアドレス
　⑥参加希望回　⑦WEB会員に登録済みか否か　を明記の上、申込〆切日16時までにお送り下さい。
　折り返し予約確認書をメールかFAXでお送りします。尚、本研究会は塾の関係者の方のご参加をお断りしております。

お電話での
申込みは
ご遠慮下さい

お問い合わせ　：森上教育研究所　メール：ent@morigami.co.jp　FAX:03-3264-1275

首都圏 2016年度版

中学受験情報誌 合格アプローチ 臨時増刊

国立 私立 中学校 厳選ガイド275校

好評発売中

Ａ４変版 202ページ
定価：本体1,800円+税
ISBN978-4-86512-065-3

直接購入ご希望のかたは
☎03-3253-5944
グローバル教育出版
営業部、または弊社ＨＰ
よりご注文ください

全国の書店
でお求め
ください

現在、国内には490校もの中高一貫校があります。そのうち、首都圏には300校以上の学校が所在しています。また、これまでの国立・私立だけではなく、公立中学校においても、中高一貫校を新設する動きがつづいています。多くの選択肢のなかから、各家庭の考え方やポリシーに合わせた教育を選ぶことができるということは、非常に幸せなことです。しかし、その反面、選択肢が多いということは、どの学校にすればよいのか、悩んでしまうという側面も持ち合わせています。とくに初めて中学受験を経験されるご家庭においては、学校選びはとても大変な作業です。そのような保護者のかたに、少しでもお役に立てれば、との思いから生まれたのが本書です。毎年改編を重ねながら、今年も教育理念や特色など、275校の素の姿をお伝えしています。そのため、いわゆる偏差値や学力の指標となるものは掲載しておりません。それは数字だけで判断するのではなく、ご家庭の教育方針やお子さまに合った学校を選んでいただきたいからです。中学受験が本格的に迫ってくるこれからの季節に、ぜひ一度ご覧ください。学校選びの視野が広がることはまちがいありません。

株式会社 グローバル教育出版

〒101-0047 東京都千代田区内神田2-4-2 グローバルビル
TEL：03-3253-5944（代） FAX：03-3253-5945
http://www.g-ap.com

私学自慢の施設
紹介します!

八雲学園中学校 — 東京都/目黒区/女子校

メディアセンター「図書館」

今回から新たに学校自慢の施設を紹介するこのコーナー。第一回目となる今回は八雲学園中学校のメディアセンターにある「図書館」をご紹介します。都内で最初に木造の図書室を取り入れたのがこの八雲学園中学校だそうですよ!

“木の温もりを感じ、生徒が「勉強したい!」と思える場所”

木を感じる空間

図書室の中は木目調。ライトにも暖色系を取り入れているため、木のかおりと木の温もりを感じる落ち着いた空間になっています。天井は高く音を吸収してくれる設計になっており、校庭を見渡せる大きな窓もあるので、日中は自然光の中で勉強することができるそう。

また、タブレット端末を5台設置し、インターネットの無線LANシステムも導入。書籍を通して知識を増やし、ゆったりと感性をふくらませる場所であると同時に、タブレット端末などからも情報を収集できる場所という狙いもあり、国際社会にふさわしい情報の受信室、発信室としても機能することから〝メディアセンター〟と名づけられています。

生徒の人気No.1の施設

もちろん生徒の人気No.1施設で、このメディアセンター「図書館」を気に入って入学する生徒もいるほど。50弱ある自習スペースの座席は試験前には取り合いになり、平日早朝の朝礼前に一時間くらい自習する生徒もいるそうです。

また、図書館のカウンター席には卒業生が座り、在校生が自由に質問することもできます。勉強を見るだけでなく、どんな教材を使ったらいいのか、大学の進学情報など、先生よりも身近な存在に気軽に話を聞くことができるようになっています。

室内にある赤いソファーは「休憩スペース」。背もたれが高く、半円型に設置されているため、勉強している生徒からはここで休憩している生徒が見えづらく、休憩している生徒からは勉強中の生徒が見えづらい。お互いを変に意識しすぎず、それぞれが充実した時間をすごせるよう工夫がされています。

生徒へのインタビュー

取材当日は夏休み中でしたが、メディアセンターの自習スペースで勉強中の上野真実さん(高校三年生)にインタビューをしました。

Q どのくらいの頻度で図書館を利用しますか?

A 試験前はほぼ毎日3時間くらい利用しています。

Q 図書館で勉強をする理由は?

A 家では気がそれて集中できないが、自習スペースでは集中して勉強できます。教室でもできますが、木の感じがすごく落ち着くし静かなので、あえて図書室で勉強することが多いです。友達と一緒に利用することもあります。

菅原先生に聞いたこだわりのポイント

「木の温もりを感じる空間にした狙い」

生徒自ら「勉強したい!」と思える雰囲気作りを一番に心がけ、八雲学園が目指す“感性教育”、物事を心で感じられる生徒に育てたいという願いを込めて環境づくりにはこだわりました。

「ここ(メディアセンター)に来て勉強したい!」あるいは「勉強しなきゃ!」と、生徒たちが自発的に思える空間のようで、生徒たちだけの聖域のような場所となっています。

SCHOOL DATA

〒152-0023 東京都目黒区八雲2-14-1
TEL.03-3717-1196
東急東横線「都立大学駅」より徒歩約7分

誰もが抱える悩みをパパッと解決!

福田貴一先生の福が来るアドバイス

テスト結果の活用法

早稲田アカデミー
城東ブロック統括責任者
福田　貴一

中学受験をする上で、避けては通れないのがテスト。保護者の方がこのテストについて正しく認識されていると、お子様はスムーズに学習が進められ、結果として成績も伸びていきます。一方で、認識を誤ってしまうと、学習がうまく進まないばかりか、お子様にとっても保護者の方にとっても、大きなストレスの原因となってしまいます。そこで今回は、テストについて考えてみます。

志望校の偏差値は?

「志望校の偏差値が、A社のランク表では62で、B社のものだと65になっています。どちらのものを信じればよいでしょうか? また、うちの子は先日受けたテストで偏差値が64だったのですが、このままで大丈夫ですか?」。そんなご相談をいただくことがあります。中学校を偏差値によってランク付けしている表が多いため誤解されやすいのですが、偏差値というのは学校や個人ごとに決められた数値ではありません。基本的にはテストごとに変わる数値であり、そのテストを受験した母集団と、標準偏差によって決まるものです。ですから、A社とB社のランク表は、そもそも物差しとなるテストが違うため、単純に比較はできないのです。

さらに、中学受験の偏差値と、高校受験や大学受験の偏差値も全く異なるものです。テストの性質によっても変わりますが、一番の違いはその母集団です。高校受験の偏差値は、中学校を卒業する生徒のほぼ全員が母集団となります(中学校卒業者の約97%が高校への進学を希望していることを考えて)。一方で、中学受験を考えている生徒は首都圏だけでみても、小学生全体の約15~17%程度です。そしてその層の中学受験時における学力レベルは、平均的な小学生と比較をすると当然高いわけです。ですから同じ学校であっても、中学受験ランク表と高校受験ランク表では、偏差値が大きく異なってくるのです。開成などの最上位校ではそれほど大きな違いはありませんが、中堅校になってくると、中学入試では40台、高校入試では50台後半という学校も多くあります。ですからその数値だけを見て、「高校から入るのは難しい」と考えてはいけないのです。

テストが易しいと偏差値は下がる!?

偏差値は、テストの難度によって出方が変わってきます。わかりやすく言えば、まず、そのテストの平均点が偏差値50となります。そしてその平均点からの乖離幅(厳密には少し違うのですが)がその生徒の偏差値となるので、全体の平均点が高くなると(平均以上の点数を取った生徒の場合)、点数が同じだったとしても偏差値は低くなります。

以前、「国語の偏差値が急激に下がった」と不安になられたお母様から相談を受けたことがあります。確かに偏差値を見ると、「72」から「65」に下がっていました。お子様の偏差値が「7」下がったことに対する不安は、よくわかります。ところが、実はその回のテストは非常に易しかったため平均点が高く、満点をとっていたとしても偏差値は「68」にしかならなかったのです。お子様の答案を確認したところ、押さえるべき問題はしっかりと得点できていました。そのことを保護者の方にお伝えしたところ、安心していただけました。

「正答率」を確認することの重要性

これまで説明してきたように、偏差値はひとつの基準となる数字ではありますが、絶対的なものではありません。では、偏差値以外にどのような点を見ればよいのでしょうか。

テスト結果を次の学習につなげていくためには、「正答率」を確認するのが一番です。「正答率」の一覧とお子様の答案を一緒に確認することで、現時点におけるお子様の学習定着度を正確に把握することができます。加えて、単純にどの単元の理解が不足しているかがわかるだけでなく、そのテストを受験したときの精神状態まで見えてくることもあります。たとえば、普段しないようなケアレスミスをたくさんしていた場合は、「集中して受験できなかったのかな」といった感じです。

このように、偏差値とあわせて「正答率」を確認することで、お子様にあった学習計画が見えてきます。

たとえば、偏差値が同じ60だったとしても、「正答率40％以上」の問題を全て正解しての60と、「正答率」が低い問題（30％以下）も正解しているが、70％の問題を取りこぼしての60とでは、その後の対策方法が違ってくるわけです。

また、「正答率」を確認することで、評価すべきポイントも見えてきます。「正答率が低い問題＝難しい問題」ともいえますので、お子様がその問題を正解していた場合はほめてあげて欲しいのです。しかし、極端に「正答率」が低い（5％前後）問題の場合は、「正しく考えて正解にたどりついた」というよりも、「なんとなく答えを書いたらあたった」というケースもあります。そのときに手放しでほめてしまうと、お子様は「なんでもいいから書いてあたればいいんだ」と考えてしまう危険性もありますので注意が必要です。

テスト結果を左右する要素とは

小学生の場合、テスト結果を左右するのは「学力」や「学習定着度」だけではありません。私は「テストを受けたときの精神状態」が一番大きな要素だと考えています。ある程度精神的に成長してくれば（高校生くらいになってくれば）、どんな状態でもその時点における１００％の実力をテストにぶつけることができます。しかし、小学生にとっては、それはなかなか難しいことなのです。普段授業を受けている教室と違っていたり、出かける前に親子ゲンカをしたり…、そんなことでもテストの結果に大きく影響してしまうのです。

「自信」と「経験」

では、最終的なゴールとなる中学入試において、１００％の実力を発揮できるようになるためには、何が必要なのでしょうか？それは間違いなく、「自信」と「経験」です。「ここまで目標に向かってがんばってきた自分を信じる力」が自信であり、その自信の裏付けとなるのが経験です。たくさんのテストを受験し、たくさんの失敗と成功を経験するなかで、精神的に成長することが、小6の2月の笑顔につながるのです。

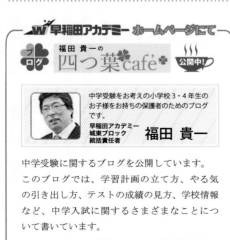

食欲の秋 みんな大好き

「お肉」について学ぼう！

伊藤ハム株式会社
管理本部　広報・IR部
IR・Web広報室主事
眞島　明日香 さん

まだまだ暑い日が続きますが、暦の上では、もう秋なんです。
さて、そこで皆さんは「〇〇の秋」と言えば何でしょうか。
「読書」「スポーツ」など、さまざまありますが、
「食欲の秋」と答える人も多いのではないでしょうか。
今回は皆さんの家の食卓やお弁当にも登場する「ハム」「ソーセージ」の
製造・販売をする、伊藤ハム株式会社 眞島 明日香さんに、
「お肉」について、食肉の歴史や栄養のことなど、色々な話をうかがいました。

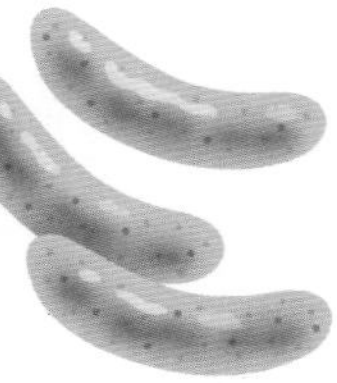

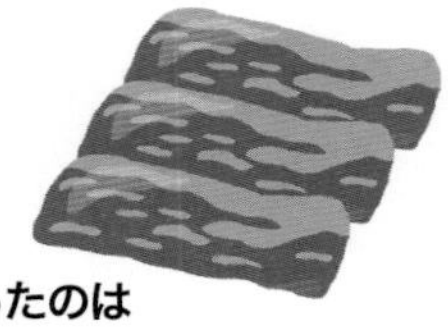

お肉のアレコレ

**日本で食肉が始まったのは
約20万年前から！**

牛肉、豚肉や鶏肉、さらには羊肉など、今日ではたくさんの種類のお肉を食べることができます。日本でお肉を食べ始めたのは旧石器時代と言われています。主に鹿やいのししを食べていたとされており、中には焼肉をしていたという記録も残っているそうです。

牛肉を世界で一番多く食べる国は…

2009年の国際連合食糧農業機関の調査によると、世界で一人当たり一番多く牛肉を食べる国は「アルゼンチン」とされています。日本と比べると約6倍近くも多く食べるそうです。

宗教のこともあって、牛肉や豚肉を食べない国もあります。興味があったら、ぜひ「食肉」という視点で、世界の国について調べてみてください。

ハムやソーセージの歴史

**香辛料の普及とともに広まった
ハムとソーセージ**

ハムやソーセージはもともとヨーロッパの古代文明の時代から食べられていたそうですが、15世紀の大航海時代以降に、アジアから香辛料を入手できるようになったことで、一般的に広まったと言われています。ちなみに、日本では明治時代に長崎で食べ始められ、製造したのが最初だそうです。

ハムやソーセージの製造法

ハムの製造法

①原料肉を整形する → ②塩《えん》せき → ③充填《じゅうてん》 → ④燻煙《くんえん》 → ⑤加熱 → 完成

ソーセージの製造法

①原料肉をミンチにする → ②塩せき → ③混合 → ④充填 → 製品により燻煙、加熱 → 完成

ポイント解説

塩せき	食塩や香辛料、発色剤などを加えて低温で漬けこむことを言います。塩せきすることで保存性を高めたりします。
充　填	ソーセージは動物の「腸」につめて作られていました。その腸につめる作業を充填と言います。現在では動物の腸に限らず、人工ケーシングなども使用されています。ちなみに、つめた腸と製品の太さによって種類が分けられます。製品の太さが20mm未満で羊の腸につめたものを「ウインナーソーセージ」、製品の太さが20mm以上36mm未満で豚の腸につめたものを「フランクフルトソーセージ」、製品の太さが36mm以上で牛の腸につめたものを「ボロニアソーセージ」と分けています。
燻　煙	煙で燻（いぶ）すことを燻煙と言います。燻煙することで保存性を高め、美味しそうな色、香りをつけることができます。

知ってると自慢できる？世界各国のハムやソーセージの呼び方

世界中で食べられているハムやソーセージ。作り方は同じでも、その呼び方はさまざまです。その呼び方についてまとめました。

	ハムの呼び方	ソーセージの呼び方
英語	Ham（ハム）	Sausage（ソーセージ）
ドイツ語	Schinken（シンケン）	Wurst（ヴルスト）
フランス語	Jambon（ジャンボン）	Saucisse（ソーシス）
イタリア語	Prosciutto（プロシュート）	Salsiccia（サルシッチャ）
中国語	火腿（フォトエィ）	腊腸（ラップチョン）

お肉の部位について

みなさんはスーパーマーケットなどで売られているお肉の「部位」に注目したことはありますか？

ここでは牛・豚・鶏肉の部位について少し説明します。

牛

「ロース（リブロース・サーロイン・ヒレ）」は、牛にとって運動しない筋肉の集まりで、非常に柔らかいのが特徴。世界中でお肉の最高級の部位として人気です。

「ばら」は、肉質としてはやや固めですが、脂肪分も多いため、比較的やわらかく感じます。焼肉の定番「カルビ」もこの部位です。

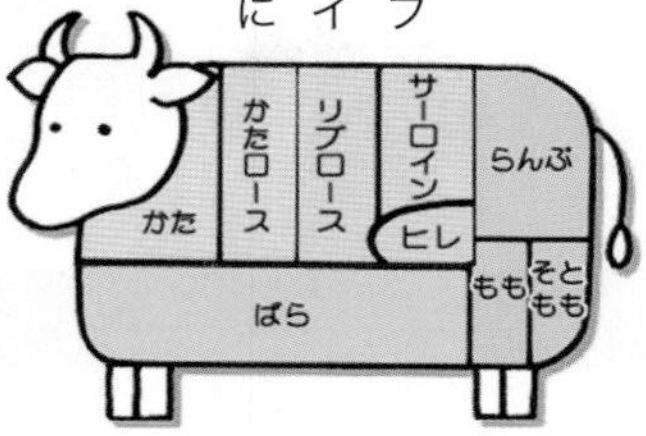

豚

「もも」は脂肪が比較的少なく、筋肉が集まっているため、薄切りにして鍋料理などに使います。

「ロース・ヒレ」は非常にやわらかく、豚肉ならではのコクがあるため、最も豚肉らしいお肉です。トンカツやしょうが焼きなどと相性が良いです。

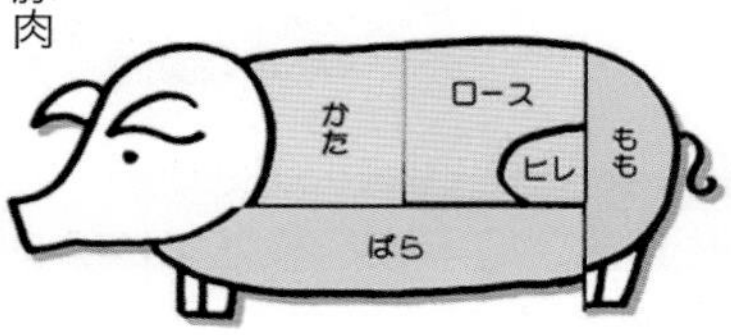

鶏

「むね」は脂肪が少なくヘルシーで、煮ても焼いてもおいしく食べられる、調理方法を選ばない部位です。

「もも」は鶏肉のあまみがある部位で、照り焼きやから揚げなどに合います。

必見！お肉をおいしく食べる方法

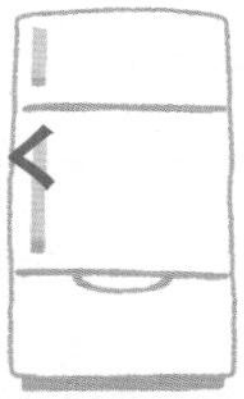

保存方法は
ラップで包みなおして小分けに保存

一般的に冷蔵庫で保存した場合、牛肉と豚肉は 2～ 3 日、鶏肉は翌日までが保存の目安と言われています。

そこで、冷凍庫を活用することで、1ヶ月近く保存が可能となります。冷凍保存の際には、1回に調理する分を小分けにし、ラップで包みなおしてしっかりと空気を抜いて保存するといいでしょう。

「低温でゆっくり解凍」が一番！

忙しい夕食時、冷凍したお肉を電子レンジで解凍する…、皆さんもよくやっていることだと思います。しかし、お肉をよりおいしく食べるには、低温でゆっくりと解凍するのが大原則なんです。肉の形や大きさにもよりますが、冷蔵庫で数時間おくと半解凍になります。ぜひ試してみてください！

お肉と健康

お肉には体作りに必要なタンパク質が豊富！

健康的な体作りのためには、栄養素であるタンパク質やビタミン、ミネラルをとる必要があります。タンパク質が不足すると、運動機能や免疫力の低下を引き起こし、病気にかかりやすくなります。また、ビタミンやミネラルは体調維持に不可欠です。

厚生労働省によると、一日に必要なタンパク質の量は、成人では年齢に関係なく、男性が60グラム、女性が50グラムとされ、伸び盛りの子どもだともう少し必要だとされています。

お肉と野菜をバランス良く食べることが大切

100 グラムのお肉には約 30 グラムのタンパク質が含まれています。そのため、お肉を食べることで効率的にタンパク質をとることができると言えます。

しかし、お肉だけを食べ続けていても健康でいられるわけではありません。例えば、お肉の付けあわせのキャベツには、余計な油分の吸収を抑える働きがあります。野菜と合わせてバランス良く食べることが健康維持には大切です。

簡単おいしいレシピのご紹介

野菜とウインナーのおかずマフィン

ホットケーキミックスで作る簡単おかずマフィン！ウインナーの美味しさとクリームチーズが際立つ美味しさです！

【材料】

マジ旨あらびきウインナージッパー付き	4本
キリクリームチーズ	2個
かぼちゃ	30g
さつまいも	30g
ホットケーキミックス	200g
卵	1個
牛乳	150cc

【作り方】

①ウインナーは1cm幅に切り、キリクリームチーズは5mm角に切る。
②かぼちゃ、さつまいもは5mm角に切り、耐熱容器に入れてラップをし、電子レンジで3分加熱する。
③ボウルにホットケーキミックスと卵、牛乳を入れてよく混ぜ、①と②も加えて混ぜる。
④シリコンカップに③を流し入れ、180°Cのオーブンで20分くらい焼く。ようじを真ん中に刺し、生地がつかなければできあがり！

生　掲示板

帰国生を積極的に
受け入れている学校紹介など、
帰国後の入試や学習に関する
情報を発信します！

帰国生受入れ校訪問記　慶應義塾湘南藤沢中等部

慶應義塾湘南藤沢中等部は、1992（平成4）年に開校した慶應義塾の中で唯一の中高一貫教育校です。「異文化交流」と「情報教育」を大きな柱とし、開校当初より帰国生の受入れを積極的に行っています。今回は、来年度からの出願資格変更のねらいや帰国生への期待について部長の会田先生にお話を伺いました。

慶應義塾湘南藤沢中等部
（神奈川県/私立/共学校）

慶應義塾大学の総合政策・環境情報・看護医療の3学部と同じキャンパス内にあり、緑豊かで広大な敷地と充実の施設が特徴です。6年間で情報リテラシーと語学を身につけるとともに、個性を伸ばす新しい教育を目指しています。

〒252-0816 神奈川県藤沢市遠藤5466
（小田急江ノ島線・相鉄いずみ野線・横浜市営地下鉄「湘南台駅」バス15分／JR「辻堂駅」バス25分）
TEL:0466-49-3585
URL:http://www.sfc-js.keio.ac.jp/

■来年度の帰国生入試出願資格の変更

田畑　来年度の帰国生入試の募集要項とともに、出願資格の国外在住期間を「2年以上」から「1年6か月以上」に変更すると発表がありました。このねらいを教えてください。

会田先生　実は、従来から休暇中の期間を考慮して受験資格を認めるケースがある一方で、国外在住期間が足りなくなってしまい受験をあきらめていた方がいらっしゃいました。休暇の期間に日本に戻ってきた方で、国外在住期間が足りなくなってしまい受験をあきらめていた方がいらっしゃいました。私どもとして、実質的な基準をより正確に伝えるということで表現の見直しを行ったところです。

田畑　帰国後の年数条件の表現が変わったのも同じ理由からでしょうか。

会田先生　はい。休暇中に帰国される方にも誤解がないように見直しました。

■外国語作文のねらい

田畑　外国語を用いた受験の場合に、作文（エッセイ）を課すねらいをお聞かせください。

会田先生　それは、記憶に頼った学習ではなく、自分からものを考えて表現する能力を見るためです。単に単語や文法を吸収する力だけでなく、創造する力、文章を構成したり、相手に伝えるための表現を考えたりする力も見たいと思っています。

田畑　出題されるエッセイにはとても鋭い質問が多いと思います。解答でも、考え方や内容を見ているのでしょうか。それとも文法や語彙に気を付けた方がよいのでしょうか。

会田先生　そこは、具体的な配分比率があるわけではございませんので、バランスよく学習してほしいです。本人の能力、あるいは自分のやりたいことを中心として学び、総合力をあげていただくとよいですね。できるだけ総合力で判断していこうと思っています。

田畑　外国語作文で英語以外の外国語でも認めているのはなぜですか。

会田先生　できるだけ現地での生活体験を尊重しようということで、現地の言語で学んだ経験を評価するために英語以外の外国語でのエッセイを認めています。ただし、英語以外の語種の場合には事前に問い合わせていただくようお願いしています。

■異文化交流への取り組み

田畑　御校の教育の軸の一つである「異文化交流」への取り組みをお聞かせください。

会田先生　私どもは開校以来異文化交流や国際交流を支援していて、現在は6か国11プログラムを実施しています。イギリスやアメリカだけでなく、オーストラリア、ニュージーランド、シンガポール、韓国と国際交流を行っています。一部は中等部からも参加できるものもあります。それとは別に昨年から、「慶應義塾一貫教育校派遣留学」という制度もできました。昨年は高校2年生が対象で、1年間海外のボーディングスクールで現地の高校生と一緒に寮生活をするというものでした。本校からは男子1名がアメリカのディアフィールド校に、女子1名がイギリスのシュルーズベリー校に行きました。高等部の3年生の場合には、本校と現地の高校双方の卒業資格をとれるダブルディグリー制度もあります。

田畑　そうした留学の選考対象になるのは、やはり現地校やインターナショナルスクール出身の帰国生が多いのでしょうか。

会田先生　いえ、それが予想外にも、一般生からも留学に行く生徒がいます。今年選ばれたのも一般の生徒でした。いろいろなところに良い効果が表れていますので、引き続き国際交流を進めていきたいと思っております。

■海外生・帰国生へのメッセージ

田畑　御校の受験を考えている海外生・帰国生には、どのような異文化体験を期待していますか。

会田先生　日常体験することが当たり前でなく、通常の生活の中にも課題や問題が潜んでいるという意識を持ってほしいです。帰国生の中には、例えば、きちんとした教育を受けられない発展途上国の実態を垣間見てきた生徒もいます。ありきたりの生活だけではないというのを知っていることが重要だと思います。

田畑　最後に受験生と保護者様へのメッセージをお願いします。

会田先生　海外の生活体験、学習の成果を本校でさらに伸ばしてほしいです。ぜひチャレンジしていただければと思います。

お話　慶應義塾湘南藤沢中等部　部長　会田　一雄先生
取材　早稲田アカデミー　教育事業推進部国際課　田畑　康

入試情報と合格実績

2016年度　帰国生入試情報

募集人数	出願期間	試験日	合格発表日	選考方法
約30名	2015年12月1日(火)～ 2015年12月14日(月)	1次:2016年2月2日(火) 2次:2016年2月4日(木)	1次:2016年2月3日(水) 2次:2016年2月5日(金)	1次:国語・算数・外国語作文 または 国語・算数・理科・社会 2次:面接(保護者同伴)・体育実技

帰国生入試結果

年度	応募者数	1次試験		2次試験		入学者数
		受験者数	合格者数	受験者数	合格者数	
2015	162名	127名	83名	81名	49名	44名
2014	171名	140名	77名	76名	53名	43名
2013	161名	135名	73名	70名	53名	42名

2015年度　慶應義塾大学進学実績状況

国公立大	進学者数	私立大	進学者数
文学部	10名	理工学部	34名
経済学部	70名	総合政策学部	9名
法学部法律学科	32名	環境情報学部	13名
法学部政治学科	32名	看護医療学部	3名
商学部	23名	薬学部薬学科	6名
医学部	7名	薬学部薬科学科	1名

※進学状況は全卒業生のもので、帰国生のみの実績ではありません。

海外・帰国相談室　このページに関する質問はもちろん、海外生・帰国生の学習についてなど、ご不明点がございましたら早稲田アカデミーのホームページからお気軽にお問い合わせください。「トップページ」→「海外・帰国生」→「教育相談・資料請求」（自由記入欄に質問内容をご記入ください）

海外の学習体験談や
海外各都市の塾情報など、
海外での学習に役立つような
情報を発信します！

海外生＆帰国

これから海外赴任される方／
赴任中の方の「教育・受験についての悩み」を解決！！

第2回

教えて！田畑先生《タバティー》

前号から始まりました連載「教えて！田畑先生」コーナーです。
帰国子女として、そして海外生・帰国生指導者としての経験をもとに、保護者さまの不安を少しでも解消できるようにがんばります。
第2回目の今回は、帰国生の入試に特有の「作文」「英語エッセイ」の勉強方法についてご紹介します！

Q 小6の受験生です。帰国生入試で出題される「作文」と「英語エッセイ」ですが、習ったことがありません。いい勉強法を教えてください。

A 「作文」または「エッセイ」を出題する中学校の先生に出題意図をうかがうと、次の４つを挙げられることが多いです。①文法・語彙などの日本語力／英語力、②自分の考えや意見をまとめられる表現力、③海外での経験・気づき、④発想力。

作文もエッセイも点数化するのがなかなか難しいですが、上記①～④を総合的に判断されると考えていいでしょう。出題されるテーマはそれこそさまざまですが、今日は、「意見・考え」の書き方についてアドバイスします。

英米系の現地校やインター校では、早ければ４年生から「アカデミック・ライティング」を習います。日本でいうと「作文」ではなく、「小論文」に該当します。与えられたテーマに沿って自分の意見や考えを「序論(Introduction)・本論(Body)・結論(Conclusion)」の形でまとめます。最近は、日本の大学でアカデミック・ライティングの授業が増えてきていますが、英米では小学校から習うのです。

序論は、実は結論を述べます。賛成・反対系であれば、ここで自分の立場をはっきりさせるのです。たとえば、「テレビ」というお題であれば、「テレビを見ることは良い」または「悪い」という立場をはっきりさせます。英語では「Thesis」といいます。

本論では、その根拠を述べていきます。３つ根拠があるとよいと言われますが、２つでも構いません。大事なのは、ここで「海外経験」を盛り込むことです。「自分にはこういう経験がある。だから●●だ」というのが、一番説得力があるのです。序論・本論で、現在と過去の分析を行なうことが大事です。

結論では、序論で述べた自分のThesisを再確認し、自分の未来をまとめます。「テレビ」のお題であれば、「私はこれからテレビとこのように付き合っていきたい」という展望です。

この形式は、日本語の作文にも十分活用できます。最近の帰国生入試の出題テーマを見てみますと、大方この形式で当てはまるようです。

もちろん、形だけでは高得点は狙えません。上記出題意図の項目でいえば、②③④の部分を鍛えるのがとても難しいのです。大事なのは、ご両親でも、塾の先生でもいいので、必ず大人が読んで、客観的な目でチェックしてあげることです。

このコラムでまとめたのは、あくまでも「意見・考え」をまとめる形式のひとつです。この形式にこだわらず、いい作文・エッセイを書いて見事合格を勝ち取った生徒もたくさんいます。内容がとても良ければ、形式や文法的なマイナスポイントを乗り越える可能性があるということです。

田　畑　　康
（早稲田アカデミー教育事業推進部 国際課長）

早稲田アカデミーの複数校舎で10年間勤務。
中３必勝クラスや校舎責任者を務めた後、６年間日系学習塾教室長としてロンドン・ニューヨークで勤務し、帰国。
帰国後も帰国生専門の教室の責任者として４年の勤務後、2015年、早稲田アカデミー国際課長に就任。
本人も帰国子女（オーストラリア・マレーシアで合計７年半）。

サクセス研究所

教えていただいたのは、
『Pet Plusアクアシティお台場店』の
千田さんです。

猫といってもいろいろ違う 猫の不思議

見ているだけで人を幸せにしてくれる猫。

私たちはそのかわいらしさと不思議さに魅了され、
なかには、猫なしでは生きていけないという人もいるほどです。

そんな猫が品種によって、運動量や性格、飼うときのポイントにも違いがあることを知っていましたか？

今回は、猫たちの知られざる生態や、人気の猫の特徴や違いに迫ります。

スコティッシュフォールド

ただいま人気急上昇中！

　丸っこくて、かわいい印象の「スコティッシュフォールド」は、最近とても人気がある品種です。特に毛が長く耳がたれている子猫は、愛嬌があるかわいさで人気が高いです。また、落ち着いた性格で飼いやすいことも、スコティッシュフォールドが人気の理由となっています。

たれた耳が立ち上がる!？

　たれた耳が印象的なスコティッシュフォールドですが、耳がたれたままでいるのは全体の3～4割と言われています。生まれたときから耳が立っている子や、成長していくうちに立ってくる子もいます。なかには兄弟で、耳がたれている子と立っている子が生まれることもあるんです。

　成長の過程で耳が立ってくる要因としては、気温などの環境やお世話の仕方があげられます。スコティッシュフォールドにたれた耳のままでいて欲しい場合、特に注意が必要なのは耳掃除です。耳がたれているので、なかにゴミがたまりやすいんですが、耳をめくった状態で耳掃除を習慣的にしていると、せっかくたれてかわいかった耳が立ち上がってきてしまうことがあります。付け根を押すと耳がぴっと上がるので、そこを綿棒などで掃除してあげるのが、耳が立たないようにするポイントです。

原産国：イギリス

アメリカンショートヘア

フレンドリーな人気もの

　好奇心が旺盛で、遊ぶのが大好きな「アメリカンショートヘア」は、長い間、人気の猫ランキングの常連です。丸っこい顔と鼻筋に入ったラインが特徴で、とても二枚目な猫です。短毛で、グレーの毛色に黒いラインの場合が多いのですが、じつは白など様々な毛色のタイプがあるんです。

　また、温厚な性格も持ちあわせているので、どんなタイプの猫ともうまく付き合えることが多いようです。そのため、2匹、3匹と猫を飼いたい方には、1匹目としてアメリカンショートヘアをおすすめしています。

　活発な二枚目でありながら温厚な面も持っているアメリカンショートヘアは、クラスに一人はいてほしい、そんなタイプかもしれませんね。

原産国：アメリカ

ソマリ

上品なモデル体型

　「ソマリ」は、短毛の「アビシニアン」という猫の長毛種として生まれました。手足が長く、優雅で気品ある姿が特徴です。顔のまわりの毛は短いですが、首から下の毛は長くなっています。毛色はオレンジのような色が一般的です。

陽気で活発な甘えん坊

　基本的に、短毛で細身の品種の猫は運動量が多く、長毛種はおだやかでおとなしい傾向があります。しかし、ソマリは優雅な長毛種でありながら、アビシニアンの活発な性格も持ちあわせているんです。人なつこく、遊んでもらうのが大好きで、甘えん坊な性格であることが多いようです。でも、ほかの猫と一緒に暮らすのを嫌がることもあり、もしかしたらそれも「私だけを見て！」というソマリの甘えん坊な気持ちの表れなのかもしれませんね。

　遊ぶのが大好きで運動量が多い猫なので、飼う場合はなるべくたくさん遊んであげてほしいですね。キャットタワーなどを置いて、上下の運動をたくさんさせてあげてください。

原産国：イギリス

ペルシャ

マイペースなのんびりや

　「ペルシャ」は、やわらかく長い毛と、落ち着いた優雅なたたずまいが特徴です。セレブな猫というイメージ通り長い毛をふわふわ揺らしながら優雅に歩くその姿には、たしかにゴージャスな雰囲気がただよっています。

　しかし、ペルシャのやわらかくて長い毛はからまりやすく、毎日ブラッシングしてあげないとすぐ毛玉になってしまうので、細かな手入れが必要です。

　見た目のとおり、穏やかでのんびりした性格であることが多いため、一緒に暮らしやすい猫といえるでしょう。

原産国：アフガニスタン

千田さんに聞いたQ&A

Q 猫はどうして毛づくろいをするの？

A 猫はとてもキレイ好きな動物で、自分で毛づくろいをして汚れをとる習性があります。なでてもらった後でも、毛並みが思い通りになっていないときは、自分で直すこともあるんですよ。

また、毛づくろいには興奮や緊張をしずめ、リラックスする効果もあるようです。そのため、猫が毛づくろいをしているときはあまりかまわず、そっとしておいてあげたほうがよいでしょう。

Q 猫と上手に遊ぶにはどうすればいい？

A 猫は一般的に、見慣れない人間を警戒しています。だからたとえ「かわいい〜！」と親し気に近づいても、声が大きすぎたりすると逃げていってしまいます。猫と仲良くなるためにはあまり自分から近づきすぎず、猫のペースにあわせて近寄ってきてくれるのを待つことが大切です。また、触りたいときも、頭の上からは手を伸ばさず、顔の下から手を差し出すようにしてください。

Q 猫はどうして箱に入りたがるの？

A 猫は狭いところが大好きです。狭いところに入ると安心するのだと思います。また、猫はひげで空間の把握をしていて、自分の顔が通るところであれば体が入ることを知っています。だから好奇心旺盛な猫はまず顔を中にいれてみて、「入れる！」と嬉しくなって入るのかもしれませんね。袋よりもしっかりした箱を好むことが多いですが、シャカシャカという音が大好きなようで、袋に入ってぐるぐるじゃれて遊ぶ姿もよく見かけます。

Q 犬と一緒に飼ってもいいの？

A 犬と猫を一緒に飼われている方は多いですよ。犬は平面で動き回る生活をしますが、猫は高いところにのぼるなど、上下に動くことを得意とするので、家のなかでも住み分けができるんです。

ただし、飼い始めはお互いに警戒しますので、一週間くらい時間をかけて慣れさせていくとよいでしょう。そのために、はじめは人が見ているところで一緒に遊ばせて、その時間を少しずつ延ばしていくなど、段階を踏むと上手くいくと思います。同じサイズの子猫と子犬なら、最初から遊ばせても仲良くできるかもしれませんね。

Pet Plusアクアシティお台場店

Pet Plus アクアシティお台場店は、広い店内にかわいい犬や猫がたくさんのペットショップです。店内の「Cat Plus」では、元気な猫たちと一緒に遊ぶこともできます（Cat Plus利用料金：中学生以上…30分700円、小学生以下…30分500円）。

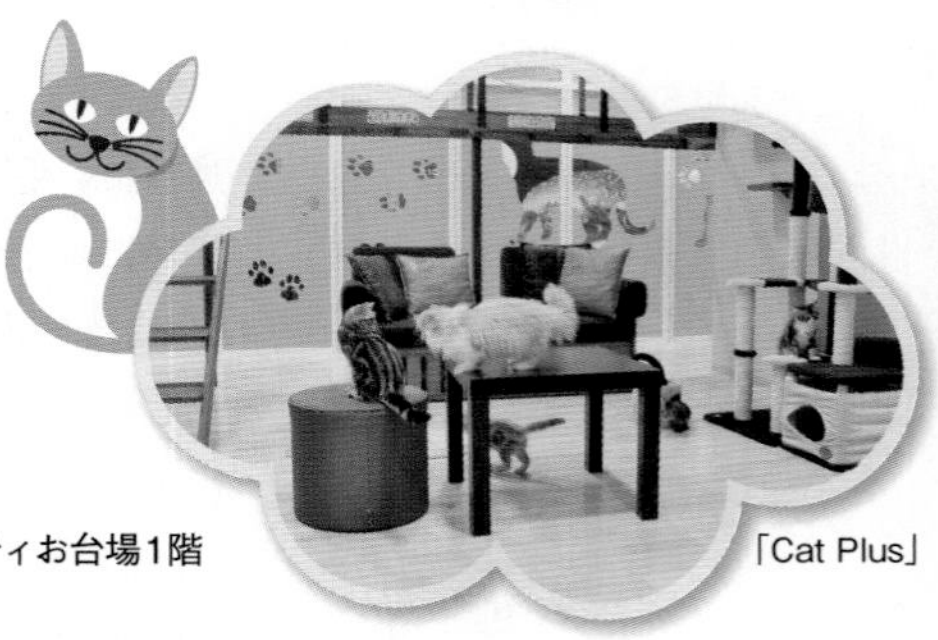

「Cat Plus」

東京都港区台場1-7-1 アクアシティお台場1階
TEL.03-3599-0551
■営業時間／11：00〜20：00（Cat Plusは19：30まで）
■アクセス／ゆりかもめ「台場駅」より徒歩1分
　　　　　りんかい線「東京テレポート駅」より徒歩6分

無料 あなたの夢、目標を応援します！

個別カウンセリング受付中

「学校の授業と受験勉強の両立の仕方がわからない」「希望校には合格したいけれど、習い事や部活動もがんばりたい」「進学塾に通いながら苦手な科目を強化したい」など、勉強に関することで悩んでいることがあれば、ぜひ、私たちにお聞かせください。経験豊富なスタッフがどのような悩みについてもアドバイスいたします。もちろん、最新の入試情報も豊富に用意しています！

※ご希望の時間帯でご予約できます。お近くの「MYSTA」、「早稲田アカデミー個別進学館」までご連絡ください。

1:2スタイルの個別指導で夢や目標を実現!
【早稲田アカデミー個別進学館】

小・中・高 全学年対応／難関受験・個別指導・人材育成
早稲田アカデミー個別進学館
WASEDA ACADEMY KOBETSU SCHOOL

本気

新しい知識を吸収することも、その知識を使いこなす集中力も、すべての原点は生徒たちの“本気”にあります。そこで、【早稲田アカデミー個別進学館】では、生徒たちの“本気”を引き出すのは、講師の“本気”であると考え、日々熱のこもった指導を行っています。

未来

努力の結果、勝ち得た憧れの志望校への合格。その経験を通じて得た“自信”や“自立心”は、これからの人生において大きな糧となるはずです。

生徒一人ひとりが自らの力で“未来”を切り拓ける人物に成長できるよう、まずは「憧れの志望校への合格」までを全力でサポートします。

自立

どんな質問にも答えてくれる塾の講師、精神的に常に支えてくれる家族―。確かに、つらく厳しい受験勉強を乗り切るには、周りのサポートが必要です。しかし、入学試験当日は、教えてくれる人もいなければ、優しく見守ってくれる人もいません。だからこそ、入試本番で実力を発揮するためには、「自らの力で受験に立ち向かってきた」という自信が必要なのです。

そこで、【早稲田アカデミー個別進学館】では、生徒たちの自信を培うために、講師1人に対して生徒2人という、「1：2スタイルの個別指導」を考案。この指導方法により、「自分で考え解決する力」と「自ら課題を見つける姿勢」、すなわち“自立”を促す指導を行っています。

「自ら課題を見つける姿勢」を養う

生徒の「自ら課題を見つける姿勢」を養うため、目標達成シート、学習予定表、自立学習シートの3つからなる「PaFE（自立学習支援ファイル）」を用意。

- 目標達成シート
  塾・保護者・生徒の間で目標を共有するためのシート
- 学習予定表
  生徒一人ひとりの授業や宿題予定を管理する予定表
- 自立学習シート
  授業の冒頭に、その日の授業の目標を生徒自身に確認させ、授業終了時にその日の理解度や課題をチェックさせるためのシート

「自分で考え解決する力」を養う

教えてもらう時間
- 早稲田アカデミーで培った指導
- 難関校対策ならではの知識や解法
- 一人ひとりの理解度に合わせた解説

90分の授業内で繰り返し

自分で解く時間
- 講師からの適切な問題指示
- 落ち着いた学習環境、適度な緊張感
- 自ら解き進めることによる定着

夢や目標別のコースが充実!

小学生・中学生は、早稲田アカデミー準拠の指導で難関校合格を目指す人向けの『Wコース』、内部進学を目指す人向けの『中高一貫コース』、集団塾と併用して難関中高合格を目指す人向けの『塾併用コース』の3コースから、高校生は先の3コースに『推薦・AO入試対策』を加えた4コースから選ぶことができます。

たとえば、『Wコース』は毎年圧倒的な合格実績を残している早稲田アカデミーの集団校舎のノウハウを個別指導用にカスタマイズしたもので、「習い事や部活があるので塾に通えない」と悩んでいる生徒には最適のコースです。また、『塾併用コース』は集団授業を受けながら、【早稲田アカデミー個別進学館】で苦手な科目だけを受講する、または、得意な科目をさらに伸ばすためにハイレベルな内容を学習するなど、目的に応じた指導が受けられます。早稲田アカデミー以外の進学塾との併用ももちろん可能ですが、早稲田アカデミーとの併用であれば、指導方法が同じであること、また、早稲田アカデミーと【早稲田アカデミー個別進学館】の講師が情報を共有しながら指導を行うので、より学習効果が得られます。

小・中・高 全学年対応／難関受験・個別指導・人材育成
早稲田アカデミー個別進学館
WASEDA ACADEMY KOBETSU SCHOOL

お問い合わせ・お申し込みは最寄りの個別進学館各校舎までお気軽に！

東京都	
池袋西口校	03-5992-5901
池袋東口校	03-3971-1611
大森校	03-5746-3377
荻窪校	03-3220-0611
御茶ノ水校	03-3259-8411
木場校	03-6458-5153
吉祥寺校	042-222-9211
三軒茶屋校	03-5779-8678
新宿校	03-3370-2911
立川校	042-548-0788
月島校	03-3531-3860
西日暮里校	03-3802-1101
府中校	042-314-1222
町田校	042-720-4331
神奈川県	
新百合ヶ丘校	044-951-1550
たまプラーザ校	045-901-9101
武蔵小杉校	044-739-3557
横浜校	045-323-2511
埼玉県	
大宮校	048-650-7225
川越校	049-277-5143
北浦和校	048-822-6801
志木校	048-485-6520
南浦和校	048-882-5721
蕨校	048-444-3355
茨城県	
市川校	047-303-3739
千葉校	043-302-5811
船橋校	047-411-1099
千葉県	
つくば校	029-855-2660

難関中高大へ圧倒的な合格実績を誇る早稲田アカデミーの個別指導

【早稲田アカデミー個別進学館】と【個別指導MYSTA】

一人ひとりの個性や夢、目標に合わせてカスタマイズできる【早稲田アカデミー個別進学館】と【個別指導MYSTA】

早稲田アカデミーは、ふつうの学力の生徒を『本気でやる子』に育てることにより、生徒自らが望む憧れの難関校合格を実現させることを第一の目的とする進学塾です。

そんな早稲田アカデミーが「より多くの子どもたちの夢や目標をかなえたい」と誕生させたのが進学個別指導塾、【早稲田アカデミー個別進学館】と【個別指導MYSTA】です。このふたつの進学個別指導塾に共通するのは、難関校へ圧倒的な合格実績を誇る早稲田アカデミーならではの教材と指導ノウハウ、情報を活用しながらも、生徒一人ひとりに合わせた指導を行うことです。また、どちらも最終時間が20時スタートなので、習い事・部活との両立や集団塾との併用も可能です。

早稲田アカデミー個別進学館
個別指導MYSTA

＝

実績あるカリキュラム
教材は早稲田アカデミーの集団授業と同じものを使用。生徒一人ひとりの学習状況や志望校に合わせてカリキュラムを作成します。

×

講師の指導力
早稲田アカデミーと同じ指導ノウハウを取得した講師が勢ぞろい！ 生徒たちに“本気”で向き合うことで『本気でやる子』を育みます。

×

合格への情報量
毎年、難関校に数多くの合格者を輩出している早稲田アカデミーには膨大なデータが蓄積されています。その過去のデータと最新の情報をもとに進路指導を行います。

3つの学習コースのなかから目的や性格に合わせて選べる【MYSTA】

MYSTA 早稲田アカデミー 個別指導マイスタ

【MYSTA】の一番の特徴は、生徒の目的や性格に合わせて学習コースが選べることです。また、学習コース、受講科目や受講回数も月ごとに変更することが可能なため、効率良く実力をつけることができます。さらに、【MYSTA】では、生徒本人やご家庭の要望をヒアリングし、まず、入塾後1ヶ月間は見極め授業期間としてその条件にあう数名の講師が授業を担当。その後は、指名した講師による授業を受けることが可能です（SVコース・SRコースのみ）。

3つの学習コース　※いずれのコースも80分授業（小1～小3は60分授業）

SVコース　講師1：生徒1（完全個室）　超難関中高大受験指導
御三家中学、国立・開成高や早慶高、東大・早慶上智大合格を目指す人のためのコース。早稲田アカデミーが難関中高大受験に向けての指導システム・カリキュラム・教材を全面的にバックアップしています。

SRコース　講師1：生徒1（個人ブース）
学習の習熟度を徹底的に深めたい人や、遅れを一気に取り戻したい人のためのコース。一人ひとりの目的や成績に応じたきめ細かな指導を行います。

Rコース　講師1：生徒2（個人ブース）
「演習」と「解説」を繰り返すことによって、自ら考え、学ぶ姿勢を育てるためのコース。教わる時間と問題を解く時間を交互に繰り返すことによって、メリハリのある効果的な授業を行います。

MYSTA 早稲田アカデミー 個別指導マイスタ

お問い合わせ・お申し込みは
最寄りのMYSTA各教室までお気軽に！

渋谷教室	03-3409-2311	巣鴨教室	03-5394-2911	国分寺教室	042-328-6711
池尻大橋教室	03-3485-8111	平和台教室	03-5399-0811	戸田公園教室	048-432-7651
高輪台教室	03-3443-4781	石神井公園教室	03-3997-9011	新浦安教室	047-355-4711
池上教室	03-3751-2141	武蔵境教室	0422-33-6311	津田沼教室	047-474-5021

ここは、子育ての悩み相談や、ママ必見のレシピ紹介、
日々のちょっとした出来事など、
小学生のお子様を持つ、パパ・ママのための
意見交換の場です。
みなさまからの投稿おまちしています!

ぱぱまま掲示板

サクセス12の読者が作る「ぱぱまま掲示板」。
みなさまからいただいた投稿・アンケートをもとにしてお届けいたします。

勉強場所ランキング

1位 自宅のリビング

2位 塾の自習室

3位 子ども部屋・図書館

保護者の方の目が届くリビングが第1位でした。静かで集中できるという理由で、塾の自習室も人気でした。

親子で遊べる夏のおすすめスポット

●立川にある昭和記念公園。プールもあり、コスモスなどの花も見ることもできます。(東京都・のん さん)

【編集部より】家族で園内に咲く花を見て回ったり、芝生の上を走り回ったりしていると時間を忘れてしまいそうですね。

●軽井沢ガラス工房です。軽井沢だから涼しいし、吹きガラス体験でグラスが作れて楽しいです。(東京都・まるこ さん)

【編集部より】自分だけのオリジナルグラスが作れるなんて素敵です!

おすすめの本

「ニルスのふしぎな旅」

著者:セルマ・ラーゲルレーヴ

いじわるやいたずらばかりしていたニルスが、旅で少しずつ成長していくところに感動しました。少し難しい言葉が出てくるので、語彙力もついておすすめです。(神奈川県・マリーゴールド さん)

「小学五年生」

著者:重松清

少年の行動や考え方がいろいろとあって、とても面白いから。(埼玉県・花火 さん)

妖精チームG事件ノート

「星形クッキーは知っている」

著者:藤本ひとみ(原作)、住滝良(文)

一人の男の子のために塾のクラスメイトたちが力を合わせて、バイオリンが続けられるよう励ますお話です。(東京都・こっちゃん さん)

伝記シリーズ戦国の天下人

「信長・秀吉・家康」

著者:小沢章友

信長は「炎の英雄」、秀吉は「風の覇王」、家康は「道の将軍」と、それぞれの生き方や生活などがわかりやすく書かれています。(埼玉県・なっかー さん)

「素直な心になれたら」

著者:PHP研究所

哲学は「難しい」、「面白くない」と思っている人はいませんか? なにか悩みのある人はいませんか? この本を読めば、素直な心を持ててすっきりしますよ。どうぞ読んでみてください。(東京都・キノコ さん)

今夜の副菜メニューはこれに決まり!!

簡単・時短メニュー!

豚しゃぶサラダ

ヘルシーでボリューム満点!

材料(4人分)

豚バラ薄切り肉……200g
レタス……4〜5枚
玉ねぎ……1/2個
小ねぎ……適量

Ⓐ
しょうゆ……大さじ2
酢……大さじ2
砂糖……小さじ1
ごま油……小さじ2
にんにくチューブ……少々
しょうがチューブ……少々
白すりごま……大さじ1/2

作り方

① 豚バラ肉をさっとゆでる。
② レタスは食べやすい大きさにちぎり、玉ねぎを薄くスライスする。
③ お皿に①と②を盛り、Ⓐを混ぜたタレをかける。
④ 小口切りにした小ねぎを散らせば完成!

今月号のテーマ

今月号のテーマは4つ!1枚めくったFAX送信用紙にテーマを記入して、FAXもしくは封書・メールにて送ってください。

投稿大募集!

❶ 効果的な記憶術

漢字や地名など、勉強では覚えることがたくさん。ノートにたくさん書く、声に出して読む・・・など、効果があった覚え方を教えてください。

❷ おやつ

秋といえば食欲の秋。習い事の前など、育ち盛りのお腹をちょっと満たしておきたいとき、何を食べていますか?手作りの場合は、レシピも一緒に教えてください。

❸ お手伝い

お子様はご家庭でお手伝いをしていますか?また、どんなお手伝いをしていますか?毎日、週に1回など、その頻度とあわせて教えてください。

❹ 文化祭のチェックポイント

多くの私立中学校で秋に開催される文化祭。学校の雰囲気を知るために参加を検討されている方も多いのでは?学校を訪れたとき特に注目するポイントを教えてください。

クイズ

クイズに答えて
プレゼントを
もらっちゃおう!

1		2		4
□	■		■	□
3			6	■
□	■	5		7 □
■	8			

クロスワードを解いて、□の文字を並び替えてみよう。
どんな言葉になるかな?

■タテ

1.虫歯を防ぎ、口の中を清潔に保つために、食後や寝る前にすること。
2.スペイン北東部に位置する都市。1992年にはオリンピックが開催された。
4.雨の日に足もとがぬれないようにはくもの。「長○○」
6.自分の国をはなれて、別の国に移り住む人。
7.樹木をきり倒したり、丸太を割ったりする道具。

■ヨコ

1.ひき肉にたまねぎのみじん切りや香辛料を加えて、こねたものを整形して焼いた料理。
3.学校に通って、教育を受けている人。「大○○○○」、「○○○○割引」
5.ウィリアム・シェイクスピアの作品。「○○○とジュリエット」
8.実現がきわめて難しいこと。「○○○○わざ」

● 7・8月号正解／せんぷうき

プレゼント

正解者の中から抽選で以下の商品をプレゼント!!

A賞

蛍光ペンセット 20名

重要なポイントを目立たせたいときに重宝する蛍光ペン。ペン先の窓から文字が見えるため、はみ出さずに線が引ける「プロパス・ウインドウ（5色セット）」を、20名様にプレゼントします。

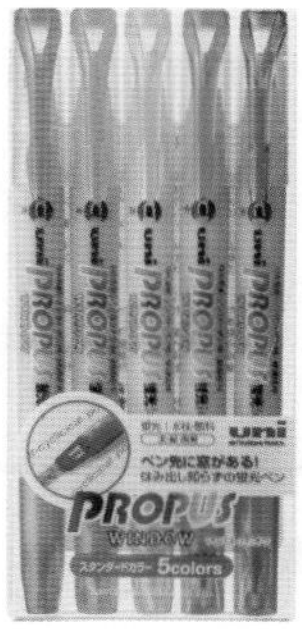

B賞

シャープペンシル 10名

書くたびに芯がまわり、芯先がいつも尖ったまま使える便利なシャープペンシル「クルトガ」を、10名様にプレゼント！（色は選べません）

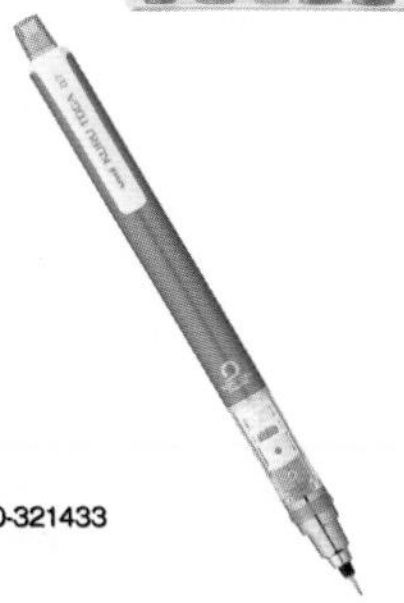

商品問い合わせ先：三菱鉛筆株式会社　お客様相談室：TEL.0120-321433
※写真はイメージです。実物とは異なる場合があります。

応募方法

●FAX送信用紙で
裏面にあるFAX送信用紙に必要事項をご記入のうえ下記FAX番号にお送りください。
FAX.03-3590-3901

●メールで
success12@g-ap.com

●バーコードリーダーで
スマートフォン・携帯電話で右の画像を読み取り、メールすることもできます。

●ハガキ・封書で
クイズの答えと、住所、電話番号、氏名、お通いの塾・校舎などをご記入いただき、下記宛先までお送りください。また、裏面のFAX送信用紙に記載されているアンケートにもお答えください。
今月号のテーマへの投稿、サクセス12への感想もお待ちしています。

宛先／〒171-0014　東京都豊島区池袋2-53-7
早稲田アカデミー本社広告宣伝部　『サクセス12』編集室

【応募〆切】
2015年9月30日（水）
当選者の発表は、プレゼントの発送をもってかえさせていただきます。

サクセス12　9・10月号　vol.56

編集長
喜多　利文

編集スタッフ
廣瀬　かおり
太田　淳
生沼　徹
渡邊　志門
竹内　友恵
鈴木　麻利子

企画・編集・制作
株式会社 早稲田アカデミー
サクセス12編集室（早稲田アカデミー 内）
〒171-0014 東京都豊島区池袋2-53-7

編集後記

いよいよ2学期がスタートします。小6受験生にとっては正に勝負の秋となるはずです。合不合判定テスト・統一合判・学校別判定テスト…、テストを受験するごとに志望校の判定が出されます。良いときもあれば、思うような結果が得られないときもあるでしょう。しかし、その判定は、テストを受けた時点での実力が反映されただけに過ぎません。だから、テスト結果に一喜一憂することなく、明らかになった弱点を克服し、合格への階段を一歩一歩確実に上っていきましょう。

FAX送信用紙

※封書での郵送時にもご使用ください。

クイズの答え

希望賞品（いずれかを選んで○をしてください）

A賞　・　B賞

氏名（保護者様）

（ペンネーム　　　　　　　　　　　　　　　　　　）

氏名（お子様）

（ペンネーム　　　　　　　　　　　　　　　　　　）

学年

現在、塾に

通っている　・　通っていない

通っている場合

塾名

（校舎名　　　　　　　　　　　　　）

住所（〒　　　　-　　　　　　）

電話番号

（　　　　　　　）

面白かった記事には○を、つまらなかった記事には×をそれぞれ3つずつ（　　）内にご記入ください。

募集中

テーマ（　　　　　　　　　　　　　　　　）　142ページよりお選びください。

FAX.03-3590-3901

FAX番号をお間違えのないようお確かめください

サクセス12の感想

中学受験　サクセス12　9・10月号2015

発行／2015年8月28日 初版第一刷発行　発行所／（株）グローバル教育出版　〒101-0047 東京都千代田区内神田2-4-2　編集／サクセス編集室 電話03-5939-7928 FAX03-5939-6014